国外食品药品法律法规编译丛书

美国
儿科用药
法律法规

主 编 蒋 蓉

U0746476

中国医药科技出版社

图书在版编目（CIP）数据

美国儿科用药法律法规 / 蒋蓉主编. — 北京：中国医药科技出版社，2018.2

（国外食品药品法律法规编译丛书）

ISBN 978-7-5067-9676-7

Ⅰ. ①美… Ⅱ. ①蒋… Ⅲ. ①小儿疾病－用药法－药品管理法－美国 Ⅳ. ①D971.221.6

中国版本图书馆CIP数据核字(2017)第260974号

扫描书中二维码，可阅读英文原版

美术编辑　陈君杞
版式设计　大隐设计

出版　中国医药科技出版社
地址　北京市海淀区文慧园北路甲 22 号
邮编　100082
电话　发行：010-62227427　邮购：010-62236938
网址　www.cmstp.com
规格　710×1000mm ¹/₁₆
印张　27
字数　297 千字
版次　2018 年 2 月第 1 版
印次　2018 年 2 月第 1 次印刷
印刷　三河市国英印务有限公司
经销　全国各地新华书店
书号　ISBN 978-7-5067-9676-7
定价　68.00 元

本书编委会

主　编　蒋　蓉

副主编　颜建周　李　伟　刘　毅

编　委（按姓氏笔画排序）

序

　　食品药品安全问题，既是重大的政治问题，也是重大的民生问题；既是重大的经济问题，也是重大的社会问题。十八大以来，我国坚持以人民为中心的发展思想和"创新、协调、绿色、开放、共享"的五大发展理念，全力推进食品药品监管制度的改革与创新，其力度之大、范围之广、影响之深，前所未有。

　　党的十九大再次强调，全面依法治国是国家治理的一场深刻革命，是中国特色社会主义的本质要求和重要保障。法律是治国之重器，良法是善治之前提。全面加强食品药品安全监管工作，必须坚持立法先行，按照科学立法、民主立法的要求，加快构建理念现代、价值和谐、制度完备、机制健全的现代食品药品安全监管制度。当前，《药品管理法》的修订正在有序有力推进。完善我国食品药品安全管理制度，必须坚持问题导向、坚持改革创新、坚持立足国情、坚持国际视野，以更大的勇气和智慧，充分借鉴国际食品药品安全监管法制建设的有益经验。

　　坚持食品药品安全治理理念创新。理念是人们经过长期的理论思考和实践探索所形成的揭示事物运动规律、启示事物发展方向的哲学基础、根本原则、核心价值等的抽象概括。理念所回答的是"为何治理、为谁治理、怎样治理、靠谁治理"等基本命题，具有基础性、根本性、全局性、方向性。理念决定着事物的发展方向、发展道路、发展动力和发展局面。从国际上看，食品药品安全治理理念主要包括人本治理、风险治理、全程治理、社会治理、责任治理、效能治理、能动治理、专业治理、分类治理、平衡治理、持续治理、递进治理、灵活治理、国际治理、依法治理等基本要素。这些要素的独立与包容在一定程度上反映出不同国家、不同时代、不同阶段食品药品安全治理的普遍规律和特殊需求。完善我国食品药品安全管理法制制度，要坚持科学治理理念，体现时代性、把握规律性、富于创造性。

坚持食品药品安全治理体系创新。为保障和促进公众健康，国际社会普遍建立了科学、统一、权威、高效的食品药品安全监管体制。体制决定体系，体系支撑体制。新世纪以来，为全面提升药品安全治理能力，国际社会更加重视食品药品标准、审评、检验、检查、监测、评价等体系建设，着力强化其科学化、标准化、规范化建设。药品安全治理体系的协同推进和持续改进，强化了食品药品安全风险的全面防控和质量的全面提升。

坚持食品药品安全治理法制创新。新时代，法律不仅具有规范和保障的功能，而且还具有引领和助推的作用。随着全球化、信息化和社会化的发展，新原料、新技术、新工艺、新设备等不断涌现，食品药品开发模式、产业形态、产业链条、生命周期、运营方式等发生许多重大变化，与此相适应，一些新的食品药品安全治理制度应运而生，强化了食品药品安全风险全生命周期控制，提升了食品药品安全治理的能力和水平。

坚持食品药品安全治理机制创新。机制是推动事物有效运行的平台载体或者内在动力。通过激励与约束、褒奖和惩戒、动力和压力、自律和他律的利益杠杆，机制使"纸面上的法律"转化为"行动中的法律"，调动起了各利益相关者的积极性、主动性和创造性。机制的设计往往都有着特定的目标导引，在社会转型期具有较大的运行空间。各利益相关者的条件和期待不同，所依赖的具体机制也有所不同。当前，国际社会普遍建立的食品药品分类治理机制、全程追溯机制、绩效评价机制、信用奖惩机制、社会共治机制、责任追究机制等，推动了食品药品安全治理不断向纵深发展。

坚持食品药品安全治理方式创新。治理方式事关治理的质量、效率、形象、能力和水平。全球化、信息化、社会化已从根本上改变经济和安全格局，传统的国际食品药品安全治理方式正在进行重大调整。互联网、大数据、云计算等正在以前所未有的方式改变着传统的生产、生活方式，而更多的改变正在蓄势待发。信息之于现代治理，犹如货币之于经济，犹如血液之于生命。新时期，以互联网、大数据、云计算等代表的信息化手段正在强力推动食品药品安全治理从传统治理向现代治理方式快速转轨，并迸发出无限的生机与活力。

坚持食品药品安全治理战略创新。战略是有关食品药品安全治理的全局性、长期性、前瞻性和方向性的目标和策略。国家治理战略是以国家的力量组织和落实食品药品安全治理的目标、方针、重点、力量、步骤和措施。食品药品安全治理战略主要包括产业提升战略、科技创新战略、行业自律战略、社会共治战略、标准提高战略、方式创新战略、能力提升战略、国际合作战略等。食品药品管理法律制度应当通过一系列制度安排，强化这些治理战略的落地实施。

坚持食品药品安全治理文化创新。文化是治理的"灵魂"。文化具有传承性、渗透性、持久性等。从全球看，治理文化创新属于治理创新体系中是最为艰难、最具创造、最富智慧的创新。

食品药品安全治理文化创新体系庞大，其核心内容为治理使命、治理愿景、治理价值、治理战略等。使命是组织的核心价值、根本宗旨和行动指针，是组织生命意义的根本定位。使命应当具有独特性、专业性和价值性。今天，国际社会普遍将食品药品安全治理的是使命定位于保障和促进公众健康。从保障公众健康到保障和促进公众健康，这是一个重大的历史进步，进一步彰显着食品药品监管部门的积极、开放、负责、自信精神和情怀。

中国的问题，需要世界的眼光。在我国药品安全监管改革创新的重要历史时期，法制司会同中国健康传媒集团组织来自监管机构、高等院校、企业界的专家、学者、研究人员陆续翻译出版主要国家和地区的食品药品法律法规，该丛书具有系统性、专业性和实用性、及时性的特点，在丛书中，读者可从法条看到国际食品药品治理理念、体系、机制、方式、战略、文化等层面的国际经验，期望能为我国食品药品监管改革和立法提供有益的参考和借鉴。

焦 红

2017 年 12 月

编译说明

儿科用药的研究开发与科学监管，是保障儿童基本用药需求、确保儿童用药安全的前提。为促进儿科用药发展，美国率先建立儿科用药法律体系，旨在激励制药行业探索药品在儿科临床使用中的安全性和有效性，鼓励儿科用药研发上市。

本书在全面梳理美国药品监管法律法规体系的基础上，收集和翻译了与儿科用药密切相关的法案及部分法案中的法律条款、技术指南，以便为我国儿科用药发展提供借鉴参考。

全书共分为两部分。

第一章为美国药品立法中与儿科用药密切相关的法案及部分法案中的条款，包括《联邦食品药品和化妆品法案》及其历年修正案中儿科用药相关条款原文编译，以及《最佳儿童药品法案》和《儿科研究公平法案》两部儿科用药专门法案的全文翻译。

第二章为美国食品药品管理局制定的儿科药物研发、审评与管理方面的 12 部行业指南全文翻译，内容涵盖儿科研究计划、儿科药理学研究、儿科安全性评价研究、儿科标签信息等。

为使读者更直接的理解美国食品药品管理局对儿科用药的管理要求，本书在保持原有法条编纂体例的基础上，直接对原文进行了翻译，以便读者快速检索阅读并可准确回溯法条原文。

当然，由于编者水平所限，且法律法规不断更新，本书难免存在疏漏与不足之处，敬请广大读者不吝斧正。

目录

第一章 | 法规

联邦食品药品和化妆品法案

《公法》113-5 修改通过，2013.3.13 生效

（本法案选取第 V 章 – 分章 A 中 SEC. 505A、SEC. 505B、SEC. 505C、SEC. 505E、SEC. 515A、SEC. 520 以及第 Ⅶ 章 – 分章 C 中 SEC. 736 与儿科用药相关的条款进行翻译）

第 V 章　药品与医疗器械

分章 A– 药品与医疗器械

SEC. 505A. [21 U.S.C. 355a] 药物的儿科研究

（a）定义——在这一节中使用的术语"儿科研究"或"研究"是指药物至少开展一次儿童群体（在适当情况下包含新生儿）的临床研究（根据部长[1]裁量，可包含药代动力学研究）。此外，在部

长裁定的情况下，可包括临床前研究。

（b）新药的市场独占期——

（1）总则——除了第（2）段规定外，根据第505（b）（1）节规定提交的申请在获得批准之前，如果部长认为与儿科用药相关的信息，会对儿童产生健康效益，会提出开展儿科研究的书面要求（可能包含完成这些研究的时间表）。申请者一旦同意这一要求，就必须按照时间表完成研究，并对不同年龄群体使用合适的药物处方。此外，研究报告的提交和受理需要遵循（d）（3）节的内容——

（A）[2]（i）（I）在第505（c）（3）（E）（ii）段和（j）（5）（F）（ii）段中提及的时间被视为5年半而不是5年，而在这一段中（c）（3）（E）（ii）和（j）（5）（F）（ii）提及的4年、48个月和7年半分别被视为4年半、54个月和8年。

（II）在第505（c）（3）（E）（iii）段和（iv）段，以及（j）（5）（F）（iii）段和（iv）段中提及的时间被视为3年半而不是3年。

（ii）如果根据第526节被指定为罕见病用药，则第527（a）款中提及的时间被视为7年半而不是7年。

（B）（i）如果药物——

（I）列于橙皮书中的某项专利，有其他上市申请根据第505（b）（2）（A）（ii）段或（j）（2）（A）（vii）（II）小段要求提交了第二阶段专利声明书[3]，但在该专利到期（含任何专利延期）之前，专利权人已经提交儿科研究。

（Ⅱ）列于橙皮书中的某项专利，有其他上市申请根据第 505（b）（2）（A）（ⅲ）段或（j）（2）（A）（ⅶ）（Ⅲ）小段要求提交了第三阶段专利声明书[4]。

则根据第 505（c）（3）节或第 505（j）（5）（B）小节，不批准其他上市申请的时间周期会在药物专利期（包含任何专利延期）到期日的基础上延长 6 个月。

（ⅱ）如果药物列于橙皮书中的某项专利，根据第 505（b）（2）（A）（ⅳ）段或（j）（2）（A）（ⅶ）（Ⅳ）小段要求被其他上市申请提交第四阶段专利声明书[5]，并在专利诉讼中被法庭判定专利有效并判定对方行为构成专利侵权，则根据第 505（c）（3）节或第 505（j）（5）（B）小节，不批准其他上市申请的时间周期会在药物专利期（包含任何专利延期）到期日的基础上延长 6 个月。

（2）例外——如果（d）（3）节裁定在（1）（A）或（1）（B）小节的期限到期后 9 个月做出，部长可以不延长该期限。

（c）已上市药物的市场独占期——

（1）总则——除第（2）节的规定外，对于已经根据第 505（b）（1）节规定获得上市批准的持有人而言，如果部长认为与儿科用药相关的信息，会对儿童产生健康效益，并提出开展儿科研究的书面要求（可能包含完成这些研究的时间表），持有人一旦同意这一要求，就必须按照时间表完成研究，并对不同年龄群体使用合适的药物处方。此外，研究报告的提交和受理需要遵循（d）（3）节的规定——

（A）（ⅰ）（Ⅰ）在第 505（c）（3）（E）（ⅱ）段以及（j）（5）（F）（ⅱ）段中提及的时间被视为 5 年半而不是 5 年，而在这一段中（c）（3）（E）（ⅱ）和（j）（5）（F）（ⅱ）提及的 4 年、48 个月和 7 年半分别被视为 4 年半、54 个月和 8 年。

（Ⅱ）在第 505（c）（3）（D）（ⅲ）段和（ⅳ）段以及（j）（5）（F）（ⅲ）段和（ⅳ）段中提及的时间被视为 3 年半而不是 3 年。

（ⅱ）如果根据第 526 条被指定为罕见病用药，则第 527（a）款中提及的时间被视为 7 年半而不是 7 年。

（B）（ⅰ）如果药物——

（Ⅰ）列于橙皮书中的某项专利，有其他上市申请根据第 505（b）（2）（A）（ⅱ）段或（j）（2）（A）（ⅶ）（Ⅱ）小段要求提交了第二阶段专利声明书，但在该专利到期（含任何专利延期）之前专利权人已经提交儿科研究。

（Ⅱ）列于橙皮书中的某项专利，有其他上市申请根据第 505（b）（2）（A）（ⅲ）段或（j）（2）（A）（ⅶ）（Ⅲ）小段要求提交了第三阶段专利声明书。

则根据第 505（c）（3）节或第 505（j）（5）（B）（ⅱ）段，不批准其他上市申请的时间周期会在药物专利期（包含任何专利延期）到期日的基础上延长 6 个月。

（ ⅱ ）如果药物列于橙皮书中的某项专利，根据第 505（b）（2）（A）（ⅳ）段或（ j ）（2）（A）（ⅶ）（Ⅳ）小段要求被其他上市申请提交第四阶段专利声明书，并在专利诉讼中被法庭判定专利有效并判定对方行为构成专利侵权，则根据第 505（c）（3）节或第 505（ j ）（5）（B）小节，不批准其他上市申请的时间周期会在药物专利期（包含任何专利延期）到期日的基础上延长 6 个月。

（2）例外——如果（d）（3）节下的规定不是在专利期满前 9 个月制定的话，那么部长可不按照（1）（A）小节或（1）（B）小节中提及的规定延长时间。

（d）儿科研究的实施——

（1）研究要求——

（A）总则——在与新药临床试验申请人、新药上市申请人或上市许可持有人商议后，部长会向申请人或上市许可持有人提出开展儿科研究的书面要求。在该书面要求拟定过程中，部长需考虑到有足够代表性的少数民族儿童。这些关于儿科研究实施的要求应采取书面形式，并包含研究进展时间表及根据儿科研究成果修改儿科标签的要求。如不要求开展新生儿用药研究，应当在书面要求中做相应说明。

（B）单一的书面要求——一个单一的书面要求——

（ⅰ）可能涉及一种药物的多种用法。

（ⅱ）可同时包含被批准和尚未被批准的用法。

（2）儿科研究的书面要求——

（A）要求和回复——

（ⅰ）总则——如果部长根据（b）款或（c）款规定，提出儿科研究（在适当情况下包含新生儿）的书面要求，那么申请人或上市许可持有人应在收到书面要求后的 180 天内做出是否开展研究的回复——

（Ⅰ）如果申请人或上市许可持有人同意开展儿科研究，需告知儿科研究启动时间。

（Ⅱ）如果申请人或上市许可持有人不同意开展儿科研究，需陈述理由。

（ⅱ）不同意开展儿科研究时——在《最佳儿童药品法案（2007）》颁布即日[6]起，如果申请人或上市许可持有人由于无法研发合适的儿童制剂不同意开展儿科研究，需陈述相应理由。

（B）不良事件报告——在《最佳儿童药品法案（2007）》颁布即日起，申请人或上市许可持有人如果同意开展儿科研究，应在提交研究报告的同时，提交该药物所有已经获得的不良事件报告。

（3）满足研究要求——在提交研究报告后的 180 天内，部长应告知申请人或上市许可持有人是否认可该报告。在此过程中，部长的唯一职责是审查这些研究是否达到书面要求、是否依照普遍认可的科学原理和规定开展研究以及研究报告是否满足存档要求。

（4）小节的效力——本小节的所有内容都不能改变或修改本法案第 301（j）款或《美国法典》第 5 主题第 552 条和第 18 主题第 1905 条的内容。

（5）商议——关于一种药物是否是合格的治疗手段（定义参见《公共卫生服务法案》第 319F-1 条）、安全的治疗手段（定义参见《公共卫生服务法案》第 319F-2 条），或是合格的流行病或传染病治疗手段（定义参见《公共卫生服务法案》第 319F-3 条），部长应就本节中开展儿科研究的需要征求应急与响应部门副部长的意见，并就本节中儿科研究的实施征求生物医学高级研究和发展部门主任的意见。

（e）对研究要求决定的通告——

（1）总则——在《最佳儿童药品法案（2007）》颁布即日起，部长应发布儿科研究已满足（d）款要求的通告，且根据第 505（b）（2）节或（j）款要求提交的申请和批准应符合本节要求。该通告应在部长做出市场独占期决定后的 30 天内发布，并且应该包含一份根据（b）或（c）款规定做的书面要求的副本。

（2）特定药物的确认——在《最佳儿童药品法案（2007）》颁布即日起，在发布第（1）段所述通告后的 1 年内该药物的儿童制剂没有上市，则部长应在 1 年期满后 30 天内发布一份关于该药已被研究证明在儿童群体（或特定亚群）中安全有效的确认通告。

(f)对书面要求和儿科研究的内部审查——

（1）内部审查——根据第（2）节要求，所有在《最佳儿童药品法案（2007）》后发出的书面要求，均应由部长指定内部审查委员会（根据505C条设立）进行审查。

（2）审查书面要求——所有依照本节规定发布的书面要求，应在发布前由第（1）节提及的委员会进行审查。

（3）审查儿科研究——按照本节规定实施的儿科研究，第（1）节提及的委员会可以进行审查，并根据（d）（3）节规定向部长做出关于是否认可该研究报告的建议。

（4）委员会行为——第（1）节提及的委员会可选用委员会中适当数量的委员进行审查，不需要选用所有委员。

（5）委员会审查记录——第（1）节中提及的委员会应该记录第（2）节或第（3）节中所述的每种药物审查中的委员参与情况。

（6）跟踪儿科研究和标签变更——在和第（1）节中的委员会商议后，部长应就以下内容进行跟踪，并通过FDA网站等方式向公众公开信息——

（A）根据本节和《公共卫生服务法案》第409I条规定实施的儿科研究数量。

（B）根据本节规定开展特殊药物及用途，包括已标明的适应证和未标明的适应证的研究。

（C）根据本节规定实施的儿科研究模式，包括试验设计、受试儿童患者数量以及参与研究的中心和国家数量。

（D）儿童制剂的研发数量和未研发儿童制剂的数量及原因。

（E）根据本节规定实施的儿科研究后所做的标签变更。

（F）每年根据（k）（2）节内容和本节规定实施的儿科研究做出标签变更的年度总结。

（G）在《最佳儿童药品法案（2007）》颁布即日起，应当提交的相关报告信息。

（g）限制——根据（b）或（c）款规定已经获得6个月独占期，且不受（c）（2）节规定限制的药品——

（1）如果满足本节规定的其他所有要求，其补充申请可以额外获得（c）（1）（A）（i）（Ⅱ）的6个月期限，但（c）（1）（B）小节另有规定的除外。且

（2）根据（c）（1）（A）（ii）规定，不再额外延期。

（h）与儿科研究要求的关系——本节所指的独占性只针对根据（d）（3）节中书面要求完成儿科研究的情形。书面要求可包括505B条要求实施的研究。

（i）标签变更——

（1）儿科申请和儿科补充申请的优先权——按照第 505 条规定提交的申请或补充申请，根据儿科研究结果，提出标签变更——

（A）应视为优先审评的申请或补充申请。

（B）应满足优先审评专员提出的指标。

（2）争议的解决——

（A）标签变更的请求与拒绝——在《最佳儿童药品法案（2007）》颁布即日起，如果专员在申请提交后 180 天内，认为无法与申请人就该申请的标签变更达成一致意见——

（i）应要求申请人提出专员认为适当的标签变更。

（ii）如果申请人在专员提出适当的标签变更要求的 30 天内拒不同意，则专员应该将此事移送至儿科咨询委员会。

（B）儿科咨询委员会的行为——在（A）（ii）中的事件移送后 90 天内，儿科咨询委员会应——

（i）审评儿科研究报告。

（ii）向专员建议合适的标签变更的方案。

（C）对建议的考量——专员应考虑儿科咨询委员会的建议，如果合适，在收到建议后的 30 天内，向申请人提出专员认为合适的标签变更要求。

（D）标识不当——在收到上述（c）款中的变更要求 30 天内，如果申请人不同意进行标签变更，则专员可将该申请的药物视为标识不当药。

（E）不影响授权——根据此法案规定，如果药物缺少适当的儿科标签，美国采取的任何强制措施都不受本小节内容的约束。任何行为（儿科咨询委员会的处理或前句所提的强制措施）均不妨碍、延误其他行为的执行，也不得作为其他行为的基础。

（j）其他标签变更——在《最佳儿童药品法案（2007）》颁布即日起，如果根据本节开展的儿科研究由部长判定该药品在儿童群体或儿童亚群中是否安全有效，包括研究结果是否确定，则部长应要求这类药品的标签应包括研究结果和部长判定声明等信息。

（k）儿科信息的发布——

（1）总则——根据本节规定要求的儿科研究报告在提交后 210 天内，部长应公开根据（b）或（c）款进行的儿科研究的医学、统计学和临床药理学评价信息。

（2）标签变更信息的发布——在《最佳儿童药品法案（2007）》颁布即日起，部长应书面要求将引起标签变更的研究申请人信息反映到（f）（6）（F）小节提到的标签变更年度总结，这些信息至少每年一次（如果部长认为对公众健康有益，可以更频繁）提供给医生和其他医疗服务提供者。

（3）小节的效力——本小节的所有内容都不能改变或修改本法案第 301（j）款或《美国法典》第 5 主题第 552 条和第 18 主题第 1905 条的内容。

（ I ）不良事件报告——

（1）前 18 个月的报告——在《最佳儿童药品法案（2007）》颁布即日起，按照（i）段规定获得标签变更批准后的 18 个月内，部长应确保收到的所有药物不良事件报告（不考虑收到报告的时间）都被移送到根据《最佳儿童药品法案》（《公法》107-109）第 6 条规定设立的儿科治疗办公室。在报告审阅中，办公室主任应提供由儿科咨询委员会出具的报告审查意见，包括委员会针对部长是否应该根据这些报告采取应对措施的建议。

（2）后期报告——在上述第（1）节描述的 18 个月之后，部长应酌情向儿科治疗办公室移送根据本节规定开展儿科研究药物的所有儿科不良事件报告。在报告审阅中，办公室主任应提供由儿科咨询委员会出具的报告审查意见，包括委员会针对部长是否应该根据这些报告采取应对措施的建议。

（3）权力保留——在上述第（1）节描述的 18 个月期间，如果儿科咨询委员会对不良事件报告的审查是为确保儿童群体安全用药所需，则本节所有内容都不能限制儿科治疗办公室向委员会审查不良事件报告提供支持。

（4）效力——本小节的规定应该是对部长就不良事件报告所做的其他审查的补充而非取代。

（m）本节与第 505（j）款规定的市场独占性相互作用的分类——
如果第 505（j）（5）（B）（iv）段规定的 180 天时限和本节规定
的 6 个月独占期重叠，导致申请人失去 505（j）被授予的 180 天
独占期中的一部分，那么这 180 天的期限应延长至——

（1）仅针对本小节申请人而言，如果 180 天的期限将在 6 个月独
占期期满后才结束，自重叠之日起至 180 天期满。

（2）仅针对本小节申请人而言，如果 180 天时限在 6 个月独占期
期间结束，自重叠之日起至 6 个月独占期满。

（n）未提交儿科研究的移送——

（1）总则——在《最佳儿童药品法案（2007）》颁布即日起，如
未在书面要求的指定日期内提交儿科研究计划，或申请人（或上
市许可持有人）不同意（d）款中所提的要求，并且鉴于第 505C
节设立的委员会意见，如果部长认为儿童（在适当情况下包含新
生儿）用药信息是长期需求，应采取以下行动——

（A）针对专利未到期的药物，或根据本节（b）（1）或（c）（1）
节规定或《公共卫生服务法案》第 351（m）（2）或（m）（3）节
规定享有额外独占期而未到期的药物，部长应做出是否需依照本
节 505B（b）提交评估报告的裁定。

（B）针对没有专利保护的、并且没有本节（b）（1）或（c）（1）
节规定或《公共卫生服务法案》第 351（m）（2）或（m）（3）节
的独占期的药物，部长应将其列入《公共卫生服务法案》第 409I
节所设的研究列表中。

（C）如果某药物是合格的治疗手段（定义参见《公共卫生服务法案》第 319F-1 节）、安全的治疗手段（定义参见《公共卫生服务法案》第 319F-2 节），或是合格的流行病或传染病治疗手段（定义参见《公共卫生服务法案》第 319F-3 节），除采取前款（A）或（B）的措施外，部长还应将 FDA 签发的书面要求中所有的儿科研究内容，告知应急与响应部门副部长及生物医学高级研究和发展部门主任。

（2）公告——部长认为第（1）（A）小节中提出的不需要提交 505B 的评估报告时，应公开此决定及其理由。

（3）小节的效力——本小节的所有内容都不能改变或修改本法案第 301（j）款或《美国法典》第 5 主题第 552 条和第 18 主题第 1905 条的内容。

（o）第 505（j）款下药物标签添加儿科信息的及时批准——

（1）总则——依第 505(j) 款规定已经提交申请或获得批准的药物，因受第 505（j）（5）（F）（iii）段或（iv）段中专利或独占期保护，而在标签中缺失了儿童适应证或其他儿科用药信息时，不能被视为本节所指的不符合批准的情形，也不能根据第 502 条被视为标识不当的情形。

（2）标签——尽管第 505（j）（5）（F）（iii）段或（iv）段已有所规定，部长仍可要求依 505（j）获得批准的药物的标签，如前款第（1）节所述，缺失儿童适应证或其他儿科用药信息时，应包括以下内容。

（A）厂商的市场独占性声明——

（ⅰ）该药物未对儿科用途进行标识。

（ⅱ）如果该药物有前款第（1）节中未涉及的儿科用途，根据第（1）段规定未做儿科用途标识。

（B）儿童禁忌证、警告、注意事项和其他部长认为对有助于确保药品安全使用的信息的声明。

（3）儿科独占和其他条款——本小节对以下内容没有影响——

（A）本节规定的独占期的有效性或范围。

（B）第505条规定的儿科处方的独占期的有效性或范围。

（C）根据第505（j）款规定所提交的申请能否获得批准的资格问题，且该申请忽略了第505（j）（5）（F）（ⅲ）段或（ⅳ）段中规定享有市场独占性的其他批准条件。

（D）除第（1）和（2）节明确提及的内容以外，第505条的规定。

（p）国家医学院的研究——在《最佳儿童药品法案（2007）》颁布后的3年内，部长应该和国家医学院[7]签订合同以开展研究，并将拟定的书面要求和按照本节规定实施的儿科研究上报国会。国家医学院可制定一套合理机制对书面要求和研究样本进行审查，以确保儿科研究的顺利开展。研究应——

（1）审查自1997年以来部长根据（b）、（c）款的规定发出的具有代表性的书面要求。

（2）审查和评估自 1997 年以来根据（b）、（c）款中规定实施的具有代表性的儿科研究，及根据研究结果所做的标签变更。

（3）审查外推法在儿童亚群的应用、替代终点在儿童群体的应用、新生儿评估工具以及儿科临床试验的伦理问题。

（4）审查和评估根据《生物药价格竞争及创新法修正案（2009）》规定开展的儿科研究中，受试儿童使用生物制品的数量与重要性，及其对儿童、医疗服务提供者、父母及其他儿科标签变更的利益相关者的重要性。

（5）审查和评估未进行儿科研究的生物制品的数量、重要性和优先次序。

（6）为生物制品开展儿科研究提供建议，包括激励措施考量，比如本节所述或《公共卫生服务法案》第 351（m）款提及的内容。

SEC. 505B. [21 U.S.C. 355c] 药品和生物制品的儿科研究

（a）新药和生物制品

（1）总则——自《儿科研究公平法案（2007）》颁布即日起，药品申请（或补充申请）人提交以下药物申请时——

（A）根据 505 条规定的新的有效成分、新适应证、新剂型、新剂量规格或新的给药途径。

（B）根据《公共卫生服务法案》（42 U.S.C. 262）351 条规定的新

的有效成分、新适应证、新剂型、新剂量规格或新的给药途径，都必须随申请提交第（2）段中所述评估报告。

（2）评估——

（A）总则——第（1）段中提及的评估报告应包含针对不同年龄组采用的药物处方的用药数据，这些数据足够——

（ⅰ）用来评估药品或生物制品在所有相关儿童亚群声明的适应证的安全性和有效性。

（ⅱ）用于支持药品或生物制品在任一儿科亚群的剂型和给药途径的安全性和有效性。

（B）药品或生物制品的类似疾病进程或类似效果——

（ⅰ）总则——如果成人与儿童患者的疾病进程和药物效果相类似，部长可以通过足够且控制良好的成人临床试验结果来外推儿科的有效性，从儿童患者中获取的其他信息通常作为补充，如药代动力学的研究。

（ⅱ）年龄组间的外推——若一个年龄组的数据可用来外推其他年龄组的数据，则不需要对每个儿童年龄组进行研究。

（ⅲ）外推信息——支持条款（ⅰ）和（ⅱ）中结论的科学数据摘要应包含在本法案 505 条和《公共卫生服务法案》（42 U.S.C. 262）351 条所指申请的相关审评材料中。

（3）延期——

（A）总则——根据部长提议或申请人要求，当出现以下情况时，部长可将第（1）节中要求的部分或全部评估报告的提交时间，延长至药物获得批准或生物制品获得许可后的某个日期——

（i）部长发现——

（I）在儿科研究结束之前，相关药品或生物制品即将批准用于成人。

（II）在其他安全性与有效性数据收集完整之前，儿科研究应推迟进行。

（III）存在其他延期的适当理由。

（ii）申请人向部长提交——

（I）延期评估的认证理由。

（II）第（e）款中所述的儿科研究计划。[8]

（III）相关研究正在进行或即将尽早尽职进行的证明材料。

（IV）相关研究完成时间表。

（B）延期延长——

（ⅰ）总则——根据部长提议或申请人要求，当出现以下情况时，部长有权根据第（A）小节对第（1）节中提交的部分或全部评估报告批准的延期时间进行延长——

（Ⅰ）部长认为（A）（ⅰ）段下（Ⅱ）小段或（Ⅲ）小段限定的条件继续被满足。

（Ⅱ）申请人提交一份（A）（ⅱ）（Ⅳ）小段中的新的时间表，以及根据（A）（ⅱ）段要求的重要更新信息。

（ⅱ）时间和信息——如果本小节中的延期请求由申请人提出，申请人应至少在延期期满90天前提交延期申请，申请中应包含本分段中所述信息。部长应在收到申请函的45天内给予回复。如果部长同意延期，其指定的日期即为延期日期。除非该特定日期或延期日期已经获批，或者该项要求待定时，申请人将不会收到（d）款规定的通知信。如果延期在《FDA安全及创新法案》实施前失效了，或者在法案实施后的270天内失效了，申请人须在该法案实施后的180天内提交延期申请。部长应当尽快回复申请，但时间须在该法案生效一年内。若研究推迟或延期，本条款的任何规定均不能影响部长更新研究进展或公开研究情况。

（C）年度审查——

（ⅰ）总则——（A）小节中的延期获批后，申请人应每年向部长提交以下信息：

（Ⅰ）儿科研究进展的细节信息。

（Ⅱ）如果研究没有进展，需提供即将尽早尽职进行研究的证明材料。

（Ⅲ）儿科研究的计划完成日期。

（Ⅳ）必要的延期或延期理由。

（ⅱ）信息公开——前述条款（ⅰ）中的年度审查信息提交后的90天内，部长应通过FDA网站等便捷途径向公众公开以下内容——

（Ⅰ）年度审查信息。

（Ⅱ）申请人姓名。

（Ⅲ）产品获批的日期。

（Ⅳ）本段提及的产品延期或延期延长的日期。

（4）豁免——

（A）完全豁免——根据部长提议或申请人要求，在适当情况下，如果申请人证明并且得到部长认可后，可以完全豁免申请人提交本节所指的药品或生物制品儿科用药评估报告的要求——

（ⅰ）某些必要研究无法实现或实施可能性很低（原因包括患者人数很少或患者地理位置很分散等）。

（ⅱ）有确凿证据证明该药品或生物制品在儿科用药时可能无效

或不安全。

（ⅲ）该药品或生物制品——

（Ⅰ）不能产生比现有治疗手段更有效的儿科用药治疗效果。

（Ⅱ）在大规模儿童患者应用的可能性不大。

（B）部分豁免——根据部长提议或申请人要求，在适当情况下，如果申请人证明并且得到部长认可后，可以部分豁免申请人提交本款所指的，药品或生物制品针对特定年龄组儿科用药的评估报告的要求——

（ⅰ）某些必要研究无法实现或实施可能性很低（原因包括该年龄组儿童患者人数非常少或该年龄组儿童患者地理位置很分散等）。

（ⅱ）有确凿证据证明该药品或生物制品在该年龄组儿童用药时可能无效或不安全。

（ⅲ）这种药品或生物制品——

（Ⅰ）在该年龄组用药时，不能产生比现有治疗手段更有效的治疗效果。

（Ⅱ）在该年龄段儿童患者大规模应用的可能性不大。

（ⅳ）申请人能够证明针对该年龄组儿科处方生产所做的必要的

尝试不成功。

（C）无法开发儿科处方——如果基于无法开发儿科处方的原因批准了部分豁免，此豁免仅针对该处方所对应的儿科年龄组。寻求此类部分豁免的申请人，应当提交书面文件，阐述处方不能开发的详细原因。如果豁免得到批准，申请人会通过 FDA 网站等便捷途径公开相关信息。

（D）标签要求——如果基于药品或生物制品在儿科用药时可能无效或不安全的原因批准了完全或部分豁免，相应信息应在该药品或生物制品的标签中予以标注。

（b）已上市药品和生物制品——

（1）总则——如果存在以下情况，部长可以（以信函形式）要求申请人，或根据 505 条所述的药品上市许可持有人，或根据《公共卫生服务法案》351 条所述的生物制品许可持有人，在指定日期提交（a）（2）节中所述的评估报告——

（A）（ⅰ）该药品或生物制品可在标签适应证范围内大规模用于儿童患者。

（ⅱ）详细的儿科标签信息可使儿童患者受益。

（B）有理由相信该药品或生物制品在一种或多种已声明的适应证用药时，可以产生比现有治疗手段更有意义的治疗效果。

（C）缺乏详细的儿科标签信息可能会对儿童患者造成风险。

（2）豁免——

（A）完全豁免——根据申请人要求，在适当情况下，如果申请人证明并且得到部长认可后，可以完全豁免申请人提交本节所指的药品或生物制品儿科用药评估报告的要求——

（i）某些必要研究无法实现或实施可能性很低（原因包括该年龄组儿童患者人数非常少或该年龄组儿童患者地理位置很分散等）。

（ii）有确凿证据证明该药品或生物制品在所有年龄组儿科用药时可能无效或不安全。

（B）部分豁免——根据申请人要求，在适当情况下，如果申请人证明并且得到部长认可后，可以部分豁免申请人提交本节所指的，药品或生物制品针对特定年龄组儿科用药的评估报告的要求——

（i）某些必要研究无法实现或实施可能性很低（原因包括该年龄组儿童患者人数非常少或该年龄组儿童患者地理位置很分散等）。

（ii）有确凿证据证明该药品或生物制品在该年龄组儿童用药时可能无效或不安全。

（iii）（Ⅰ）这种药品或生物制品——

（aa）在该年龄组用药时，不能产生比现有治疗手段更有意义的治疗效果。

（bb）在该年龄段儿童患者大规模应用的可能性不大。

（Ⅱ）缺乏详细的儿科标签信息不会对儿童患者造成重大风险。

（ⅳ）申请人能够证明针对该年龄组儿科处方生产所做的必要的尝试不成功。

（C）无法开发儿科处方——如果基于无法开发儿科处方的原因被批准豁免，此豁免仅针对该处方所对应的儿科年龄组。寻求此类完全或部分豁免的申请人，应当提交书面文件，阐述处方不能开发的详细原因。如果豁免得到批准，申请人会通过 FDA 网站等便捷途径公开相关信息。

（D）标签要求——如果部长基于药品或生物制品在儿科用药时可能无效或不安全的原因批准了完全或部分豁免，相应信息应在该药品或生物制品的标签中予以标注。

（3）本款的效力——本款的所有内容都不能改变或修改本法案第 301（j）款或《美国法典》第 5 主题第 552 条和第 18 主题第 1905 条的内容。

（c）有意义的治疗效果——对于（a）款中（4）（A）（ⅲ）（Ⅰ）小段和（4）（B）（ⅲ）（Ⅰ）小段，以及（b）款中（1）（B）小节和（2）（B）（ⅲ）（Ⅰ）（aa）分段，一种药品或生物制品在以下情形下，可被认为产生了比现有治疗手段更有意义的治疗效果——

（1）一旦得到批准，该药品或生物制品可在相应儿科年龄组用药时，针对某种疾病的治疗、诊断或预防效果，比已上市并有儿科用药标签的产品效果具有显著性改进。

（2）该药品或生物制品所在的产品类别或适应证有选择新的治疗
手段或产品的需求。

（d）评估报告的提交——若当事人未按照（a）（2）节的相关要
求提交评估材料，或未达到（a）（3）节规定的适用要求，或未
提交（a）或（b）款中规定的儿科处方的申请，则根据第（a）和（b）
款中的适用条款，按以下办法处理：

（1）《FDA 安全及创新法案》实施后的 270 天内部长应向当事人
发出违规告知函（non-compliance letter），通知其未能提交申请或
提交的申请不符合要求。信函中须告知当事人需在 45 天内给予
书面回复。如果符合要求，当事人在回复中可以提出延期申请。
违规告知函和当事人的回复应在发出之日起 60 天内通过 FDA 网
站等其他便捷方式向公众公开，但应删除涉及商业秘密和机密信
息。如果部长认为违规告知函有误，则不适用本段的要求。

（2）若药品或生物制品属于（a）（2）节中评估报告所指对象，
或适用于（a）（3）节的要求，或提出儿科处方申请，如果出现
上述违规并被采取相关强制措施（根据第 303 条规定，不应采取
强制措施的药品或生物制品除外），则可能被认定为标示不当药。
但是上述违规不能作为以下行为的依据——

（A）根据 505（e）款规定，撤回对该药物的批准。

（B）根据《公共卫生服务法案》351 条规定，废除该生物制品的
许可证。

（e）儿科研究计划[9]——

（1）总则——在提交第（a）（2）节所述的评估报告前，第（a）款中所述的申请人应向部长提交一份儿科研究初步计划。

（2）时间、内容、会议——

（A）时间——申请者应根据（1）节规定提交儿科研究初步计划——

（i）在提交（a）（2）节规定的评估报告之前。

（ii）不迟于——

（I）Ⅱ期临床试验会议（该术语参见美国《联邦法规汇编》21主题下312.47条）后60天内。

（Ⅱ）部长和申请人协商确定的其他时间。

本部分的任何规定均不妨碍部长在本部分所定适用日期前接受儿科研究初步计划。

（B）儿科研究初步计划的内容——儿科研究初步计划应包括——

（i）申请人计划开展的儿科研究大纲（包括可行的研究目标和方案、年龄组、相关观察终点以及统计方法）。

（ii）本节中规定的任何延期、部分豁免或全部豁免的申请，及佐证材料。

（ⅲ）第（7）节中相关规定提及的其他信息。

（C）会议——部长——

（ⅰ）应在收到（A）小节规定的儿科研究初步计划后的 90 天内，尽快与申请人会面商讨该计划。

（ⅱ）如果认为对儿科研究初步计划的书面回复可以充分体现其意见，上述会议可以不必进行。

（ⅲ）如果部长认为没有必要召开会议，应在收到（A）小节规定的儿科研究初步计划后的 90 天内，尽快通知申请人并做出书面回复。

（3）批准的儿科研究初步计划——在（2）（C）（ⅰ）段规定的会议后或者收到（2）（C）（ⅲ）段规定的部长书面回复后的 90 天内，申请人应在双方就儿科研究初步计划协议一致的基础上，向部长提交命名为"批准的儿科研究初步计划"的文档。部长在收到上述文档后的 30 天内，做出书面回复予以确认。

（4）延期及豁免——如果批准的儿科研究初步计划包含申请人根据本部分规定提出的延期、部分豁免或全部豁免申请，前文第（3）节所述的书面回复中应包括部长就该申请是否满足第（a）（3）节或（4）节规定条件的建议。

（5）计划修改——应部长或申请人要求，已批准的儿科研究初步计划可以随时修改。（2）（C）小节规定的要求可适用于任何提出的修改，并与（1）节中儿科研究初步计划的方法和程度保持一致。（3）（4）节规定的要求可适用于任何修改后的商议情形，并与批准的儿科研究初步计划在方法和程度上保持一致。

（6）内部委员会——根据505C条规定，部长应征询内部委员会关于儿科研究初步计划、批准的儿科研究初步计划和研究计划重大修改的审评意见。

（7）必要的法规制定——《FDA安全及创新法案》实施后的1年内，部长应颁布相应法规和指南，确保本节条款的实施。

（f）儿科研究计划、儿科评估、延期、延期延长以及豁免的审查——

（1）审查——自《儿科研究公平法案（2007）》实施之日起的30天内，部长应组织内部委员会（依505C条规定设立）与审评部门进行磋商，磋商的内容包括儿科研究初步计划、批准的儿科研究初步计划、批准前评价，根据本节规定的儿科评估补充申请，以及所有根据本节规定提出的延期、延期延长和豁免请求。

（2）委员会行为——第（1）节提及的委员会可选用委员会中适当数量的委员进行审查，不需要选用所有委员。

（3）委员会审查记录——第（1）节中提及的委员会应该记录第（4）节或第（5）节中所述的每种药品或生物制品审查中的委员参与情况。

（4）儿科研究计划、儿科评估、延期、延期延长和豁免的审查——本款第（1）节所提的针对儿科研究计划、获准的儿科研究计划和儿科评估的磋商，应在上市申请或儿科评估补充申请批准前进行。委员会应对所有根据本节规定提出的延期、延期延长和豁免请求进行审查，并根据审评部门需要提供建议，包括补充申请是否可以或何时可以考虑优先审评。

（5）儿科评估、延期和豁免的回顾性审查——自《儿科研究公平法案（2007）》实施后的 1 年内，第（1）节提到的委员会应对《儿科研究公平法案（2003）》实施以来，根据本款规定批准的儿科评估、延期及豁免申请进行回顾性审查，并做代表性样本分析。审查应包括在儿科评估中儿科信息的质量和一致性，以及批准豁免和延期的合理性。基于上述审查，部长应向审评部门提出改进建议，并根据本章要求为儿科研究相关者制定行业指南。

（6）跟踪评估情况和标签变更——部长在和（1）节提到的委员会进行讨论时，应以简易的方式，如通过在 FDA 的官方网站上发布等，使大众知晓以下内容：

（A）根据本节规定实施的儿科研究数量。

（B）本节所述的具体药品或生物制品及其评价的用途。

（C）根据本节规定实施的儿科研究模式，包括实验设计、受试儿童患者数量以及参与研究的中心和国家数量。

（D）每年统计一次——

（ⅰ）根据本节规定提出的延期与延期延长申请数量、批准数量以及批准理由。

（ⅱ）儿科评估完成时限。

（ⅲ）已完成评估数和待完成评估数。

（ⅳ）根据（d）款要求发出的上市后违规行为告知函数量及其收件人。

（E）根据本节规定提交的豁免申请和批准数量以及批准原因。

（F）儿童处方的研发数量，和未研发儿童处方的数量及原因。

（G）按本节规定实施儿科评估后所做的标签变更。

（H）每年根据（h）（2）节内容和本节规定实施儿科评估后做出标签变更的年度总结。

（Ⅰ）根据（a）（3）（B）小节的要求提交的年度信息总结。

（J）委员会根据第（1）节规定向部长提出第（4）节所述的优先审查建议的次数、部长采纳或不采纳建议的次数以及不采纳的原因。

（g）标签变更——

（1）争议的解决——

（A）标签变更的请求与拒绝——自《儿科研究公平法案（2007）》实施即日起，如果专员认为无法与申请人就某药物申请或补充申请的标签变更达成一致意见，则应在获得优先审评的申请或补充申请提交后的 180 天内，或是标准审评的申请或补充申请提交后的 330 天内——

（i）应要求申请人做出专员认为适当的标签变更。

（ii）如果申请人在专员提出适当的标签变更要求的 30 天内拒不同意，则专员应该将此事移送至儿科咨询委员会。

（B）儿科咨询委员会的措施——在（A）（ii）段中的事件移送后 90 天内，儿科咨询委员会应——

（i）审评儿科研究报告。

（ii）向专员建议合适的标签变更的方案。

（C）对建议的考量——专员应考虑儿科咨询委员会的建议，如果合适，在收到建议后的 30 天内，向申请人提出专员认为合适的标签变更要求。

（D）标识不当——在上一小节（C）中的变更要求提出后的 30 天内，如果申请人不同意进行标签变更，则专员可将该申请的药物视为标识不当药。

（E）不影响授权——根据此法案规定，如果药物缺少适当的儿科标签，美国当局采取的任何强制措施都不受本小节内容的约束。任何行为（儿科咨询委员会的处理或前句所提的强制措施）均不妨碍、延误其他行为的执行，也不得作为其他行为的基础。

（2）**其他标签变更**——在《最佳儿童药品法案（2007）》颁布即日起，如果根据本节开展的儿科评估由部长判定该药品在儿童群体或儿童亚群中是否安全有效，包括评价结果是否确定，则部长应要求这类药品的标签应包括评价结果和部长判定声明等信息。

（h）儿科信息的发布——

（1）总则——根据本节规定取得优先审评资格的儿科评估申请（或补充申请）提交后的210天内，或者标准审评申请（或补充申请）提交后的330天内，部长应通过 FDA 网站等途径，公开医学、统计学与临床药理学审评情况。

（2）标签变更信息的发布——自《儿科研究公平法案（2007）》实施即日起，部长应要求将儿科评估申请人向医生和其他医疗服务提供者发布标签变更信息，这些信息也记录在（f）（6）（F）小节提到的标签变更年度总结中。

（3）小节的效力——本小节的所有内容都不能改变或修改本法案第301（j）款或《美国法典》第5主题第552条和第18主题第1905条的内容。

（i）不良事件报告——

（1）前18个月的报告——自《儿科研究公平法案（2007）》实施即日起，按照（g）款规定获得标签变更批准后的18个月内，部长应确保收到的所有药物不良事件报告（不考虑收到报告的时间）

都被移送到儿科治疗办公室。在报告审阅中，该办公室主任应直接为儿科咨询委员会对这些报告的审查工作提供支持，包括委员会针对部长是否应该根据这些报告采取应对措施的建议。

（2）后期报告——第（1）节描述的18个月之后，部长应酌情向儿科治疗办公室移送根据本节规定开展儿科研究药物的所有儿科不良事件报告。在报告审阅中，该办公室主任可为儿科咨询委员会对这些报告的审查工作提供支持，包括委员会针对部长是否应该根据这些报告采取应对措施的建议。

（3）权力保留——在第（1）节中提及18个月期间，如果儿科咨询委员会对不良事件报告的审查时确保儿童群体安全用药所需，则本节所有内容都不能限制儿科治疗办公室向委员会审查不良事件报告提供支持。

（4）效力——本款的规定应该是对部长就不良事件报告所做的其他审查的补充而非取代。

（j）权力范围——本款规定的任何要求均不会为部长提供要求药品或生物制品开展儿科评估的权力，或要求药品或生物制品开展其他适用人群或用途评估的权力，本款中提及的儿科评估除外。

（k）罕用药——除非部长根据规定另有要求，本节内容不适用于已经依第526条被授予罕用药资格的药物。

（l）国家医学院的研究——

（1）总则——自《儿科研究公平法案（2007）》实施后3年内，

部长应和国家医学院签订合同以开展研究，并将按照本节规定或 1997 年以来的前期规定实施的儿科研究，以及基于这些研究进行的标签变更情况上报国会。

（2）研究内容——第（1）节的研究应审查并评估外推法在儿童亚群的应用、替代终点在儿童群体的应用、新生儿评估工具，儿科不良反应的数量和类型，以及儿科临床试验中出现的道德问题。

（3）代表性样本——国家医学院可制订适当的机制，通过药品审评与研究中心（CDER）的审评部门，对根据本节规定实施的儿科研究的代表性样本进行审查，以确保儿科评估按要求进行。

（m）新有效成分——

（1）不具有替换性的生物类似物——在部长还未裁定某生物类似物，符合《公共卫生服务法案》351（k）（4）节规定的与参比制剂间的可替换性时，根据本节内容应视为含新有效成分的产品。

（2）可替换的生物类似物——如果某生物类似物与参比制剂间具有《公共卫生服务法案》第 351 条规定的可替换性，根据本节内容不应视为含有新有效成分的产品。

SEC. 505C.［21 U.S.C. 355d］负责审查儿科计划、儿科评估、延期、延期延长及豁免的内部委员会

部长应在 FDA 内设立一个内部委员会来执行 505A（f）款和 505B

（f）款规定的工作。内部委员会的成员应包括 FDA 雇员、儿科专家（如儿科治疗办公室的代表）、生物药理学专家、统计学专家、化学专家、法律专家、儿科伦理专家、新生儿科专家、儿童和青春期精神病学专家以及部长指派的其他人员。

SEC. 505E.［21 U.S.C. 355f］传染病新药的市场独占期延长

（a）延长——如果部长根据 505 条的规定，批准了第（d）款中所述符合条件的传染病新药的申请，在符合条件的情况下，根据 505 节（c）（3）（E）小节及（j）（5）（F）（ⅱ）段提到的 4 年和 5 年独占期，以及（c）（3）（E）小节第（ⅲ）段和第（ⅳ）段、（j）（5）（F）小节第（ⅲ）段和第（ⅳ）段里提到的 3 年独占期，或 527 条提到的 7 年独占期，都可以延长 5 年。

（b）与儿科独占权的关系——根据（a）款规定进行的独占期延长，可在 505A 条规定的独占期延长的基础上叠加。

（c）限制——第（a）款不适用于以下情况：

（1）按 505（b）款的规定提交的传染病药物的补充申请，且根据（a）款规定该药物的延长期已经生效或已经过期。

（2）根据 505 条规定提交的变更新适应证、新给药途径、新剂量、新剂型、新给药系统、新给药装置或新规格的后续申请。

（3）该药物已批准的用途，不符合（g）款规定传染病药物定义。

（d）指定——

（1）总则——在提交505（b）款所指的药品申请提交以前，制造商或申请人可以随时请求部长指定该药物作为符合条件的传染病药物。部长在收到该指定请求后的60天内，部长应做出是否符合条件的决定。

（2）限制——除第（3）节提到的情况外，本分节所述的指定不能因任何理由撤销，包括根据（f）（2）（C）小节规定所做的符合条件的病原体清单的修改。

（3）撤销指定——若部长发现前述指定请求存在不实内容时，有权撤销该药物作为符合条件的传染病药物的资格。

（e）法规——

（1）总则——《FDA安全及创新法案》实施后2年内，部长应指定法规来执行本节规定，包括（f）款提到的符合条件的病原体清单。

（2）程序——在颁布执行本节规定的法规时，部长应——

（A）发布拟定的规则，包括拟定的法规。

（B）提供不少于60天的拟定法规征求意见的时间。

（C）在生效前30天发布最终的法规。

（3）限制——尽管其他法律条款已有规定，部长仍须按照第（2）节要求颁布法规来执行本节规定，除非部长在颁布法规之前，已经根据（d）款要求制定符合条件的传染病药物相关的临时指南。

（4）法规颁布之前的指定——如果药物符合（g）款所指符合条件的传染病药物的定义，部长应在颁布本分节所指法规之前，根据（d）款要求将该药物指定为符合条件的传染病药物。

（f）符合条件的病原体——

（1）**定义**——在本节中，"符合条件的病原体"是指经部长根据第（2）节规定进行确定并列入清单的、可能对公共健康构成严重威胁的病原体，例如——

（A）耐药革兰阳性菌，包括甲氧西林耐药金黄色葡萄球菌、万古霉素耐药金黄色葡萄球菌、万古霉素耐药肠球菌。

（B）多重耐药革兰阴性菌，包括不动杆菌、克雷伯菌、假单胞菌及大肠埃希菌种。

（C）多重耐药结核菌。

（D）难辨梭状芽孢杆菌。

（2）符合条件的病原体清单

（A）总则——部长须制订并不断更新符合条件的病原体清单，并公布清单制订方式。

（B）注意事项——

在依照本标题节规定制订和更新病原体清单的过程中，部长应：

（ⅰ）考虑——

（Ⅰ）人体耐药性对公众健康的影响。

（Ⅱ）耐药微生物的增长率。

（Ⅲ）人体耐药性的增长率。

（Ⅳ）发病率和死亡率。

（ⅱ）咨询来自疾病控制和预防中心、FDA、医学专业领域和临床研究组织的传染病和抗生素耐药专家的意见。

（C）审查——部长每5年（如果需要可以更频繁）一次，根据（A）小节规定对确定病原体清单进行审查、修改并公布。在必要情况可根据第（e）款的规定根对清单进行修订。

（g）符合条件的传染病药物

"符合条件的传染病药物"指用于治疗严重或危及生命疾病的传染病的人用抗菌或抗真菌药物，该类传染病致病原因包括——

（1）抗菌或抗真菌耐药病原体，包括新出现或新流行的传染性病原体。

（2）部长根据第（f）款规定所列清单中的病原体。

SEC. 515A. [21 U.S.C. 360e-1] 器械的儿科使用

（a）新器械——

（1）总则——申请人根据520（m）款提交的申请，或根据515条规定提交的申请（或补充申请），或515条所指的产品研发方案，应当包括第（2）节中提到的信息。

（2）需要的信息——在申请器械批准并且材料可获得的情况下，第（1）节提到的申请或方案应包括下列相关材料——

（A）对于器械拟治疗、诊断、治愈的适应证的患病儿童亚群情况的描述。

（B）受到影响的儿童患者数量。

（3）年度报告——本条生效后18个月内，以及此后每年，部长应向参议院卫生、教育、劳工和养老金委员会及众议院能源和商业委员会提交相关报告，应包括以下内容——

（A）报告提交前一年，批准用于治疗、诊断、治愈儿童亚群疾病的器械数量。

（B）报告提交前一年，批准儿科标签的器械数量。

（C）报告提交前一年，可以免除738（a）（2）（B）（ⅴ）小段所指费用的器械数量。

（D）前述（A）（B）（C）小节中每种器械的审查时间。

（b）基于与成人类似的疾病进程或器械使用效果的儿科使用有效性的确定——

（1）总则——如果成人和儿科病人的病程及器械使用效果相似，部长可以酌情推定成人数据可以用于支持儿童使用有效性的确认。

（2）亚群间的外推——如果一个亚人群的数据可用来外推其他亚群，则可以不要求对所有儿童亚群进行研究。

（c）儿童亚群——就本条而言，术语"儿童亚群"的定义参见520（m）（6）（E）（ⅱ）段的内容。

SEC. 520.

人道主义器械的豁免

（m）（1）基于保护公共健康和公共安全以及道德标准的目的，本节条款旨在鼓励以下器械的研发及使用：用于诊断和治疗在美国本土患病人数少于4000例的疾病的器械。

（2）若器械符合以下条件，部长可针对满足第514和515条的器械，给予有效性豁免——

（A）该器械用于诊断和治疗在美国本土患病人数少于4000例

的疾病。

（B）患者无法获得（A）小节所述类型的器械或可替代的其他器械，除非部长批准该器械的有效性豁免。

（C）该器械不会给患者带来不合理的显著的疾病风险或伤害，并在考虑已有器械或其他治疗方式的收益与风险的情况下，使用该器械带来的健康效益超过可能的疾病或伤害风险。

豁免申请应以申请表形式提交给部长，该申请应包括《公共卫生服务法案》402（j）（5）（B）小节要求的证明（但不作为申请的组成部分）。部长应在收到申请75天内发出批准或否决该申请的决定。

（3）除第（6）节所述情况，器械依照第（2）节规定准许豁免后，任何人不得将该器械以超过其研究、开发、制造、分销的成本的价格销售。

（4）根据第（2）节规定准许豁免的器械仅适用于——

（A）在根据部长规定设立的机构中开展临床试验，并由伦理委员会进行监督。

（B）在器械使用之前，伦理委员会批准其用于某种（2）（A）小节所述疾病的治疗，除非医生认为在紧急情况下，为抢救患者脱离重大伤害或死亡危险时无法及时取得伦理委员会批准。

如（B）小节所述，医师如在未获得伦理委员会批准情况下使用该器械，则应在使用器械后告知伦理委员会主席。告知的内容应包括病人身份、器械使用日期和使用原因。

（5）如果部长认为已经根据第（2）节规定获得豁免的申请人不再满足第（6）节要求，或者不再满足豁免标准时，出于保护公共健康的要求，可以要求申请人证明其符合本节要求。如果未能证明，部长在发出通知并且提供非正式听证的机会后，可以暂停或撤销第 514 和 515 条规定的人道主义器械使用的豁免。

（6）（A）除（D）小节所述情况外，根据第（2）节规定获得豁免的申请人在满足以下条件时不适用第（3）节所述禁令：

（ⅰ）批准豁免的下述器械——

（Ⅰ）用于治疗、诊断儿童患者或儿童亚群的疾病或病情，且做相应儿科标签。

（Ⅱ）用于治疗、诊断的疾病或病情的儿童或非儿童患者数量，对于器械研发而言不可行、极难实施或不安全。

（ⅱ）在 1 年期间，根据本小节要求批准豁免的器械，其分销数量未超过年度分销数额。本段中"年度分销数额"指该器械合理用于治疗、诊断或治愈美国本土 4000 名患者个体的数量。部长在批准豁免前应确定该器械的年度分销数额。

（ⅲ）若 1 年内器械分销数量超出年度分销数额，相关人员应立即告知部长。

（ⅳ）该类豁免申请在 2017 年 10 月 1 日或之前递交。

（B）部长可对每年的根据第（2）节获得豁免且不适用第（3）节所述禁令的器械分销数量的相关记录进行检查。

（C）如果出现其他情况，可以申请修改根据（A）（ⅱ）段确定的年度分销数额，部长可根据情况进行修改。

（D）若相关人员根据（A）（ⅲ）段要求告知部长，或部长根据（B）小节所述的检查，认定在 1 年内器械分销数量超出根据（A）（ⅲ）段确定或（C）小节修改的年度分销数额，则第（3）节所述禁令应适用于告知后的一切器械分销。

（E）（ⅰ）在本款中，"儿童患者"指在诊断或治疗时年龄在 21 岁及以下的患者。

（ⅱ）在本款中，"儿科亚群"指以下人群之一：

（Ⅰ）新生儿。

（Ⅱ）婴幼儿。

（Ⅲ）儿童。

（Ⅳ）青少年。

（7）部长应将收到的所有与第（6）（A）（ⅰ）（Ⅰ）小段所述器械（依照第（6）（A）小节之要求，第（3）节所述禁令不适用）相关的不良事件报告，移送至根据《最佳儿童药品法案》第 6 节(《公法》第 107-109 条）设立的儿科治疗学办公室。在报告审阅中，儿科治疗学办公室主任应与器械与放射卫生中心专家协作，提供由儿科咨询委员会出具的年度审评报告，内容包括部长是否应根据法案规定采取必要行动的建议。

（8）针对第（6）（A）（ⅰ）（Ⅰ）小段所述器械，部长应通过儿科治疗学办公室和器械与放射卫生中心，提供儿科咨询委员会出具的年度审评报告，以确保根据第（2）节要求批准豁免的器械仍适用于儿科人群。

第Ⅶ章 一般性权利

分章 C——费用

第 1 部分——药品费用

SEC. 736. (21 U.S.C. 379h) 确定和使用药品费用的权利

（根据《公法》112-144 第 105 (a) 款，第 736 条将在 2017 年 10 月 1 日失效）

（a）费用类型——始于 2013 财政年度，部长应据此来评估和搜集费用：

（1）人用药品上市申请和补充申请费用——

（A）总则——所有申请人在 1992 年 9 月 1 日或此后提交人用药

品上市申请或补充申请时，应提交以下费用：

（ⅰ）根据第（c）（4）节规定，必须提交安全性、有效性临床数据（除生物利用度或生物等效性研究以外）的人用药品上市申请，应当缴纳全额费用。

（ⅱ）根据（c）（4）节规定，不要求提交安全性、有效性临床数据的人用药品上市申请，或者要求提交安全性或有效性的临床数据（除生物利用度或生物等效性研究以外）的补充申请，只需缴纳全额费用的一半。

（B）支付——第（A）小节规定下的费用应在提交上市申请或补充申请时立即缴付。

（C）已提交申请或补充申请的例外——若人用药品上市申请及补充申请曾经提交并已付费，若该申请已经被受理，但未被批准或者申请人主动撤回（无减免），申请人再次提交同一产品的人用药上市申请及补充申请时，无需支付（A）小节规定的费用。

（D）申请被拒绝受理或在受理前撤回时的费用退款——如果人用药品上市申请或补充申请被拒绝，或在受理之前被申请人主动撤回（没有费用豁免的情况），部长应返还 75% 的支付费用。

（E）曾被拒绝受理或受理前撤回的申请费用——除（d）款情况以外，之前已提交过但被拒绝受理，或在受理或拒绝受理前被申请人主动撤回的人用药品上市申请或补充申请，如果再次提交申请，将收取全额费用。

（F）罕用药或罕见病适应证的例外——根据 526 条规定，已经被认定为罕用药的人用药品上市申请不收取（A）小节费用，除非该申请还包含被认定的罕见疾病或病情以外的其他适应证。人用药品若新增用于罕见疾病或病情的适应证，根据 526 节被认定为罕用药后，提出的补充申请不收取（A）小节费用。

（G）撤回申请的费用退款——申请人在受理后撤回上市申请或补充申请，如果尚未对该申请进行实质性审查，可以返还全额或部分费用。部长有权依根据本段规定，决定全部或者部分返还费用。部长在返还费用方面做出的决定无需复审。

（2）处方药生产设施费用——

（A）总则——除第（B）和（C）小节所述情况外，如申请人——

（ⅰ）在人用药上市申请中被称为申请人。

（ⅱ）在 1992 年 9 月 1 日后，仍有人用药品上市申请或补充申请待部长处理时，

应当按照第（c）（4）节的规定，为其已批准处方药的生产设施缴纳年费。年费应该按照第（3）节的规定在每财年评估并缴纳，除非该生产设施在该财政年度未生产相关处方药。年费应当在每财年 10 月 1 日或之后的第一个工作日，或者该财年收费法案颁布后的第一个工作日缴纳。收费法案会根据本节规定明确该财政年度费用的收缴和义务。每个生产设施只收取一次费用，不论该设施生产多少种的处方药。若该设施涉及多个人用药品上市申请，该财年的生产设施年费，按照第（3）节的规定，应由该财

年使用该生产设施的所有申请人平均分担。

（B）例外——在财政年度内，人用药品申请中用于处方药生产的设施，如果——

（i）该生产设施在上一财年没有生产产品；

（ii）该财年完整的生产设施费在其处方药开始生产之前已经缴纳；

则申请人在生产开始的财年，不需承担生产设施费。

（3）处方药产品费——

（A）总则——除下文（B）小节的规定外，人用药注册申请人在1992年9月1日之后在部长处仍有待处理人用药上市申请或补充申请的，应当按照第（c）（4）节的规定，为每个处方药缴纳产品年费。该费用应当在每财年10月1日或之后的第一个工作日，或者该财年拨款法案颁布后的第一个工作日缴纳。每个产品在每财年只需缴纳一次。

（B）例外——符合下列情形之一的处方药，不需要缴纳产品年费：

（i）在根据505（j）（7）节的规定编写的列表（即橙皮书，译者注）上，以每100ml为效价单位；

（ii）与其他产品相同的产品——

（Ⅰ）与第 505（b）或 505（j）款批准的产品相同。

（Ⅱ）该产品不在 505（j）（7）节规定的橙皮书所列撤市清单上。

（ⅲ）根据 507 条规定的简化申请批准的、与其他产品相同的产品（《食品药品管理现代化法案（1997）》生效之前批准的）。

（ⅳ）在《药品价格竞争和专利期恢复法案（1984）》实施之前，按照简化新药申请批准的、与其他产品相同的产品。

（k）罕用药——

（1）豁免——根据第 526 条的规定，认定为用于治疗罕见疾病或病情的，并根据本法第 505 条或《公共卫生服务法案》第 351 条的规定批准的药品，若该药品符合以下所有条件，则豁免其产品费和生产设施费。

（A）该药品满足本法案所涉及的用于请求产品费及企业费减免的公共健康要求。

（B）拥有该药品所有权（或许可证）和上市权的公司，在前一年度的全球总收入不超过 5000 万美元。

（2）资格证明——第（1）节的豁免仅适用于在豁免请求前，已经提交过去 12 个月全球总收入不超过 5000 万美元的证明的药品。

注释

1. 指美国卫生及公共服务部（HHS）部长。下同。

2. 该条款中所指时间年限均为市场独占期。

3. 第二阶段专利声明书是指仿制药注册中所参照药品的该专利已经过期。

4. 第三阶段专利声明书是指仿制药注册中所参照药品的该专利即将到期，在专利到期前仿制药不会上市。

5. 第四阶段专利声明书是指仿制药注册中所参照药品的该专利无效，或本申请提交的仿制药生产、使用或销售不会造成对该专利的侵权。

6. 此日期为 2007 年 9 月 27 日。下同。

7. 是美国国家科学院（National Academy of Sciences）的机构之一，原名为"the Institute of Medicine"，现为 "National Academy of Medicine"。

8. 本条根据 2013 年 1 月 9 日生效的《公法》112–144 中第 506（b）（1）节修改形成。

9. 本节根据 2013 年 1 月 9 日生效的《公法》112–144 中第 506（a）款修改形成。

食品药品管理现代化法案（1997）

《公法》105-115，1997 年 11 月 21 日

（本法案选取主题 1 下分章 A 中 SEC. 103、分章 B 中 SEC. 111 与儿科用药相关的条款进行翻译）

主题 1——药品监管的改进

分章 A——药物相关费用

SEC. 103. 确定和使用药品费用的权力

（a）费用的类型——763（a）款（21 U.S.C 379h（a））被修正为——

（1）删除"在 1993 财年初期"（"Beginning in fiscal year 1993"），插入"在 1998 财年初期"（"Beginning in fiscal year 1998"）。

（2）在第（1）节中——

（A）删除（B）小节，插入以下内容：

"（B）支付——第（A）小节规定的费用应在提交上市申请或补充申请时立即缴付。"

（B）在（D）小节中——

（ⅰ）在该小节开头，删除"不接受"（"NOT ACCEPTED"），插入"拒绝"（"REFUSED"）。

（ⅱ）删除"百分之五十"（"50 percent"），插入"百分之七十五"（"75 percent"）。

（ⅲ）删除"（B）（ⅰ）段"，插入"（B）小节"。

（ⅳ）删除"不接受"（"not accepted"），插入"拒绝"（"refused"）。

（C）在末尾加入以下内容：

"（E）罕用药或罕见病适应证的例外——根据526条规定，已经被认定为罕用药的人用药品上市申请不收取（A）小节费用，除非该申请还包含被认定的罕见疾病或病情以外的其他适应证。人用药品若新增用于罕见疾病或病情的适应证，根据526条被认定为罕用药后，提出的补充申请不收取（A）小节费用。

"（F）儿科适应证补充申请例外——包含儿童群体新适应证的人用药品补充申请，不收取（A）小节费用。

"（G）撤回申请的费用退款——申请人在受理后撤回上市申请或补充申请，如果尚未对该申请进行实质性审查，可以返还全额或部分费用。部长有权根据本小节规定，决定全部或者部分返还费用。部长在返还费用方面做出的决定无需复审。"

（3）删除（2）节，插入以下内容："处方药生产设施费用——

"（A）总则——除第（B）和（C）小节所述情况外，如申请人——

"（ⅰ）在人用药上市申请中被称为申请人。

"（ⅱ）在 1992 年 9 月 1 日后，仍有人用药品上市申请或补充申请待部长处理时，

应当按照第（b）款规定对其申请中所列产品的生产设施，评估处方药生产设施年费。年费应该按照第（3）节的规定在每财年评估并缴纳，除非该生产设施在该财政年度未生产相关处方药。年费应当在每年 1 月 31 日前缴纳。不论该设施生产多少种处方药，每个设施只收取一次费用。若该设施涉及多个人用药品上市申请，该财年的生产设施年费，按照第（3）节规定，应由该财年使用该生产设施的所有申请人平均分担。

"（B）例外——在财政年度内，人用药品申请中用于处方药生产的设施，如果——

"（ⅰ）该生产设施在上一财年没有生产产品。

"（ⅱ）该财年完整的生产设施费在其处方药开始生产之前已经缴纳。

则申请人在生产开始的财年，不需分担生产设施费。"

（4）在第（3）节——

（A）在（A）小节——

（ⅰ）在（ⅰ）段中，删除"被收录"（"is listed"），并插入"为收录而提交"（"has been submitted for listing"）。

（ⅱ）删除"这些费用应当可被支付"（"such fee shall be payable"），并且所有内容都要根据"510条"插入以下内容："这些费用应在产品首次提交510条规定的列表申请的所在财年进行缴纳或针对已经被撤出清单的产品，在510条规定再次提交列表申请的所在财年进行缴纳。这些费用应在当年1月31日或之前进行支付，并且每个品种的费用在当财政年度中只能支付一次。"

（B）在（B）小节，删除"505（j）。"并插入以下内容："505（j），根据507条（在《食品药品管理现代化法案（1997）》生效之日前生效）递交的简明申请，或在《药品价格竞争和专利期恢复法案（1984）》实施之前递交的简明新药申请。"

分章 B——其他改进

SEC. 111. 药物的儿科研究

第Ⅴ章（21 U.S.C. 351 et seq.）通过在505条后插入以下内容进行修正：

"SEC. 505A. 药物的儿科研究。

"（a）新药的市场独占期——除了第（2）节的规定外，根据第505（b）（1）节规定提交的申请在获得批准之前，如果部长认为与儿科用药相关的信息会对儿童产生健康效益，他会提出开展儿科研究的书面要求（可能包含完成这些研究的时间进度表）。申请者一旦同意这一要求，就必须按照时间表完成研究，并对不同年龄群体使用合适的药物处方。此外，研究报告的提交和受理需要遵循（d）（3）节的内容——

"（1）（A）（i）在第 505（c）（3）（D）（ii）段和（j）（4）（D）（ii）段提及的时间被视为 5 年半而不是 5 年，而在第 505 条（c）（3）（D）（ii）段和（j）（4）（D）（ii）段提及的 4 年、48 个月和 7 年半分别被视为 4 年半、54 个月和 8 年。

"（ii）在第 505（c）（3）（D）（iii）段和（iv）段以及（j）（4）（D）（iii）段和（iv）段里提及的时间被视为 3 年半而不是 3 年。

"（B）如果根据第 526 节被指定为罕见病用药，则第 527（a）款中提及的时间被视为 7 年半而不是 7 年。

"（2）（A）如果药物——

"（i）列于橙皮书中的某项专利，有其他上市申请根据第 505（b）（2）（A）（ii）段或（j）（2）（A）（vii）（II）小段要求提交了第二阶段专利声明书，但在该专利到期（含任何专利延期）之前专利权人已经提交儿科研究。

"（ii）列于橙皮书中的某项专利，有其他上市申请根据第 505（b）（2）（A）（iii）段或（j）（2）（A）（vii）（III）小段要求提交了第三阶段专利声明书。

则根据第 505（c）（3）节或第 505（j）（4）（B）小节，不批准其他上市申请的时间周期会在药物专利期（包含任何专利延期）到期日的基础上延长 6 个月。

"（B）如果药物列于橙皮书中的某项专利，有其他上市申请根据第 505（b）（2）（A）（iv）段或（j）（2）（A）（vii）（Ⅳ）小段要求提交了第四阶段专利声明书，并在专利诉讼中被法庭判定专利有效且判定对方行为构成专利侵权，则根据第 505（c）（3）节或第 505（j）（4）（B）小节，不批准其他上市申请的时间周期会在药物专利期（包含任何专利延期）到期日的基础上延长 6 个月。

"（b）制定额外的可能有用的儿科用药信息清单——《食品药品管理现代化法案（1997）》实施后的 180 天内，部长在与儿科研究专家商议之后，应优先制订和发布已经批准的、可能有用的儿科用药信息清单。该清单应当每年更新。

"（c）已上市药品的市场独占期——如果部长根据第 505（b）（1）节规定提出开展儿科研究的书面要求（可能包含完成这些研究的时间进度表），持有人一旦同意这一要求，就必须按照时间表完成研究，研究报告的提交需要遵守（d）（2）节、受理需要遵循（d）（3）节的规定——

"（1）（A）（i）在第 505（c）（3）（D）（ii）段以及（j）（4）（D）（ii）段中提及的时间被视为 5 年半而不是 5 年，而在第 505（c）（3）（D）（ii）段和（j）（4）（D）（ii）段提及的 4 年、48 个月和 7 年半分别被视为 4 年半、54 个月和 8 年。

"（ii）在第 505（c）（3）（D）（iii）段和（iv）段以及（j）（5）（F）（iii）段和（iv）段里提及的时间被视为 3 年半而不是 3 年。

"（B）如果根据第 526 条被指定为罕见病用药，则第 527（a）款中提及的时间被视为 7 年半而不是 7 年。

"（2）（A）如果药物——

"（ⅰ）列于橙皮书中的某项专利，有其他上市申请根据第 505（b）（2）（A）（ⅱ）段或（j）（2）（A）（ⅶ）（Ⅱ）小段要求提交了第二阶段专利声明书，但在该专利到期（含任何专利延期）之前，专利权人已经提交儿科研究。

"（ⅱ）列于橙皮书中的某项专利，有其他上市申请根据第 505（b）（2）（A）（ⅲ）段或（j）（2）（A）（ⅶ）（Ⅲ）小段要求提交了第三阶段专利声明书。

则根据第 505（c）（3）节或第 505（j）（4）（B）小节，不批准其他上市申请的时间周期会在药物专利期（包含任何专利延期）到期日的基础上延长 6 个月。

"（B）如果药物列于橙皮书中的某项专利，有其他上市申请根据第 505（b）（2）（A）（ⅳ）段或（j）（2）（A）（ⅶ）（Ⅳ）小段要求提交了第四阶段专利声明书，并在专利诉讼中被法庭判定专利有效且判定对方行为构成专利侵权，则根据第 505（c）（3）节或第 505（j）（4）（B）小节，不批准其他上市申请的时间周期会在药物专利期（包含任何专利延期）到期日的基础上延长 6 个月。

"（d）儿科研究的实施——

"（1）同意研究——部长根据（a）或（c）款规定提出儿科研究的

书面要求后，可以与主体商议后——

"（A）根据 505（i）段规定，提交新药临床试验申请的申请人；

"（B）根据 505（b）（1）节规定，提交新药上市申请的申请人。

"（C）根据 505（b）（1）节规定，已经获得上市批准的持有人。

与申请人或上市许可持有人就儿科临床研究达成一致协议。协议中应以书面形式呈现，并包括儿科临床研究的时间进度。

"（2）满足研究要求的书面方案——若申请人或上市许可持有人与部长就儿科研究的书面方案达成一致，在达到（a）或（c）款的研究要求后，可以完成研究，并且提交符合原始书面要求和书面协议的研究报告。研究报告提交后 60 天内，部长应决定儿科研究的实施是否符合原始书面要求和书面协议以及是否符合报告受理的要求，并将决定通知申请人或上市许可持有人。

"（3）满足研究要求的其他方法——如果申请人或上市许可持有人与部长未能就儿科研究的书面方案达成一致，在研究完成并且部长受理研究报告时，可认为满足（a）或（c）款的研究要求。研究报告提交后 90 天内，部长应受理或拒绝该报告，并将决定通知申请人或上市许可持有人。在受理或拒绝过程中，部长的唯一职责是在 90 天内，决定研究是否符合书面要求、是否按照普遍认可的科学规律和方案实施以及是否根据受理要求提交报告。

"（e）**特定申请的有效期限的延期**——如果部长根据 505（b）（2）节或505（j）款规定接受或批准某个新药申请的时间发生在505（b）

（2）或 505（j）款所指的儿科研究报告提交之后，并在专利（包括所有专利延长期）或根据 505（3）（c）（D）（ⅱ）-（ⅳ）段、505（j）（4）（D）（ⅱ）-（ⅳ）段规定的期限到期前提交，在决定是否满足（d）款要求之前，部长应当将 505（b）（2）节或 505（j）款的受理或审批时间延长至（d）款所提的决定做出以后，但延长期限不超过 90 天。在满足本节要求的情况下，（a）或（c）款适用的 6 个月时间在延期期间依然有效。

"（f）研究要求决定——部长应发布儿科研究已满足（d）款要求的通知，并且根据第 505（b）（2）节或（j）款要求提交的申请和批准应符合本节要求。

"（g）定义——本节使用的"儿科研究"或"研究"术语，是指至少一次应用于有相应适应证的儿科年龄组患者的药物临床试验（根据部长决定，可能包含药物代谢动力学研究）。

"（h）限制——根据（a）或（b）款规定已经获得 6 个月独占期的药物——

"（1）如果满足本节规定的其他所有要求，其补充申请可以额外获得（c）（1）（A）（ⅰ）（Ⅱ）小段规定的 6 个月期限，但（c）（2）节另有规定的除外。

"（2）根据（c）（1）（B）小节，不再额外延期。

"（i）与法规的关系——不受本法其他条款影响，如果根据部长颁布的法规要求开展儿科研究，并且研究符合完整性、时效性和本节其他要求，此类研究被认为满足本节所指市场独占期的要求。

"(j) 期限终止——除非申请根据 505（b）（1）节规定在 2002 年
1 月 1 日或之前提交，否则药品可能无法获得（a）或（c）款规
定的 6 个月期限。在 2002 年 1 月 1 日以后，药品在以下情况可
以获得（c）款规定的 6 个月期限——

"（1）在《食品药品管理现代化法案（1997）》实施时已经在市场
上流通。

"（2）截止到 2002 年 1 月 1 日，药品被列入到（b）款所指的清
单中。

"（3）部长认为该药物的儿科用药信息被持续需要，并且可为儿
科群体提供健康效益。

"（4）满足本节所有要求。

"(k) 报告——部长应基于经验，在 2001 年 1 月 1 日前开展本节
所指的儿科研究并向国会报告。研究和报告应检查以下相关事
宜——

"（1）已批准药物在完善儿科用药信息方面的有效程度。

"（2）本节提供的足够的激励。

"（3）对纳税人和消费者的经济影响，包括缺乏低价仿制药对患
者（含低收入患者）的影响。

"（4）部长认为合适的修改建议。"

最佳儿童药品法案

《公法》107-109

2002 年 1 月 4 日

SEC. 1. 短标题

此项法案被称为《最佳儿童药品法案》。

SEC. 2. 已上市药品的儿科研究

《联邦食品药品和化妆品法案》中 505A 条（21 U.S.C. 355a）修改如下：

（1）删除（b）款。

（2）在（c）款中——

（A）在"部长（the Secretary）"一词后插入"决定已批准药物的儿科用药信息对儿科人群具有健康效益"（"determines that information relating to the use of an approved drug ing the pediatric population may produce health benefits in that population and"）。

（B）删去"根据（b）段所述清单中的相关药物"（"concerning a drug identified in the list described in subsection（b）"）。

SEC. 3. 药物儿科研究基金

《公共卫生服务法案》第Ⅳ主题 B 部分（42 U.S.C. 284 et seq.）内容修改如下：

（1）将与临床研究相关的 409C 条（42 U.S.C. 284k）重新标注为 409G 条。

（2）将与奖励生效相关的 409D 条（42 U.S.C. 284l）重新标注为 409H 条。

（3）在最后增加以下内容：

"SEC. 409I. 药物儿科研究计划

"（a）需要开展儿科研究的药物清单——

"（1）总则——在本节生效之日起 1 年内，部长通过美国国立卫生研究院，在与食品药品专员、儿科研究专家商议后，应优先制订和发布以下已经批准药物的年度清单——

"（A）

"（i）已根据《联邦食品药品和化妆品法案》505（j）款（21 U.S.C. 355（j））获得的上市许可。

"（ii）已提交的并可能根据《联邦食品药品和化妆品法案》505（j）款（21 U.S.C. 355（j））被批准的申请。

"（ⅲ）未获得《联邦食品药品和化妆品法案》（21 U.S.C. 301 et seq.）所指的专利保护或市场独占期。

"（ⅳ）移送列入《联邦食品药品和化妆品法案》505A（d）（4）（C）小节（21 U.S.C. 355a（d）（4）（C））所指清单。

"（B）在（A）（ⅰ）、（ⅱ）或（ⅲ）段的情况下，有必要开展额外的儿科研究来评价儿童群体使用药品的安全性和有效性。

"（2）对可获得信息的考虑——在制定（1）节列表时，部长应考虑清单上的每个药物——

"（A）药品在儿童群体中使用的安全性和有效性信息的可获得性。

"（B）是否需要额外信息。

"（C）新的儿科研究是否对儿童群体产生健康效益。

"（D）是否有必要重新制订药品的处方。

"（b）儿科研究合同——部长应与相关主体（包括有资格的大学、医院、实验室、合同研究组织、联邦基金支持项目（如儿科用药理学研究）以及其他公共、私人机构或个人）签订合同，授权开展（a）款清单中所列药物的儿科临床试验。

"（c）合同程序与标签变更——

"（1）向无市场独占期的药品上市许可持有人发出的书面要求——

食品药品专员，在与美国国立卫生研究院院长商议后，可以针对列入（a）（1）（A）小节清单的药物，向所有根据《联邦食品药品和化妆品法案》505 条获得上市许可的持有人发出儿科研究书面要求。该书面要求的制定方式与 505A（a）款或（b）款中提到的书面要求制定方式一致，包括根据书面要求实施儿科研究后提供的相关信息。

"（2）合同建议的要求——若食品药品专员在发出上文第（1）节规定的儿科研究书面要求后，或是（a）（1）（A）（iv）段提到的转移列入后的 30 天内未收到反馈，经过美国国立卫生研究院和食品药品专员商议后，部长应当发出合同建议以确保书面要求中的儿科研究的实施。

"（3）不符合资格——首次申请被驳回的上市许可持有人无权对第（2）节的合同建议中的要求作出反馈。

"（4）指南——在本节实施后的 270 天内，食品药品专员须公布相应指南，以确立第（1）节中书面要求反馈的提交程序。

"（5）合同——本节所指的合同只有在合同建议以这样的形式和方式提交给部长时才能被授权，并且应包括协议、担保以及部长认为必要的信息。

"（6）研究报告——

"（A）概述——依据本小节授权合同的儿科研究一旦完成，应当向美国国立卫生研究院院长和食品药品专员提交研究报告。报告应包括研究中产生的所有数据。

"（B）报告的可获得性——（A）小节所指的所有报告应被认为属于公共领域（符合《联邦食品药品和化妆品法案》的505A（d）（4）（D）小节（21 U.S.C. 355a（d）（4）（D））要求），并且应由食品药品专员指定编号。利益相关者可以就此儿科研究提交书面评论，并作为该药品档案的组成部分。

"（C）专员的措施——食品药品专员须根据第（7）节要求，通过恰当方式对上文（A）小节所述报告采取适当的反馈行为。

"（7）标签变更的要求——根据第（6）（A）小节提交的报告，在提交后的180天内，食品药品专员应——

"（A）评估报告以及其他已有的与儿童用药安全性和有效性有关的数据。

"（B）在食品药品专员认为有必要的情况下，与已批准药品的上市许可持有人就标签变更进行协商，并要求持有人进行变更。

（C）（ⅰ）在公共档案中存入儿科研究报告复印件以及应要求所做的标签变更复印件。

"（ⅱ）在《联邦公报》中公开儿科研究报告概况以及应要求所做的标签变更复印件。

"（8）争议的解决——

"（A）移送至抗感染药物咨询委员会儿科分会——如果在第（7）节规定的180天内，已批准药品的上市许可持有人不同意食品药品专员的标签变更要求，专员应将此变更要求移送至抗感染药物咨询委员会下设的儿科分会。

"（B）抗感染药物咨询委员会儿科分会采取的措施——在收到（A）小节提到的移送材料的90天内，抗感染药物咨询委员会儿科分会应：

"（i）评估药品在儿童群体使用的安全性和有效性的已有信息，包括根据本段提交的儿科研究报告。

"（ii）如果有的话，可以向食品药品专员提出合适的标签变更建议。

"（9）FDA的最终决定——在收到抗感染药物咨询委员会儿科分会根据（8）（B）（ii）段提出建议后的30天内，食品药品专员应参考该建议，酌情向药品上市许可持有人提出其认为合适的标签变更建议。

"（10）未达成一致——如果上市许可持有人在收到第（9）节提出的标签变更建议的30天内，不同意进行标签变更，则根据《联邦食品药品和化妆品法案》（21 U.S.C. 301 et seq.）专员可将该申请的药物视为标识不当药。

"（11）不影响授权——根据本法案规定，如果药物缺少适当的儿科标签，美国采取的任何强制措施都不受本款内容的约束。任何行为（抗感染药物咨询委员会下设儿科分会的处理或前句所提的强制措施）均不妨碍、延误其他行为的执行，也不得作为其他行为的基础。

"（12）处方变更的建议——如果根据公共合同实施完成的儿科研究提示有必要进行处方变更并且获得部长同意，部长应向上市许可持有人发出不具有约束力的建议变更的信函。

"（d）拨款授权——

"（1）总则——为执行本款内容，授权进行如下拨款——

"（A）2002 财政年度的款额为 200 000 000 美元。

"（B）在接下来的 5 个财年里都有必要维持此总额。

"（2）可获得性——第（1）节的拨款数额应确保可获得，以保证本款内容的执行。"

SEC. 4. 对具有市场独占权的已上市药品持有人的书面要求

在《联邦食品药品和化妆品法案》505A（d）款最后添加如下内容：

"（4）对具有市场独占权的已上市药品持有人的书面要求——

"（A）要求和回应——如果部长根据（c）款规定，向 505（b）（1）节的已上市药品持有人做出儿科研究书面要求，持有人在收到书面要求的 180 天内，应当就其想法向部长做出以下反馈——

"（i）若持有人对要求无异议，提出儿科研究的启动时间。

"（ii）表示持有人不同意该要求。

"（B）不同意书面要求——

"（ⅰ）移转——如果持有人在收到书面要求的 180 天内，不同意书面要求，并且部长认为儿童（在适当情况下包含新生儿）用药信息是长期需求，部长应将该药品移送至美国国立卫生研究院基金会（根据《公共卫生服务法案》499 条（42 U.S.C. 290b）设立，本段中简称为"基金会"）开展书面要求中提到的儿科研究。

"（ⅱ）公告——部长应发出包括药品名称、制造商名称和第（ⅰ）段中提到移送的儿科研究的适应证。

"（C）缺乏资金——根据（B）（ⅰ）段移送药品后，基金会应发布研究方案，以获得实施儿科研究的授权，除非基金会在一定时间（指南提到的部长认为合适的时间）内，证明其根据 499(j)(9)（B）（ⅰ）段没有足够的资金实施儿科研究。如果做出此类证明，部长应将该药品移送列入《公共卫生服务法案》409I 条提到的列表中来开展研究。

"（D）节的效力——本节的所有内容（包括部长向基金会的移送）都不能改变或修改本法案第 301（j）款或《美国法典》第 5 主题第 552 条和第 18 主题第 1905 条的内容。

"（E）无移送要求——本节所有内容都不能要求所有被拒绝的书面要求都必须移送至基金会。

"（F）（b）款的书面要求——对于未接受（b）款书面要求的药品，如果部长认为儿童（在适当情况下包含新生儿）用药信息是长期需求，部长应根据（c）款规定在药品获批后发出书面要求。"

SEC. 5. 已授予独占期的药品进行及时的标签变更；药品费用

（a）儿科补充申请申报者费用豁免的废除——对《联邦食品药品和化妆品法案》736（a）（1）节（21 U.S.C. 379h（a）（1））的修改如下：

（1）删除（F）小节。

（2）将（G）小节重新编号为（F）小节。

（b）标签变更——

（1）优先补充申请的定义——在《联邦食品药品和化妆品法案》201 条（21 U.S.C. 321）最后加入以下内容完成修订：

"（kk）优先补充申请——术语"优先补充申请"来自于《食品药品管理现代化法案（1997）》101（4）节（111 Stat. 2298）所提到的药品申请。"

（2）优先补充申请的处理——在《联邦食品药品和化妆品法案》505A 条（21 U.S.C. 355a）最后加入以下内容完成修订：

"（Ⅰ）标签补充申请——

"（1）儿科补充申请的优先地位——所有根据本节所指的儿科研究报告建议提出的补充申请——

"（A）应被视作优先补充申请。

"（B）应符合专员为优先品种设立的要求。

"（2）争议的解决——

"（A）标签变更的请求与拒绝——在儿科研究申请提交后的 180 天内，如果专员认为根据本节要求，该申请可被批准，并且申请人与专员可以就适当的标签变更达成一致——

"（i）专员应要求申请人做出专员认为适当的标签变更。

"（ii）如果申请人不同意专员提出的标签变更要求，专员应该将此事移送至抗感染药物咨询委员会的儿科分会。

"（B）抗感染药物咨询委员会的儿科分会的措施——在（A）（ii）段中的事件移送后 90 天内，儿科咨询委员会应——

"（i）审评儿科研究报告。

"（ii）向专员建议合适的标签变更的方案。

"（C）对建议的考量——专员应考虑儿科分会的建议，如果合适，在收到建议后的 30 天内，向申请人提出专员认为合适的标签变更要求。

"（D）标识不当——在上一小节（C）中的变更要求的 30 天内，如果申请人不同意进行标签变更，则专员可将该申请的药物视为标识不当药。

"（E）不影响授权——根据此法案规定，如果药物缺少适当的儿科标签，美国采取的任何强制措施都不受本节内容的约束。任何行为（抗感染药物咨询委员会的儿科分会的处理或前句所提的强制措施）均不妨碍、延误其他行为的执行，也不得作为其他行为的基础。

SEC. 6. 儿科治疗学办公室

（a）设立——美国卫生及公共服务部部长应在 FDA 内设立儿科治疗学办公室。

（b）职责——儿科治疗学办公室负责协调和协助 FDA 采取的所有与儿童群体、儿科用药有关的措施。

（c）人员——儿科治疗学办公室工作人员应与美国卫生及公共服务部中与儿科治疗相关的工作人员协作，且应包括——

（1）至少一位儿科临床研究伦理方面的专业人士。

（2）至少一位确保（b）款职责实施的儿科专业人士。

SEC. 7. 新生儿

对《联邦食品药品和化妆品法案》第 505A（g）款（21 U.S.C. 355a（g））进行如下修订：在"儿童年龄组"（"pediatric age groups"）后添加"（合适情况下可包括新生儿）"（"（lincluding neonates in appropriate casess）"）。

SEC. 8. 期限终止

《联邦食品药品和化妆品法案》第 505A 条（21 U.S.C. 355a）删除（j）款并添加如下内容：

"（j）期限终止——药品可能无法获得（a）或（c）款规定的 6 个月期限，除非——

"（1）在 2007 年 10 月 1 日或之前，部长已经做出儿科研究的书面要求。

"（2）在 2007 年 10 月 1 日或之前，药品申请已根据法案第 505（b）款受理归档。

"（3）满足本条所有要求。"

SEC. 9. 儿科信息的发布

《联邦食品药品和化妆品法案》第 505A 条（21 U.S.C. 355a）（根据 5（b）（2）节修订）最后增加以下内容：

"（m）儿科信息的发布——

"（1）总则——

根据本条规定要求的儿科研究报告在提交后的 180 天内，专员应公开补充申请中儿科研究的医学和临床药理学评价信息，包括在《联邦公报》公开。

"（2）款的效力——本款的所有内容都不能改变或修改本法案第 301（j）款或《美国法典》第 5 主题第 552 条和第 18 主题第 1905 条的内容。"

SEC. 10.《联邦食品药品和化妆品法案》第 505A 条儿童药品市场独占期与第 505（j）款规定的 180 天市场独占期的相互作用的分类

《联邦食品药品和化妆品法案》第 505A 条（21 U.S.C. 355a）（根据第 9 条所修订）最后增加以下内容：

"（n）本条的儿童药品市场独占期与第 505（j）款规定的市场独占期相互作用的分类——如果第 505（j）（5）（B）（iv）段规定的 180 天期限和本节规定的 6 个月独占期重叠，导致申请人失去 505（j）款被授予的 180 天独占期中的一部分，那么这 180 天的期限应延长至——

（1）仅针对本款申请人而言，如果 180 天的期限将在 6 个月独占期期满后才结束，自重叠之日起至 180 天期满。

（2）仅针对本款申请人而言，如果 180 天的期限在 6 个月独占期期间结束，自重叠之日起至 6 个月独占期期满。"

SEC. 11. 第 505（j）款下药品标签添加儿科信息的及时批准——

（a）总则——《联邦食品药品和化妆品法案》第 505A 条（21 U.S.C. 355a）（根据第 10 条所修订）最后增加以下内容：

"（o）标签包含儿童用药信息之药物的加速审核（根据法案第505（a）款）

"（1）总则——依第505（j）款规定已经提交申请或获得批准的药物，因受第505（j）（5）（D）（ⅲ）段或（ⅳ）段中专利或独占期保护，而在标签中缺失了儿童适应证或其他儿科用药信息时，不能被视为本节所指的不符合批准的情形，也不能根据第502条被视为标识不当的情形。

"（2）标签——尽管第505（j）（5）（D）（ⅲ）段或（ⅳ）段已有所规定，部长仍可要求依505（j）款获得批准的药物的标签，如第（1）节所述，缺失儿童适应证或其他儿科用药信息时，应包括以下内容——

"（A）厂商的市场独占性的声明——

"（ⅰ）该药物未对儿科用途进行标识。

"（ⅱ）如果该药物有第（1）节中未涉及的儿科用途，根据第（1）节规定未做儿科用途标识。

"（B）部长认为必要的儿童禁忌证、警告或注意事项的声明。

"（3）儿科独占和其他条款——本节对以下内容没有影响——

"（A）本款规定的独占期的有效性或范围。

"（B）第505条规定的儿科处方的独占期的有效性或范围。

"（C）根据第505（j）条规定所提交的申请能否获得批准的资格
问题，且该申请忽略了第505（j）（5）（D）（ⅲ）段或（ⅳ）段
中规定享有市场独占期的其他批准条件。

"（D）除第（1）和（2）节明确提及的内容以外，第505条的
规定"。

（b）生效日期——第（a）款的修订，包括《联邦食品药品和化
妆品法案》505（j）款（21 U.S.C. 355（j））的申请，自本法案实
施之日起生效。

SEC. 12. 涉及儿童的研究

（a）与国家医学院的合同——美国卫生及公共服务部部长应与国
家医学院签订合同以—

（1）根据（b）款规定，实施以下审评——

（A）本法案生效后实施的联邦法规中涉及的儿科研究。

（B）联邦筹备或支持的儿科研究的报告。

（C）联邦支持的儿科相关循证研究。

（2）在本法案生效2年内向参议院卫生、教育、劳工和养老金委
员会及众议院能源和商业委员会提交（1）节提到的审评报告，
包括与儿科研究相关的最佳实践建议。

（b）审评范围——在（a）（1）节规定实施的审评中，国家医学院应考虑以下内容：

（1）以书面或口头程序获得儿科临床研究参与人、父母、监护人或合法授权代表（参见美国《联邦法规汇编》第 45 主题 46（A）小节）的同意、许可或知情同意书。

（2）儿科临床研究参与人、父母、监护人或合法授权代表对参与儿科试验的直接利益和风险的预期与理解，尤其包括研究与治疗概念的区别。

（3）"风险最小化"对于健康儿童和患病儿童的定义。

（4）不同年龄段、不同发育程度的儿童的法规适用性，包括与法律状态相关的法规。

（5）是否向儿科临床研究参与人、父母、监护人或合法授权代表支付报酬（金钱或其他形式），如支付报偿的形式和数额。

（6）对（a）（1）（A）小节法规的遵守，对这种遵守的监管（包括伦理委员会的角色），以及针对违规行为的强制措施。

（7）伦理委员会在儿科临床研究中的独特角色与职责，包括伦理委员会的人员构成。

（c）专业要求——国家医学院应根据第（a）（1）节进行评审，并根据（a）（2）节要求协调儿童用药专家、儿科研究专家以及儿科研究伦理学专家，共同提出相关建议。

SEC. 13. 美国国家医学院基金

对《公共卫生服务法案》第 499 条（42 U.S.C. 290b）做出以下修订——

（1）在（b）款"任务"（"mission"）一词后增加"（包括儿科用药理学研究基金的筹集）"（"（including collection of funds for pediatric pharmacologic research）"）；

（2）在（c）（1）节——

（A）将（C）小节重新编号为（D）小节。

（B）在（B）小节后增加以下内容：

"（C）部长根据本法案第 409I（a）（1）（A）小节及《联邦食品药品和化妆品法案》第 505A（d）（4）（C）小节（21 U.S.C. 355a（d）（4）（C））提出的列表中的儿科药理学研究与试验的资金筹集计划。"

（3）在（d）款中——

（A）在第（1）节中——

（i）在（B）小节中——

（I）在（ii）段中，删除末尾的"和"（"and"）一词。

（II）在（iii）段中，删除期限并增加"；和"（"；and"）。

（Ⅲ）在最后增加以下内容：

"（ⅳ）食品药品专员。"（"（ⅳ）the commissioner of Food and Drugs."）

（ⅱ）删除（C）小节并增加以下内容：

"（C）在（B）小节提到的委员会成员应从国家科学院提供的候选名单中选定。被选定的成员应包括——

"（ⅰ）生物医学领域代表。

"（ⅱ）儿童药及儿科研究专家代表。

"（ⅲ）生物行为研究领域代表，可以包括生物医学伦理学专家。

"（ⅳ）公众代表，可以包括利益相关行业代表。"

（B）在第（2）节中，重新调整（B）小节的页边距，保持与（A）小节格式一致。

（4）在第（k）（9）节中——

（5）将（e）-（1）款重新编号为（f）-（m）款。

（6）在第（h）（11）节（重新编号后）中，删除"征求"（"solicit"），插入"征求，"（"solicit，"）。

（7）第（j）（1）和（2）节（重新编号后）中，删除本条中所有

"（包括根据第（d）（2）（B）（ⅰ）（Ⅱ）小段的行为）"（"（including those developed under subsection（d）（2）（B）（ⅰ）（Ⅱ）"）字样。

SEC. 14. 儿科药理学咨询委员会

（a）总则——根据《公共卫生服务法案》第 222 条（42 U.S.C. 217a），美国卫生及公共服务部部长应召集并建立儿科药理学咨询委员会（在本节中简称为"咨询委员会"）

（b）目的——

（1）总则——咨询委员会应通过食品药品专员与美国国立卫生研究院院长商议后，就儿科药理学研究事项向部长提出建议。

（2）事项包括——在第（1）节中提到的事项包括——

（A）根据《公共卫生服务法案》第 351、409I、499 条以及《联邦食品药品和化妆品法案》第 501、502、505 和 505A 条实施的儿科研究。

（B）在研究优先权确定中涉及的儿科药理学和其他特殊儿科疾病、病情治疗的需要。

（C）与儿科药理学有关的临床试验的伦理、设计和分析。

（c）组成——咨询委员会应包括儿科医疗机构的代表、儿科研究人员、相关患者与患者家属组织以及部长遴选的其他专家。

SEC. 15. 肿瘤药物咨询委员会的儿科分会

（a）权力划分——

（1）总则——肿瘤药物咨询委员会儿科分会（在本节中简称为"儿科分会"），在履行评估的职责并对已上市或临床试验阶段的儿科癌症药物的安全性与有效性进行评估时，应——

（A）尽可能地评估和优先考虑能治疗儿科癌症的新兴治疗方案。

（B）提出建议与指南，以确保儿科癌症患者及时获得最有希望的新的癌症治疗方法。

（C）就改善新治疗方法的可获得性给出建议。

（2）成员——

（A）总则——部长应从儿科用药理学咨询委员会和肿瘤药物咨询委员会中选定至少 11 人作为儿科分会的成员。

（B）参会要求——儿科分会在必要情况下，从儿科癌症的科学和伦理议题等角度，对参会成员设置如下要求：

（ⅰ）至少 2 位来自美国国家癌症研究所的儿科肿瘤学专家。

（ⅱ）至少 4 位儿科肿瘤学专家，来自于——

（Ⅰ）儿童肿瘤学小组。

（Ⅱ）具有儿科临床研究经验的其他儿科专家。

（Ⅲ）由国家癌症研究所赞助的学会，如儿科脑肿瘤学会、神经细胞瘤治疗学会或其他儿科肿瘤学会。

（ⅲ）至少 2 位儿科癌症患者和患者家属组织的代表。

（ⅳ）1 位来自护士组织的代表。

（ⅴ）至少 1 位统计人员。

（ⅵ）至少 1 位来自制药产业的代表。

（b）评估有前景的儿科癌症治疗方法的临床前研究模型——《公共卫生服务法案》第 41 条（42 U.S.C. 285a-2）最后增加以下内容：

"（c）评估有前景的儿科癌症治疗方法的临床前研究模型——

"（1）开发行为支持和协调——对于评估儿科癌症治疗方法有效性的临床前研究模型的开发行为，国家癌症研究所所长应当予以鼓励、支持和协调。

"（2）与其他研究所的协调——所长应就第（1）节的行为，与美国国立卫生研究院中其他与儿科癌症相关、并从事类似模型开发的研究所进行协商。"

（c）儿科研究和使用的试验性新药的可获得性的分类

（1）《联邦食品药品和化妆品法案》的修正——《联邦食品药品和化妆品法案》第505（i）（1）节（21 U.S.C. 355（ i ）（1））进行如下修改——

（A）在（B）小节，在末尾删除"和"（"and"）。

（B）在（C）小节，删除期限并增加"；和"（"；and"）。

（C）在最后增加以下内容：

"（D）制药商或临床试验申请人向部长提交关于是否计划开展儿科安全性和有效性评价的声明。"。

（2）《公共卫生服务法案》的修正——《公共卫生服务法案》第402（j）（3）（A）小节（42 U.S.C. 282（j）（3）（A））的第一句做如下修改——

（A）删除"试验机构，和"（"trial sites，and"），插入"试验机构，"（"trial sites，"）。

（B）删除"在试验中，"插入"在试验中，制药商或临床试验申请人是否或通过何种程序对试验方案要求进行反馈，包括在新药单一类型患者的试验或扩大试验中，尤其是儿科试验中，采取适当的保护措施。

（d）报告——在2003年1月31日之前，经过药品食品专员与国立医学研究院院长商议后，美国卫生及公共服务部部长应向参议院卫生、教育、劳工和养老金委员会及众议院能源和商业委员会提交关于儿科癌症患者对新治疗药物的可获得性的报告，包括单个患者使用新治疗药物的可获得性。

SEC. 16. 儿科独占计划的报告

在 2006 年 10 月 1 日之前，美国总审计长在与美国卫生及公共服务部部长商议后，在使用公开数据或其他根据适用法律可被政府获得的数据后，向国会提交报告对以下事项进行阐述：

（1）《联邦食品药品和化妆品法案》第 505A 条和《公共卫生服务法案》第 409I 条（根据本法案增加）中为确保儿童用药经过试验并有适当标签所做规定的有效性，包括——

（A）根据法规要求正在开展儿科试验的药品数量和重要性，以及试验后所做的标签变更对儿童、医疗服务提供者、父母和其他主体的重要性。

（B）根据法规要求应开展而未开展儿科试验的药品数量和重要性，以及未做试验的潜在原因。

（C）已经完成儿科试验、独占期授权和标签变更的药品数量，包括儿科独占授权日期、标签变更日期、本法案修订后通过争议解决程序所做的标签变更以及争议解决程序的实施效果说明（包括争议的说明和抗感染药物咨询委员会儿科分会的建议）。

（2）《联邦食品药品和化妆品法案》第 505A 条和《公共卫生服务

法案》第 409I 条（根据本法案增加）的经济影响，包括对以下内容的评估——

（A）医疗补助计划及其他政府计划的高额开支对纳税人产生的成本。

（B）药品在 6 个月市场独占期内的销售额，以及独占期对销售额的贡献。

（C）根据《联邦食品药品和化妆品法案》（21 U.S.C. 301 et seq.）授予独占期后，由于获得低价格仿制药的延迟导致的消费者和私营保险公司的成本，以及仿制药产业和零售药店由于此延迟产生的收入损失。

（D）卫生费用支出下降对政府、私营保险公司以及消费者而言的收益，包括——

（i）法案修订引起的儿童用药适用性和有效性提高以及重新标签带来的住院治疗减少与医疗失误减少。

（ii）与住院无关的医生门诊减少带来的直接和间接收益。

（iii）减少儿童缺课以及降低慢性病对其的影响产生的收益，从而提高生活质量。

（iv）通过降低医疗费用和住院频率，减少消费者保险费用成本。

（v）雇员照顾家庭成员的需求减少，从而为雇主带来的收益。

（3）根据《联邦食品药品和化妆品法案》（21 U.S.C. 301 et seq.）授予市场独占权的药品，其儿科研究的性质与类型，包括——

（A）儿科研究复杂性的说明。

（B）必要的为获得合适数据的研究机构数量。

（C）临床研究涉及的儿童数量。

（D）每项研究的预估费用。

（4）针对《联邦食品药品和化妆品法案》第505A条（21 U.S.C. 355a）以及《公共卫生服务法案》第409I条（增加第3节的内容）制订的儿科研究计划，部长提出合适的修改建议，并给出每项建议的详细理由。

（5）由本法案及修正案引起的儿科研究（包括私人开展和政府资助）能力提升。

（6）部长发出的书面要求和其他建议信函的数量。

（7）部长发出书面要求的专利过期药品的优先列表。

（8）（A）部长为增加新生儿临床研究数量所做的努力。

（B）这些努力的结果，包括鼓励具有足够安全性的药品实施合适的新生儿临床研究，以及确保研究符合伦理和安全需要的其他信息。

SEC. 17. 不良事件报告

（a）标注免费电话——在本法案颁布的 1 年之内，美国卫生及公共服务部部长将会颁布最终规定。该规定要求根据《联邦食品药品和化妆品法案》第 505 条已经获得批准的药品（不考虑批准日期）标签应包括部长为获得药品不良事件报告而保留的免费电话，以及该电话仅供不良事件报告使用而非获取医学建议的说明。关于该最终规定：

（1）应提供上述标签要求中，部长认为可以最大限度告知消费者的执行方式。

（2）该规定颁布时，部长应将制药业执行成本降到最低。

（3）该规定应在颁布后的 60 天内生效。

（b）有儿科市场独占权的药物——

（1）总则——在药品根据《联邦食品药品和化妆品法案》第 505A 条获得市场独占期的第 1 年内，美国卫生及公共服务部部长收到的所有与该药品有关的不良事件报告，都应被移送到儿科治疗学办公室（根据本法案第 6 条设立）。在报告审阅中，儿科治疗学办公室主任应为抗感染药物咨询委员会儿科分会对报告的审评做准备，包括获取该分会就部长是否应基于《联邦食品药品和化妆品法案》采取措施的所有建议。

（2）规定制定——第（1）节的内容并不限制美国卫生及公共服务部部长针对所述的 1 年有效期期满后的药品，继续采取段中所述的行为。

SEC. 18. 少数民族儿童和儿科用药独占权计划

（a）儿科研究协议——《联邦食品药品和化妆品法案》第 505A 条（21 U.S.C. 335a）（d）（2）节的第一句话后插入："书面研究方案达成一致时，部长应充分考虑种族和少数民族的代表性。"

（b）审计总局的研究——

（1）总则——美国总审计长应针对以下目的开展相关研究：

（A）根据《联邦食品药品和化妆品法案》第 505A 条开展的研究中，种族和少数民族具有代表性的程度、不具有代表性的程度及其原因，以及为提高代表性提出的建议。

（B）FDA 是否有合适的管理系统，来监管儿科研究中种族和少数民族的代表性。

（C）用以解释疾病对人种和少数民族产生不成比例影响的药物，是否根据《联邦食品药品和化妆品法案》第 505A 条要求开展安全性和有效性的研究。

（2）研究完成日期的确定——在 2003 年 1 月 10 日之前，总审计长应完成第（1）节要求的研究，并向国会提交研究成果报告。

SEC. 19. 技术修改和一致性修改

对《联邦食品药品和化妆品法案》第 505A 条（21 U.S.C. 335a）（根据 2（1）节、5（b）（2）节、9、10、11 和 17 条修改）作出修改——

（1）

（A）删除所有"（j）（4）（D）（ii）"，并插入"（j）（5）（D）（ii）"。

（B）删除所有"（j）（4）（D）"，并插入"（j）（5）（D）"。

（C）删除所有"505（j）（4）（D）"，并插入"505（j）（5）（D）"。

（2）将（a）、（g）、（h）、（i）、（j）、（k）、（l）、（m）、（n）和（o）分款分别重新编号为（b）、（a）、（g）、（h）、（n）、（m）、（i）、（j）、（k）和（l）款。

（3）将条款按字母顺序排列。

（4）在（d）、（e）和（m）（根据第（2）节重新编号）款的（1）（2）和（3）节中，删除"（a）或（c）款"，并插入"（b）或（c）款"。

（5）在（g）（根据第（2）节重新编号）款中，删除"（a）或（c）款"，并插入"（b）或（c）款"。

儿科研究公平法案

2003 年 1 月 7 日

SEC. 1. 短标题

此法案可被称为"儿科研究公平法案（2003）"。

SEC. 2. 儿科用药和儿科生物制品的研究

（a）总则——对《联邦食品药品和化妆品法案》第 5 章第 A 分章（21 U.S.C. 351 et seq.），通过在 505A 条后插入以下内容进行修正——

"SEC. 505B. 药品和生物制品的儿科使用研究"

"（a）新药和生物制品——

"（1）总则——申请人提交以下申请（或补充申请）——

"（A）505 条所指的新活性成分、新适应证、新剂型、新给药方案或新给药途径。

"（B）《公共卫生服务法案》351 条（42 U.S.C. 262）所指的新活性成分、新适应证、新剂型、新给药方案或新给药途径。

都必须随申请提交第（2）节中所述评估报告。

"（2）评估——

"（A）总则——第（1）节中提及的评估报告应包含针对不同年龄组采用的药物处方的用药数据，这些数据足够——

"（ⅰ）用来评估药品或生物制品在所有相关儿童亚群中声明的适应证的安全性和有效性。

"（ⅱ）用于支持药品或生物制品在任一儿科亚群的剂型和给药途径的安全性和有效性。

"（B）类似的疾病进程和药品或生物制品的类似效果——

"（ⅰ）总则——如果成人与儿童患者的疾病进程和药物效果相类似，部长可以通过足够且控制良好的成人临床试验结果来外推儿科的有效性，从儿童患者中获取的其他信息通常作为补充，如药代动力学的研究。

"（ⅱ）年龄组间的外推——若一个年龄组的数据可用来外推其他年龄组的数据，则不需要对每个儿童年龄组进行研究。

"（3）延期——根据部长提议或申请人要求，当出现以下情况时，部长可将第（1）节中要求的部分或全部评估报告的提交时间，延长至药物获得批准或生物制品获得许可后的某个日期——

"（A）部长发现——

"（ⅰ）在儿科研究结束之前，相关药品或生物制品即将批准用于成人。

"（ⅱ）在其他安全性与有效性数据收集完整之前，儿科研究应推迟进行。

"（ⅲ）存在其他延期的适当理由。

"（B）申请人向部长提交——

"（ⅰ）延期评估的认证理由。

"（ⅱ）计划或正在进行的儿科研究概述。

"（ⅲ）相关研究正在进行或即将尽早尽职进行的证明材料。

"（4）豁免——

"（A）完全豁免——根据部长提议或申请人要求，在适当情况下，可以完全豁免申请人提交本款所指的药品或生物制品儿科用药评估报告的要求，如果申请人证明且部长认为——

"（ⅰ）某些必要研究无法实现或实施可能性很低（原因包括患者人数很少或患者地理位置很分散等）。

"（ⅱ）有确凿证据证明该药品或生物制品在儿科用药时可能无效或不安全。

"（ⅲ）该药品或生物制品——

"（Ⅰ）不能产生比现有治疗手段更有效的儿科用药治疗效果。

"（Ⅱ）在大规模儿童患者中应用的可能性不大。

"（B）部分豁免——根据部长提议或申请人要求，在适当情况下，可以部分豁免申请人提交本款所指的，药品或生物制品针对特定年龄组儿科用药的评估报告的要求，如果申请人证明且部长认为——

"（ⅰ）某些必要研究无法实现或实施可能性很低（原因包括该年龄组儿童患者人数非常少或该年龄组儿童患者地理位置很分散等）。

"（ⅱ）有确凿证据证明该药品或生物制品在该年龄组儿童用药时可能无效或不安全。

"（ⅲ）这种药品或生物制品——

"（Ⅰ）在该年龄组用药时，不能产生比现有治疗手段更有效的治疗效果。

"（Ⅱ）在该年龄段儿童患者中大规模应用的可能性不大。

"（ⅳ）申请人能够证明针对该年龄组儿科处方生产所做的合理尝试不成功。

"（C）无法开发儿科处方——如果基于无法开发儿科处方的原因批准了部分豁免，此豁免仅针对该处方所对应的儿科年龄组。

"（D）标签要求——如果基于药品或生物制品在儿科用药时可能

无效或不安全的原因批准了完全或部分豁免，相应信息应在该药品或生物制品的标签中予以标注。

"（b）已上市药品和生物制品——

"（1）总则——在提供信函通知、书面回复和会议沟通（可能包括咨询委员会的会议沟通）机会后，如果存在以下情况，部长可以（以信函形式）要求 505 条所述的药品上市许可持有人或《公共卫生服务法案》351 条所述的生物制品许可持有人，在指定日期提交（a）（2）节中所述的评估报告——

"（A）（i）该药品或生物制品可在标签适应证范围内大规模用于儿童患者。

"（ii）标签信息的不完整会对儿科患者造成重大风险。

"（B）（i）有理由相信该药品或生物制品用于一种或多种已声明的适应证时，可以产生比现有治疗手段更有意义的治疗效果。

"（ii）标签信息的不完整会对儿科患者造成重大风险。

"（2）豁免——

"（A）完全豁免——根据申请人要求，在适当情况下，可以完全豁免申请人提交本款所指的药品或生物制品儿科用药评估报告的要求，如果申请人证明且部长认为——

"（i）某些必要研究无法实现或实施可能性很低（原因包括该

年龄组儿童患者人数非常少或该年龄组儿童患者地理位置很分散等）。

"（ⅱ）有确凿证据证明该药品或生物制品在所有年龄组儿科用药时可能无效或不安全。

"（B）部分弃权——根据申请人要求，在适当情况下，可以部分豁免申请人提交本节所指的，药品或生物制品针对特定年龄组儿科用药的评估报告的要求，如果申请人证明且部长认为——

"（ⅰ）某些必要研究无法实现或实施可能性很低（原因包括该年龄组儿童患者人数非常少或该年龄组儿童患者地理位置很分散等）。

"（ⅱ）有确凿证据证明该药品或生物制品在该年龄组儿童用药时可能无效或不安全。

"（ⅲ）（Ⅰ）这种药品或生物制品——

"（aa）在该年龄组用药时，不能产生比现有治疗手段更有意义的治疗效果。

"（bb）在该年龄段儿童患者中大规模应用的可能性不大。

"（Ⅱ）缺乏详细的儿科标签信息不会对儿童患者造成重大风险。

"（ⅳ）申请人能够证明针对该年龄组儿科处方生产所做的合理尝试不成功。

"（C）无法开发儿科处方——如果基于无法开发儿科处方的原因被批准豁免，此豁免仅针对该处方所对应的儿科年龄组。

"（D）标签要求——如果基于药品或生物制品在儿科用药时可能无效或不安全的原因批准了完全或部分豁免，相应信息应在该药品或生物制品的标签中予以标注。

"（3）与其他儿科条款的关系——

"（A）根据书面请求实施评估——根据505条批准的药品可以不要求开展第（1）节中提到的评估，除非——

"（ⅰ）部长已经发出505A（c）款或《公共卫生服务法案》409I条（42 U.S.C. 284m）所指的儿科研究的书面要求。

"（ⅱ）（Ⅰ）如果书面要求根据505A（c）款做出，且——

"（aa）书面要求的接收者不同意该要求。

"（bb）部长并未收到回复本法案505A（d）（4）（A）小节所述的特定的反馈。

"（Ⅱ）如果书面要求《公共卫生服务法案》409I条（42 U.S.C. 284m）提出——

"（aa）书面要求的接收者不同意该要求。

"（bb）部长并未收到《公共卫生服务法案》409I（c）（2）节所述

的特定的反馈。

"（ⅲ）（Ⅰ）部长根据（B）小节规定，认证证明没有《公共卫生服务法案》409I和499条（42 U.S.C. 284m，290b）所指的充足资金来实施研究。

"（Ⅱ）部长在《联邦公报》上发布一则认证证明——

"（aa）没有依照《公共卫生服务法案》409I条或499条（42 U.S.C. 284m，290b）规定授予的合同或拨款。

"（bb）自（B）小节的认证之日起不少于270天，有足够的经费用来进行研究。

"（B）不同意书面要求——在确认上市许可人不同意书面要求（包括确认部长未收到本法案505A（d）款或《公共卫生服务法案》409I条（42 U.S.C. 284m）所指的特定回复）的60天内，部长应确认是否有足够的资金来实施《公共卫生服务法案》409I条或499条（42 U.S.C. 284m，290b）所指的儿科研究，并将优先顺序纳入考虑范畴。

"（c）有意义的治疗收益——针对（a）款中（4）（A）（ⅲ）（Ⅰ）小段、（4）（B）（ⅲ）（Ⅰ）小段以及（b）款中（1）（B）（i）段和（2）（B）（ⅲ）（Ⅰ）（aa）分段而言，如果部长做出如下评估，可认为药品或生物制品较现有的疗法更具治疗收益——

"（1）如果药品或生物制品经过批准，相比已上市的、有相应儿童年龄段完整用药标签的产品而言，在治疗、诊断或预防疾病方面具有显著改善。

"（2）药品或生物制品可以为同类产品或适应证提供新的选择。

"（d）评估报告的提交——若当事人未按照（a）（2）节的相关要求提交评估材料，或未提交（a）或（b）款中规定的儿科处方的申请，则根据第（a）和（b）款中的适用条款，按以下办法处理——

"（1）若药品或生物制品属于评估或申请对象，如出现上述违规并被采取相关强制措施（根据第303条规定，不应采取强制措施的药品或生物制品除外），则可能被认定为标示不当药。

"（2）但是未能成功提交评估或申请不能作为以下行为的依据——

"（A）根据505（e）款规定，撤回对该药品的批准。

"（B）根据《公共卫生服务法案》351条（42 U.S.C. 262）规定，废除该生物制品的许可证。

"（e）会议——在药品或生物制品临床试验开始前或实施中，部长应在合适的时间与申请人商议——

"（1）申请人提交的儿科研究的计划和时间表的信息。

"（2）申请人计划的儿科研究豁免或延期申请。

"（f）权力范围——本条规定的任何要求均不会为部长提供要求药品或生物制品开展儿科评估的权力，或要求药品或生物制品开展其他适用人群或用途评估的权力，本条中提及的儿科评估除外。

"（g）罕用药——除非部长根据规定另有要求，本条内容不适用于已经依第526条被授予罕用药资格的药物。

"（h）与其他儿科研究的整合——本条授予的权力效力期限，可以保留至505A（n）款中确定的符合条件的申请被部长受理归档之日或之前。"

（b）一致性修改——（1）《联邦食品药品和化妆品法案》第505（b）（1）节（21 U.S.C. 355（b）（1））的第2句话做如下修改——

（A）删除"和（F）"（"and（F）"），并插入"（F）"（"（F）"）。

（B）在最后删除期限，并增加"，和（G）根据505B条规定所做的所有评估。"（"，and（G）any assessments required under section 505B."）

（2）《联邦食品药品和化妆品法案》505A（h）款（21 U.S.C. 355a（h））做如下修改——

（A）在本款标题中，删除"法规"（"REGULATIONS"），并插入"儿科研究要求"（"PEDIATRIC RESEARCH REQVIREMEN TS"）。

（B）删除"根据由部长颁布的法规"（"pursuant to regulations promulgated by the Secretary"），并插入"根据法律条款（包括法规）而不是本款"（"by a provision of law（including a regulation）other than this section"）。

（3）《公共卫生服务法案》351（a）（2）节（42 U.S.C. 262（a）（2））做如下修改——

（A）将（B）小节重新编号为（C）小节。

（B）在（A）小节后插入以下信息：

"（B）儿科研究——根据本节提交生物制品许可申请的申请人，应向部长提交《联邦食品药品和化妆品法案》505B 条要求的评估报告，作为申请的组成部分。"

SEC. 3. 技术修改和一致性修改

（a）简明新药申请——在《联邦食品药品和化妆品法案》（21 U.S.C 355a）的 505A（b）（2）（A）小节和（B）小节，以及 505A（c）（2）（A）小节和（B）小节中，删除"505（j）（4）（B）"，并插入"505（j）（5）（B）"。

（b）儿科咨询委员会——

（1）在《联邦食品药品和化妆品法案》的 505A（i）（2）节（21 U.S.C. 355a（i）（2））中，删除所有"抗感染药物咨询委员会儿科分会"（"Advisory Subcommittee of the Anti-Infective Drugs"）。

（2）《最佳儿童药品法案》（21 U.S.C. 284m note; Public Law 107-109）第 14 条做如下修改：

（A）标题部分删除"药理学"（"PHARMACOLOGY"）。

（B）在第（a）款中，删去"（42 U.S.C. 217a）"，插入（42 U.S.C. 217a）或其他合适的授权，"（"（42 U.S.C. 217a）or other appropriate authority，"）。

（C）在第（b）款中——

（i）在第（1）节中，删去"与美国国立卫生研究院院长商议"（"and in consultation with the Director of the National Institutes of Health"）。

（ii）在第（2）节中，删除"及505A"（"and 505A"），并插入"505A，和505B"（"505A，and 505B"）。

（D）删除所有"药理学"（"pharmacology"），并插入"治疗方法"（"therapeutics"）。

（3）在《最佳儿童药品法案》第15（a）（2）（A）小节（115 Stat. 1419）中，删除"药理学"（"pharmacology"）。

（4）在《最佳儿童药品法案》第16（1）（C）小节（21 U.S.C. 355a note; Public Law 107–109）中，删除"抗感染药物咨询委员会儿科分会"（"Advisory Subcommittee of the Anti–Infective Drugs"）。

（5）在《最佳儿童药品法案》第17（b）（1）节（21 U.S.C. 355b（b）（1））第二句中，删除"抗感染药物咨询委员会儿科分会"（"Advisory Subcommittee of the Anti–Infective Drugs"）。

（6）在《公共卫服务生法案》第409I条（8）、（9）和（11）节（42

U.S.C 284m（c））中，删除所有"抗感染药物咨询委员会儿科分会"（"Advisory Subcommittee of the Anti-Infective Drugs"）。

SEC. 4. 生效日期

（a）总则——属于（b）款、本法及本法修正的内容，自本法实施之日起生效。

（b）新药和生物制品的适用性—

（1）总则——《联邦食品药品和化妆品法案》中505B（a）款（根据第2条修订增加）应该适用于该款第（1）节所指的、在1999年4月1日或之后提交给部长的申请。

（2）豁免和延期——

（A）批准豁免或延期——对于在1999年4月1日和本法实施之间提交的申请，如果部长根据法规批准儿科评估的豁免或延期，该豁免或延期应当是《联邦食品药品和化妆品法案》第505B（a）款所指的豁免或延期，除非延迟的具体期限等同于2002年10月17日到本法实施之日的期限。

（B）未批准豁免和延期——对于在1999年4月1日和本法实施之间提交的申请，如果部长未批准豁免或延期，申请人应根据《联邦食品药品和化妆品法案》505B（a）（2）节的要求提交评估材料，提交时间不迟于——

（i）自本法实施之日起1年的日期。

（ⅱ）部长根据本节（a）（3）节指定的日期。

除非部长根据本节（a）（4）节批准豁免。

（c）不影响授权——指南或法规的缺失不影响本法案或本法所做修订的执行，法规或指南制定过程的延迟也不会限制美国卫生及公共服务部部长在本法案或本法所做修订中的权力。

食品药品管理法修正案

《公法》110–85

第 110 届国会

2007 年 9 月 27 日

（本法案选取第 Ⅳ 主题中 SEC. 401、SEC. 402、SEC. 403、SEC. 404 以及第 Ⅴ 章中 SEC. 501、SEC. 502、SEC. 503 与儿科用药相关的条款进行翻译）

对《联邦食品药品和化妆品法案》进行修改，修订和延长处方药和医疗器械付费计划，加强 FDA 在药品安全上市后监管的权力，以及其他修改。

第Ⅳ主题——儿科研究公平法案（2007）

SEC. 401. 短标题

此法案可被称为"儿科研究公平法案（2007）"。

SEC. 402.《儿科研究公平法案》的重新授权

（a）总则——《联邦食品药品和化妆品法案》505B 条（21 U.S.C. 355c）做如下修改：

"SEC. 505B. 药品和生物制品的儿科研究"

"（a）新药和生物制品——

"（1）总则——自《儿科研究公平法案（2007）》颁布即日起，药品申请（或补充申请）人提交以下药物申请时——

"（A）根据505节规定的新的有效成分、新适应证、新剂型、新剂量规格或新的给药途径。

"（B）根据《公共卫生服务法案》351条（42 U.S.C. 262）规定的新的有效成分、新适应证、新剂型、新剂量规格或新的给药途径。

都必须随申请提交第（2）段中所述评估报告。

"（2）评估——

"（A）总则——第（1）段中提及的评估报告应包含针对不同年龄组采用的药物处方的用药数据，这些数据足够——

"（i）用来评估药品或生物制品在所有相关儿童亚群声明的适应证的安全性和有效性。

"（ii）用于支持药物或生物制品在任一儿科亚群的剂型和给药途径的安全性和有效性。

"（B）类似的疾病进程和药品或生物制品的类似效果——

"（i）总则——如果成人与儿童患者的疾病进程和药物效果相类似，部长可以通过足够且控制良好的成人临床试验结果来外推儿科的有效性，从儿童患者中获取的其他信息通常作为补充，如药代动力学的研究。

"（ii）年龄组间的外推——若一个年龄组的数据可用来外推其他年龄组的数据，则不需要对每个儿童年龄组进行研究。

"（iii）外推信息——支持（i）和（ii）段中结论的科学数据摘要应包含在本法案 505 条和《公共卫生服务法案》351 条（42 U.S.C. 262）所指申请的相关审评材料中。

"（3）延期——

"（A）总则——根据部长提议或申请人要求，当出现以下情况时，部长可将第（1）节中要求的部分或全部评估报告的提交时间，延长至药物获得批准或生物制品获得许可后的某个日期——

"（i）部长发现——

"（I）在儿科研究结束之前，相关药品或生物制品即将批准用于成人。

"（II）在其他安全性与有效性数据收集完整之前，儿科研究应推迟进行。

"（III）存在其他延期的适当理由。

"（ⅱ）申请人向部长提交——

"（Ⅰ）延期评估的认证理由。

"（Ⅱ）计划或正在进行的儿科研究概述。

"（Ⅲ）相关研究正在进行或即将尽早尽职进行的证明材料。

"（Ⅳ）相关研究完成时间表。

"（B）年度审查——

"（ⅰ）总则——（A）小节中的延期获批后，申请人应每年向部长提交以下信息：

"（Ⅰ）儿科研究进展的细节信息。

"（Ⅱ）如果研究没有进展，需提供即将尽早尽职进行研究的证明材料。

"（ⅱ）信息公开——前述（ⅰ）段中的年度审查信息提交后，部长应通过 FDA 网站等便捷途径及时向公众公开。

"（4）豁免——

"（A）完全豁免——根据部长提议或申请人要求，在适当情况下，如果申请人证明并且得到部长认可后，可以完全豁免申请人提交本节所指的药品或生物制品儿科用药评估报告的要求——

"（i）某些必要研究无法实现或实施可能性很低（原因包括患者人数很少或患者地理位置很分散等）。

"（ii）有确凿证据证明该药品或生物制品在儿科用药时可能无效或不安全。

"（iii）该药品或生物制品——

"（I）不能产生比现有治疗手段更有效的儿科用药治疗效果。

"（II）在大规模儿童患者应用的可能性不大。

"（B）部分豁免——根据部长提议或申请人要求，在适当情况下，如果申请人证明并且得到部长认可后，可以部分豁免申请人提交本节所指的，药品或生物制品针对特定年龄组儿科用药的评估报告的要求——

"（i）某些必要研究无法实现或实施可能性很低（原因包括该年龄组儿童患者人数非常少或该年龄组儿童患者地理位置很分散等）。

"（ii）有确凿证据证明该药品或生物制品在该年龄组儿童用药时可能无效或不安全。

"（iii）这种药品或生物制品——

"（I）在该年龄组用药时，不能产生比现有治疗手段更有效的治疗效果。

"（Ⅱ）在该年龄段儿童患者大规模应用的可能性不大。

"（ⅳ）申请人能够证明针对该年龄组儿科处方生产所做的必要的尝试不成功。

"（C）无法开发儿科处方——如果基于无法开发儿科处方的原因批准了部分豁免，此豁免仅针对该处方所对应的儿科年龄组。无论是希望全部豁免或部分豁免的申请人，应当提交书面文件，阐述处方不能开发的详细原因。如果豁免得到批准，申请人会通过FDA网站等便捷途径公开相关信息。

"（D）标签要求——如果基于药品或生物制品在儿科用药时可能无效或不安全的原因批准了完全或部分豁免，相应信息应在该药品或生物制品的标签中予以标注。

"（b）已上市药品和生物制品——

"（1）总则——在以信函形式（如根据505条规定批准药物，根据505A条规定拒绝美国国立卫生研究院基金会提出的不属于505A（n）（1）（A）小节的标签适应证的书面要求）发出通知后，如果存在以下情况，部长可以（以信函形式）要求申请人、根据505条所述的药品上市许可持有人或根据《公共卫生服务法案》351条所述的生物制品许可持有人，在指定日期提交（a）（2）节中所述的评估报告——

"（A）（ⅰ）该药品或生物制品可在标签适应证范围内大规模用于儿童患者。

"（ⅱ）详细的儿科标签信息可使儿童患者受益。

"（B）有理由相信该药品或生物制品在一种或多种已声明的适应证用药时，可以产生比现有治疗手段更有意义的治疗效果。

"（C）缺乏详细的儿科标签信息可能会对儿童患者造成危险。

"（2）豁免——

"（A）完全豁免——根据申请人要求，在适当情况下，如果申请人证明并且得到部长认可后，可以完全豁免申请人提交本节所指的药品或生物制品儿科用药评估报告的要求——

"（ⅰ）某些必要研究无法实现或实施可能性很低（原因包括该年龄组儿童患者人数非常少或该年龄组儿童患者地理位置很分散等）。

"（ⅱ）有确凿证据证明该药品或生物制品在所有年龄组儿科用药时可能无效或不安全。

"（B）部分豁免——根据申请人要求，在适当情况下，如果申请人证明并且得到部长认可后，可以部分豁免申请人提交本节所指的，药品或生物制品针对特定年龄组儿科用药的评估报告的要求——

"（ⅰ）某些必要研究无法实现或实施可能性很低（原因包括该年龄组儿童患者人数非常少或该年龄组儿童患者地理位置很分散等）。

"（ⅱ）有确凿证据证明该药品或生物制品在该年龄组儿童用药时

可能无效或不安全。

"（ⅲ）（Ⅰ）这种药品或生物制品——

"（aa）在该年龄组用药时，不能产生比现有治疗手段更有意义的治疗效果。

"（bb）在该年龄段儿童患者大规模应用的可能性不大。

"（Ⅱ）缺乏详细的儿科标签信息不会对儿童患者造成重大风险。

"（ⅳ）申请人能够证明针对该年龄组儿科处方生产所做的必要的尝试不成功。

"（C）无法开发儿科处方——如果基于无法开发儿科处方的原因被批准豁免，此豁免仅针对该处方所对应的儿科年龄组。寻求此类完全或部分豁免的申请人，应当提交书面文件，阐述处方不能开发的详细原因。如果豁免得到批准，申请人会通过 FDA 网站等便捷途径公开相关信息。

"（D）标签要求——如果基于药品或生物制品在儿科用药时可能无效或不安全的原因批准了完全或部分豁免，相应信息应在该药品或生物制品的标签中予以标注。

"（3）小节的效力——本小节的所有内容都不能改变或修改本法案第 301（j）款或《美国法典》第 5 主题第 552 条和第 18 主题第 1905 条的内容。

"（c）有意义的治疗效果——对于（a）款中（4）（A）（ⅲ）（Ⅰ）小段和（4）（B）（ⅲ）（Ⅰ）小段，以及（b）款中（1）（B）小节和（2）（B）（ⅲ）（Ⅰ）（aa）分段，一种药品或生物制品在以下情形下，可被认为产生了比现有治疗手段更有意义的治疗效果——

"（1）一旦得到批准，该药品或生物制品可在相应儿科年龄组用药时，针对某种疾病的治疗、诊断或预防效果，比已上市并有儿科用药标签的产品效果具有显著性改进。

"（2）该药品或生物制品所在的产品类别或适应证有选择新的治疗手段或产品的需求。

"**（d）评估报告的提交**——若当事人未按照（a）（2）节的相关要求提交评估材料，或未提交（a）或（b）款中规定的儿科处方的申请，则根据第（a）和（b）款中的适用条款——

"（1）属于应评估或申请的药品或生物制品如果出现上述违规并被采取相关强制措施（根据第303条规定，不应采取强制措施的药品或生物制品除外），则可能被认定为标示不当药。

"（2）上述违规不能作为以下行为的依据——

"（A）根据505（e）款规定，撤回对该药物的批准。

"（B）根据《公共卫生服务法案》351条规定，废除该生物制品的许可证。

"(e)会议——在药品或生物制品临床试验开始前或实施中，部长应在合适的时间与申请人商议——

"(1)申请人提交的儿科研究的计划和时间表的信息。

"(2)申请人计划的儿科研究豁免或延期申请。

"(f)儿科计划、儿科评估、延期以及豁免的审查——

"(1)审查——自《儿科研究公平法案（2007）》实施之日起的30天内，部长应组织内部委员会（依505C条规定设立）与审评部门进行磋商，磋商内容包括所有儿科计划、批准前评价，根据本节规定的儿科评估补充申请，以及所有根据本节规定提出的延期和豁免请求。

"(2)委员会行为——第（1）节提及的委员会可选用委员会中适当数量的委员进行审查，不需要选用所有委员。

"(3)委员会审查记录——第（1）节中提及的委员会应该记录第（4）节或第（5）节中所述的每种药品或生物制品审查中的委员参与情况。

"(4)儿科研究计划、儿科评估、延期和豁免的审查——本款第（1）节所提的针对儿科研究计划和儿科评估的磋商，应在上市申请或儿科评估补充申请批准前进行。委员会应对所有根据本节规定提出的延期和豁免请求进行审查，并根据审评部门需要提供建议，包括补充申请是否可以或何时可以考虑优先审评。

"（5）儿科评估、延期和豁免的回顾性审查——自《儿科研究公平法案（2007）》实施后 1 年内，第（1）节提到的委员会应对《儿科研究公平法案（2003）》实施以来，根据本节规定批准的儿科评估、延期及豁免申请求进行回顾性审查，并做代表性样本分析。审查应包括在儿科评估中儿科信息的质量和一致性，以及批准豁免和延期的合理性。基于上述审查，部长应向审评部门提出改进建议，并根据本章要求为儿科研究相关者制定行业指南。

"（6）跟踪评估情况和标签变更——部长在和（1）节提到的委员会进行讨论时，应以简易的方式，如通过在 FDA 的官方网站上发布等，使大众知晓以下内容：

"（A）根据本节规定实施的儿科研究数量。

"（B）本节所述的具体药品或生物制品，及其评估的用途。

"（C）根据本节规定实施的儿科研究模式，包括实验设计、受试儿童患者数量以及参与研究的中心和国家数量。

"（D）根据本节规定提出的延期申请数量、批准数量、批准理由、儿科评估完成时限以及截止（a）（3）节规定的日期时已完成评估数和待完成评估数。

"（E）根据本节规定提交的豁免申请和批准数量，以及批准原因。

"（F）儿童处方的研发数量，以及未研发儿童处方的数量及原因。

"（G）按本节规定实施儿科评估后所做的标签变更。

"（H）每年根据（h）（2）节内容和本节规定实施儿科评估后做出标签变更的年度总结。

"（Ｉ）根据（a）（3）（B）小节的要求提交的年度信息总结。

"（J）委员会根据第（1）节规定向部长提出第（4）节所述的优先审查建议的次数、部长采纳或不采纳建议的次数以及不采纳的原因。

"（g）标签变更——

"（1）争议的解决——

（A）标签变更的请求与拒绝——自《儿科研究公平法案（2007）》实施即日起，如果专员认为无法与申请人就某药物申请或补充申请的标签变更达成一致意见，则应在获得优先审评的申请或补充申请提交后的 180 天内——

"（i）委员应要求申请人做出专员认为适当的标签变更。

"（ii）如果申请人在专员提出适当的标签变更要求的 30 天内拒不同意，则专员应该将此事移送至儿科咨询委员会。

"（B）儿科咨询委员会的措施——在（A）（ii）中的事件移送后 90 天内，儿科咨询委员会应——

"（i）审评儿科研究报告。

"（ⅱ）向专员建议合适的标签变更的方案。

"（C）对建议的考量——专员应考虑儿科咨询委员会的建议，如果合适，在收到建议后的 30 天内，向申请人提出专员认为合适的标签变更要求。

"（D）标识不当——在上一小节（C）中的变更要求的 30 天内，如果申请人不同意进行标签变更，则专员可将该申请的药物视为标识不当药。

"（E）不影响授权——根据此法案规定，如果药物缺少适当的儿科标签，美国采取的任何强制措施都不受本小节内容的约束。任何行为（儿科咨询委员会的处理或前句所提的强制措施）均不妨碍、延误其他行为的执行，也不得作为其他行为的基础。

"（2）其他标签变更——在《最佳儿童药品法案（2007）》颁布即日起，如果根据本节开展的儿科评估由部长判定该药品在儿童群体或儿童亚群中是否安全有效，包括评价结果是否确定，则部长应要求这类药品的标签应包括评价结果和部长判定声明等信息。

"（h）儿科信息的发布——

"（1）总则——根据本节规定取得优先审评资格的儿科评估申请（或补充申请）提交后 210 天内，部长应通过 FDA 网站等途径，公开医学、统计学与临床药理学审评情况。

"（2）标签变更信息的发布——自《儿科研究公平法案（2007）》实施即日起，部长应要求将儿科评估申请人向医生和其他医疗服务提供者发布标签变更信息，这些信息也记录在（f）（6）（H）小节提到的标签变更年度总结中。

"（3）本款的效力——本款的所有内容都不能改变或修改本法案第 301（j）款或《美国法典》第 5 主题第 552 条和第 18 主题第 1905 条的内容。

"（i）不良事件报告——

"（1）第 1 年（注意：生效时间）的报告——自《儿科研究公平法案（2007）》实施即日起，按照（g）款规定获得标签变更批准后的 1 年内，部长应确保收到的所有药物不良事件报告（不考虑收到报告的时间）都被移送到儿科治疗学办公室。在报告审阅中，该办公室主任应直接为儿科咨询委员会对这些报告的审查工作提供支持，包括委员会针对部长是否应该根据这些报告采取应对措施的建议。

"（2）后期报告——第（1）节描述的 1 年之后，部长应酌情向儿科治疗学办公室移送根据本节规定开展儿科研究药物的所有儿科不良事件报告。在报告审阅中，该办公室主任可为儿科咨询委员会对这些报告的审查工作提供支持，包括委员会针对部长是否应该根据这些报告采取应对措施的建议。

"（3）效力——本款的规定应该是对部长对不良事件报告所做的其他审查的补充而非取代。

"（j）权力范围——本节规定的任何要求均不会为部长提供要求药品或生物制品开展儿科评估的权力，或要求药品或生物制品开展其他适用人群或用途评估的权力，本节中提及的儿科评估除外。

"（k）罕用药——除非部长根据规定另有要求，本节内容不适用于已经依第526条被授予罕用药资格的药物。

"（l）国家医学院的研究——

"（1）总则——自《儿科研究公平法案（2007）》实施后3年内（注意：期限、合同、报告），部长应和国家医学院签订合同以开展研究，并将按照本节规定或1997年以来的前期规定实施的儿科研究，以及基于这些研究进行的标签变更情况上报国会。

"（2）研究内容——第（1）节的研究应审查并评估外推法在儿童亚群的应用、替代终点在儿童群体的应用、新生儿评估工具、儿科不良反应的数量和类型以及儿科临床试验中出现的道德问题。

"（3）代表性样本——国家医学院可制定适当的机制，通过药品审评与研究中心（CDER）的审评部门，对根据本节规定实施的儿科研究的代表性样本进行审查，以确保儿科评估按要求进行。

"（m）与其他儿科研究的整合——本节授权保留至本节所指申请被部长受理或归档日期或505A（q）段的指定日期。"

（b）适用性——

（1）总则——根据505B条规定的待定评估（包括延期评估），应被认为是根据本法案生效之日起的505B条规定提出的要求，而不受505B（h）款的限制。

（2）特定评估和豁免要求——在本法实施前1年内（包括1年）的待定评估，应该遵守自实施当天起生效的505B小节中跟进和披露要求，除非在生效日前提交的评估或评估豁免不应作为505B中（a）（4）（C）、（b）（2）（C）、（f）（6）（F）小节和（h）款的管理对象。

SEC. 403. 设立内部委员会

《联邦食品药品和化妆品法案》第V章经修订，在第505B条之后插入以下内容：

"SEC. 505C.（注意：设立21 U.S.C 355d）审查儿科计划、评估、延期和豁免的内部委员会

"部长应在FDA内设立一个内部委员会来执行505A（f）款和505B（f）款规定的工作。内部委员会的成员应包括FDA雇员、儿科专家（如儿科治疗办公室的代表）、生物药理学专家、统计学专家、化学专家、法律专家、儿科伦理专家、新生儿科专家、儿童和青春期精神病学专家以及部长指派的其他人员。"

SEC. 404. 政府审计部门报告

在2011年1月1日前，美国总审计长在与美国卫生及公共服务部部长商议后，向国会提交报告，对《联邦食品药品和化妆品法案》的505A和505B条以及《公共卫生服务法案》409I条实施后，对确保儿童用药经过试验研究并且标签信息正确的有效性进行阐述。报告包括——

（1）根据本法案本主题及第Ⅴ主题修订要求开展儿科试验的药品和生物制品的数量和重要性，以及对儿童、医疗服务提供者、父母和其他标签变更相关者的重要性。

（2）尽管有本主题及第Ⅴ主题规定，但仍未开展儿科试验的药品和生物制品的数量和重要性，以及未做试验的潜在原因。

（3）正在开展儿科试验和要求标签变更的药物数量，包括标签变更的日期，和本法案修订后通过争议解决程序所做的标签变更，以及争议解决程序的实施效果说明，包括争议的说明和儿科用药物咨询委员会的建议。

（4）部长针对《联邦食品药品和化妆品法案》505A 和 505B 条（21 U.S.C. 355a）、《公共卫生服务法案》409I 条（42 U.S.C 284m）设立的儿科计划做出合适的修改建议，包括每项建议详细的理由。

（5）（A）部长为增加在新生儿临床研究数量所做的努力。

（B）这些努力的结果，包括鼓励具有足够安全性的药品实施合适的新生儿临床研究，以及确保研究符合伦理和安全需要的其他信息。

第Ⅴ主题——最佳儿童药品法案（2007）

SEC.501. 短标题

本主题标题是"最佳儿童药品法案（2007）"。

SEC. 502.《最佳儿童药品法案》的重新授权

（a）药物的儿科研究——

（1）总则——《联邦食品药品和化妆品法案》505A 节（21 U.S.C. 355a）做如下修改：

"SEC. 505A. 药物的儿科研究

"（a）定义——在这一节中使用的术语"儿科研究"或"研究"是指药物至少开展一次儿童群体（在适当情况下包含新生儿）的临床研究（根据部长裁量，可包含药代动力学研究）。此外，在部长裁定的情况下，可包括临床前研究。

"（b）新药的市场独占期——

"（1）总则——除了第（2）节的规定外，根据第 505（b）（1）节规定提交的申请在获得批准之前，如果部长认为与儿科用药相关的信息，会对儿童产生健康效益，会提出开展儿科研究的书面要求（可能包含完成这些研究的时间表）。申请者一旦同意这一要求，就必须按照时间表完成研究，并对不同年龄群体使用合适的药物处方。此外，研究报告的提交和受理需要遵循（d）（3）节的内容——

"（A）（ⅰ）（Ⅰ）在第 505（c）（3）（E）（ⅱ）段和（j）（5）（F）（ⅱ）段中提及的时间被视为 5 年半而不是 5 年，（c）（3）（E）（ⅱ）段和（j）（5）（F）（ⅱ）段提及的 4 年、48 个月和 7 年半分别被视为 4 年半、54 个月和 8 年。

"（Ⅱ）在第 505（c）（3）（E）（ⅲ）段和（ⅳ）段以及（j）（5）（F）（ⅲ）段和条款（ⅳ）段中提及的时间被视为 3 年半而不是 3 年。

"（ⅱ）如果根据第 526 条被指定为罕见病用药，则第 527（a）款中提及的时间被视为 7 年半而不是 7 年。

"（B）（i）如果药物——

"（Ⅰ）列于橙皮书中的某项专利，有其他上市申请根据第 505（b）（2）（A）（ⅱ）段或（j）（2）（A）（ⅶ）（Ⅱ）小段要求提交了第二阶段专利声明书，但在该专利到期（含任何专利延期）之前专利权人已经提交儿科研究。

"（Ⅱ）列于橙皮书中的某项专利，有其他上市申请根据第 505（b）（2）（A）（ⅲ）段或（j）（2）（A）（ⅶ）（Ⅲ）小段要求提交了第三阶段专利声明书。

则根据第 505（c）（3）节或第 505（j）（5）（B）小节，不批准其他上市申请的时间周期会在药物专利期（包含任何专利延期）到期日的基础上延长 6 个月。

"（ⅱ）如果药物列于橙皮书中的某项专利，根据第 505（b）（2）（A）（ⅳ）段或（j）（2）（A）（ⅶ）（Ⅳ）小段要求被其他上市申请提交第四阶段专利声明书，并在专利诉讼中被法庭判定专利有效且判定对方行为构成专利侵权，则根据第 505（c）（3）节或第 505（j）（5）（B）小节，不批准其他上市申请的时间周期会在药物专利期（包含任何专利延期）到期日的基础上延长 6 个月。

"（2）例外——如果部长根据（d）（3）节做出的裁定，在上文（1）
（A）小节或（1）（B）小节中提到的不予批准时间期满前9个月。

"（c）已上市药物的市场独占——

"（1）总则——除第（2）节的规定外，对于已经根据第505（b）
（1）节规定，获得上市批准的持有人而言，如果部长认为与儿科
用药相关的信息，会对儿童产生健康效益，并提出开展儿科研究
的书面要求（可能包含完成这些研究的时间表），持有人一旦同
意这一要求，就必须按照时间表完成研究，并对不同年龄群体使
用合适的药物处方。此外，研究报告的提交和受理需要遵循（d）
（3）节的规定——

"（A）（ⅰ）（Ⅰ）在第505（c）（3）（E）（ⅱ）段以及（j）（5）（F）
（ⅱ）段中提及的时间被视为5年半而不是5年，（c）（3）（E）（ⅱ）
段和（j）（5）（F）（ⅱ）段提及的4年、48个月和7年半分别被
视为4年半、54个月和8年。

"（Ⅱ）在第505（c）（3）（D）（ⅲ）段和（ⅳ）段以及（j）（5）（F）
（ⅲ）段和（ⅳ）段中提及的时间被视为3年半而不是3年。

"（ⅱ）如果根据第526条被指定为罕见病用药，则第527（a）款
中提及的时间被视为7年半而不是7年。

"（B）（ⅰ）如果药物——

"（Ⅰ）列于橙皮书中的某项专利，有其他上市申请根据第505（b）
（2）（A）（ⅱ）段或（j）（2）（A）（ⅶ）（Ⅱ）小段要求提交了第

二阶段专利声明书，但在该专利到期（含任何专利延期）之前专利权人已经提交儿科研究。

"（Ⅱ）列于橙皮书中的某项专利，有其他上市申请根据第505（b）（2）（A）（ⅲ）段或（j）（2）（A）（ⅶ）（Ⅲ）小段要求提交了第三阶段专利声明书。

则根据第505（c）（3）节或第505（j）（5）（B）（ⅱ）段，不批准其他上市申请的时间周期会在药物专利期（包含任何专利延期）到期日的基础上延长6个月。

"（ⅱ）如果药物列于橙皮书中的某项专利，根据第505（b）（2）（A）（ⅳ）段或（j）（2）（A）（ⅶ）（Ⅳ）小段要求被其他上市申请提交第四阶段专利声明书，并在专利诉讼中被法庭判定专利有效并判定对方行为构成专利侵权，则根据第505（c）（3）节或第505（j）（5）（B）小节，不批准其他上市申请的时间周期会在药物专利期（包含任何专利延期）到期日的基础上延长6个月。

"（2）例外——如果（d）（3）节下的规定不是在专利期满前9个月制定的话，那么部长可不按照（1）（A）小节或（1）（B）小节中提及的规定延长时间。

"（d）儿科研究的实施——

"（1）研究要求——

"（A）总则——在与505（i）的新药临床试验申请人、505（b）（1）的新药上市申请人或505（b）（1）的上市许可持有人商议后，部长会向申请人或上市许可持有人发出开展儿科研究的书面要求。在该书面要求拟定过程中，部长需考虑到有足够代表性的少数民族儿童。这些关于儿科研究实施的要求应采取书面形式，并包含研究进展时间表及根据儿科研究成果修改儿科标签的要求。

"（B）单一的书面要求——一个单一的书面要求——

"（i）可能涉及一种药物的多种用法。

"（ii）可同时包含被批准和尚未被批准的用法。

"（2）儿科研究的书面要求——

"（A）要求和回复——

"（i）总则——如果部长根据（b）款或（c）款规定提出儿科研究（在适当情况下包含新生儿）的书面要求，那么申请人或上市许可持有人应在收到书面要求后的180天内做出是否开展研究的回复——

"（I）如果申请人或上市许可持有人同意开展儿科研究，需告知儿科研究的启动时间。

"（II）如果申请人或上市许可持有人不同意开展儿科研究，需陈述理由。

"（ii）不同意开展儿科研究时——在《最佳儿童药品法案（2007）》颁布即日起，如果申请人或上市许可持有人由于无法研发合适的儿童制剂不同意开展儿科研究，需陈述相应理由。

"（B）不良事件报告——在《最佳儿童药品法案（2007）》颁布即日起，申请人或上市许可持有人如果同意开展儿科研究，应在提交研究报告的同时，提交该药物所有已经获得的不良事件报告。

"（3）满足研究要求——在提交研究报告后的180天内，部长应告知申请人或上市许可持有人是否认可该报告。在此过程中，部长的唯一职责是审查这些研究是否达到书面要求、是否依照普遍认可的科学原理和规定开展研究以及研究报告是否满足存档要求。

"（4）本款的效力——本款的所有内容都不能改变或修改本法案第301（j）款或《美国法典》第5主题第552条和第18主题第1905条的内容。

"（e）对研究要求决定的通告——

"（1）总则——在《最佳儿童药品法案（2007）》颁布即日起，部长应发布儿科研究已满足（d）款要求的通告，且根据第505（b）（2）节或（j）款要求提交的申请和批准应符合本节要求。该通告应在部长做出市场独占期决定后的30天内发布，并且应该包含一份根据（b）或（c）款规定做的书面要求的副本。

"（2）特定药物的确认——在《最佳儿童药品法案（2007）》颁布即日起，在发布第（1）节所述通告后的1年内该药物的儿童制剂没有上市，则部长应在1年期满后的30天内发布一份关于该药物已被研究证明在儿童群体（或特定亚群）中安全有效的确认通告。

"（f）对书面要求和儿科研究的内部审查——

"（1）内部审查——根据第（2）节要求，所有在《最佳儿童药品法案（2007）》后发出的书面要求，均应由部长指定内部审查委员会（根据505C条设立）进行审查。

"（2）审查书面要求——所有依照本节规定发布的书面要求，应在发布前由第（1）节提及的委员会进行审查。

"（3）审查儿科研究——按照本节规定实施的儿科研究，第（1）节提及的委员会可以进行审查，并根据（d）（3）节规定向部长做出关于是否认可该研究报告的建议。

"（4）委员会行为——第（1）节提及的委员会可选用委员会中适当数量的委员进行审查，不需要选用所有委员。

"（5）委员会审查记录——第（1）节中提及的委员会应该记录第（2）节或第（3）节中所述的每种药物审查中的委员参与情况。

"（6）跟踪儿科研究和标签变更——在和第（1）节中的委员会商议后，部长应就以下内容进行跟踪，并通过FDA网站等方式向公众公开信息——

"（A）根据本条和《公共卫生服务法案》第409I条规定实施的儿科研究数量。

"（B）根据本条规定开展研究的具体药物及用途，包括有标签内用途和标签外用途。

"（C）根据本条规定实施的儿科研究模式，包括实验设计、受试儿童患者数量以及参与研究的中心和国家数量。

"（D）儿童制剂的研发数量，和未研发儿童制剂的数量及原因。

"（E）根据本条规定实施的儿科研究后所做的标签变更。

"（F）每年根据（k）（2）节内容和本条规定实施的儿科研究做出标签变更的年度总结。

"（G）在《最佳儿童药品法案（2007）》颁布即日起，应当提交的相关报告信息。

"**（g）限制**——根据（b）或（c）款规定已经获得 6 个月独占期、而不受（c）（2）节规定限制的药品——

"（1）如果满足本节规定的其他所有要求，其补充申请可以额外获得（c）（1）（A）（ⅰ）（Ⅱ）小段的 6 个月期限，但（c）（1）（B）小节另有规定的除外。

"（2）根据（c）（1）（A）（ⅱ）段规定，不再额外延期。

"**（h）与儿科研究要求的关系**——

尽管有其他法律条款，但如果儿科研究是根据法律（包括法规）条款而非本条要求开展，并且该研究满足完整性、及时性和本节其他要求，此类研究应被认为满足本条中市场独占的要求。

"（ i ）标签变更——

"（1）儿科申请和儿科补充申请的优先权——按照第 505 条规定提交的申请或补充申请，根据儿科研究结果提出标签变更——

"（A）应视为优先审评的申请或补充申请。

"（B）应满足优先审评专员提出的指标。

"（2）争议的解决——

"（A）标签变更的请求与拒绝——在《最佳儿童药品法案（2007）》颁布即日起，如果专员在申请提交后的 180 天内，认为无法与申请人就该申请的标签变更达成一致意见——

"（ i ）应要求申请人提出专员认为适当的标签变更。

"（ ii ）如果申请人在专员提出适当的标签变更要求的 30 天内拒不同意，则专员应该将此事移送至儿科咨询委员会。

"（B）儿科咨询委员会的行为——在（A）（ ii ）段中的事件移送后的 90 天内，儿科咨询委员会应——

"（ i ）审评儿科研究报告。

"（ ii ）向专员建议合适的标签变更的方案。

"（C）对建议的考量——专员应考虑儿科咨询委员会的建议，如果合适，在收到建议后的 30 天内，向申请人提出专员认为合适的标签变更要求。

"（D）标识不当——在上一小节（C）中的变更要求的 30 天内，如果申请人不同意进行标签变更，则专员可将该申请的药物视为标识不当药。

"（E）不影响授权——根据此法案规定，如果药物缺少适当的儿科标签，美国采取的任何强制措施都不受本小节内容的约束。任何行为（儿科咨询委员会的处理或前句所提的强制措施）均不妨碍、延误其他行为的执行，也不得作为其他行为的基础。

"（j）其他标签变更——在《最佳儿童药品法案（2007）》颁布即日起，如果根据本条开展的儿科研究由部长判定该药品在儿童群体或儿童亚群中是否安全有效，包括研究结果是否确定，则部长应要求这类药品的标签应包括研究结果和部长判定声明等信息。

"（k）儿科信息的发布——

"（1）总则——根据本节规定要求的儿科研究报告在提交后的 210 天内，部长应公开根据（b）或（c）款进行的儿科研究的医学、统计学和临床药理学评价信息。

"（2）标签变更信息的发布——在《最佳儿童药品法案（2007）》颁布即日起，部长应书面要求将引起标签变更的研究申请人信息反映到（f）（6）（F）小节提到的标签变更年度总结，这些信息至少每年一次（如果部长认为对公众健康有益，可以更频繁）提供给医生和其他医疗服务提供者。

"（3）本款的效力——本款的所有内容都不能改变或修改本法案第 301（j）款或《美国法典》第 5 主题第 552 条和第 18 主题第 1905 条的内容。

"（l）不良事件报告——

"（1）第 1 年的报告——在《最佳儿童药品法案（2007）》颁布即日起，按照（i）段规定获得标签变更批准后的 1 年内，部长应确保收到的所有药物不良事件报告（不考虑收到报告的时间）都被移送到根据《最佳儿童药品法案》（《公法》107-109）第 6 条规定设立的儿科治疗学办公室。在报告审阅中，办公室主任应提供由儿科咨询委员会出具的报告审查意见，包括委员会针对部长是否应该根据这些报告采取应对措施的建议。

"（2）后期报告——第（1）节描述的 1 年之后，部长应酌情向儿科治疗学办公室移送根据本节规定开展儿科研究药物的所有儿科不良事件报告。在报告审阅中，办公室主任应提供由儿科咨询委员会出具的报告审查意见，包括委员会针对部长是否应该根据这些报告采取应对措施的建议。

"（3）效力——本款的规定应该是对部长对不良事件报告所做的其他审查的补充而非取代。

"（m）本款与第 505（j）款规定的市场独占性相互作用的分类——如果第 505（j）（5）（B）（iv）段规定的 180 天期限和本节规定的 6 个月独占期重叠，导致申请人失去 505（j）款被授予的 180

天独占期中的一部分，那么这 180 天的期限应延长至——

"（1）仅针对本款申请人而言，如果 180 天的期限将在 6 个月独占期期满后才结束，自重叠之日起至 180 天期满。

"（2）仅针对本款申请人而言，如果 180 天的期限在 6 个月独占期期间结束，自重叠之日起至 6 个月独占期期满。

"（n）未完成儿科研究的移送——

"（1）总则——在《最佳儿童药品法案（2007）》颁布即日起，如未在书面要求的指定日期内提交儿科研究计划，或申请人（或上市许可持有人）不同意（d）款中所提的要求，并且鉴于第505C条设立的委员会意见，如果部长认为儿童（在适当情况下包含新生儿）用药信息是长期需求，应采取以下行动——

"（A）针对专利未到期的药物，部长应做出是否需依照505B（b）款提交评估报告的裁定。在做出裁定之前，部长可在不超过30天的时间内来确认美国国立卫生研究院基金会当时是否有充足的资金来启动并资助书面要求中提到的特定研究时间内的所有研究。只有部长对此给予肯定的确认后，才可以将书面要求中的所有儿科研究移送至美国国立卫生研究院基金会，由该基金会资助研究。如果确认未在30天内做出，或者部长确认基金不足以启动或资助所有研究，部长应考虑是否根据505B(b)款要求开展评估。

"（B）针对没有专利保护的或者有1项或以上专利已过期的药物，部长应将其列入《公共卫生服务法案》第409I条所设的研究列表中。

"（2）公告——部长认为第（1）（A）小节中提出的不需要提交505B 的评估报告时，应公开此决定及其理由。

"（3）款的效力——本款的所有内容都不能改变或修改本法案第 301（j）款或《美国法典》第 5 主题第 552 条和第 18 主题第 1905 条的内容。

"（o）第 505（j）款下药物标签添加儿科信息的及时批准——

"（1）总则——依第 505（j）款规定已经提交申请或获得批准的药物，因受第 505（j）（5）（F）（ⅲ）段或（ⅳ）段中专利或独占期保护，而在标签中缺失了儿童适应证或其他儿科用药信息时，不能被视为本节所指的不符合批准的情形，也不能根据第 502 条被视为标识不当的情形。

"（2）标签——尽管第 505（j）（5）（F）（ⅲ）段或（ⅳ）段已有所规定，部长仍可要求依 505（j）款获得批准的药物的标签，如前款第（1）节所述，缺失儿童适应证或其他儿科用药信息时，应包括以下内容——

"（A）厂商的市场独占性的声明——

"（ⅰ）该药物未对儿科用途进行标识。

"（ⅱ）如果该药物有前款第（1）节中未涉及的儿科用途，根据第（1）节规定未做儿科用途标识。

"（B）儿童禁忌证、警告、注意事项和其他部长认为对有助于确保药品安全使用的信息的声明。

"（3）儿科独占和其他条款——本小节对以下内容没有影响——

"（A）本节规定的独占期的有效性或范围。

"（B）第505条规定的儿科处方的独占期的有效性或范围。

"（C）根据第505（j）款规定所提交的申请能否获得批准的资格问题，且该申请忽略了第505（j）（5）（F）（iii）段或（iv）段中规定享有市场独占性的其他批准条件。

"（D）除第（1）和（2）节明确提及的内容以外，第505条的规定。

"**（p）国家医学院的研究**——在《最佳儿童药品法案（2007）》颁布后的3年内，部长应该和国家医学院签订合同以开展研究，并将拟定的书面要求和按照本节规定实施的儿科研究上报国会。国家医学院可制订一套合理机制对书面要求和研究样本进行审查，以确保儿科研究的顺利开展。研究应——

"（1）审查自1997年以来部长根据（b）、（c）款的规定发出的具有代表性的书面要求。

"（2）审查和评估自1997年以来根据（b）、（c）款中规定实施的具有代表性的儿科研究及根据研究结果所做的标签变更。

"（3）审查外推法在儿童亚群的应用、替代终点在儿童群体的应用、新生儿评估工具以及儿科临床试验的伦理问题。

"（4）审查和评估根据505B（a）和（b）款要求的生物制品儿科研究。

"（5）为生物制品开展儿科研究提供建议，包括激励措施考量。

"（q）**期限终止**——药品可能无法获得（b）或（c）款规定的6个月期限，除非——

"（1）截止到2012年10月1日，部长做出药物儿科研究的书面要求。

"（2）截止到2012年1月1日，药物申请根据505（b）款的规定被受理归档。

"（3）满足本节所有要求。"

（2）适用性——

（A）总则——本小节所做修订应当适用于自本法案颁布之日起《联邦食品药品和化妆品法案》第505A条（21 U.S.C. 355a）中所指的书面要求。

（B）特定书面请求——在本法案生效之前，根据《联邦食品药品和化妆品法案》第505A条发出、已被受理并且未做出该节（d）（2）所指的裁定的书面要求，应当属于505A条适用的对象。除非此类书面要求属于505A（d）（2）（A）（ⅱ）段、（e）（1）和（2）节、（f）款、（i）（2）（A）小节、（j）款、（k）（1）节、（l）（1）节及（n）款适用情形。

（b）药物儿科研究计划——对《公共卫生服务法案》第 409I 条
（42 U.S.C. 284m）作出如下修订：

"SEC. 409I. 药物儿科研究程序

"（a）儿科治疗中的优先事项列表——

"（1）总则——《最佳儿童药品法案（2007）》颁布后的一年内，
部长应通过美国国立卫生研究院院长、与食品药品专员及儿科研
究专家商议后，制订并颁布针对儿科治疗需求的优先列表，列表
包括需研究的药物或适应证。该列表应每三年修订一次。

"（2）关于可获得信息的考虑——在制订和确定第（1）节所指列
表的优先顺序时，部长应考虑——

"（A）可能包括如下内容的儿科治疗缺口：发育药理学、遗传药
理学引起的药物反应、药品和生物制品的儿科代谢、儿科临床
试验。

"（B）针对特殊儿科疾病、机能失调或病情，完整的资料和药品 /
生物制品的研究可能对儿科群体有益。

"（C）实施儿科用药理学研究的充分必要的基础，包括研究网络
和训练有素的研究人员。

"（b）儿科研究——部长应通过美国国立卫生研究院对具备实施
儿科临床试验或其他研究的主体（包括符合资格的大学、医院，
实验室、合同研究组织、联邦基金支持项目（如儿科用药理学研

究）以及其他公共、私人机构或个人）给予资助，推动药物研究或（a）款提到的其他研究的实施。部长可以采用合同、授权或其他机制来给予资助。

"（c）建议的儿科研究要求的程序与标签变更——

"（1）建议的儿科研究要求的提交——针对食品药品专员就（a）款所指特定适应证的儿科研究的考量，美国国立卫生研究院院长应酌情提出建议的儿科研究要求。此类建议的儿科研究要求应与《联邦食品药品和化妆品法案》505A（b）或（c）款中的书面要求的制定方式一致，包括根据该要求实施儿科研究需提供的信息。美国国立卫生研究院院长可以针对以下药物提交建议的儿科研究要求——

"（A）（ⅰ）根据《联邦食品药品和化妆品法案》第505（j）款已经获得批准的药物。

"（ⅱ）已经提交的、可能根据相关规定获得批准的药物。

"（B）根据《联邦食品药品和化妆品法案》，没有专利保护，也没有市场独占期的药物。

"（C）有必要开展额外的研究来评估药物在儿童群体使用的安全性和有效性。

"（2）对不具有市场独占权的已上市药品持有人的书面要求——食品药品专员与美国国立卫生研究院院长商议后，基于第（1）节提出的建议的儿科研究要求（须包括合同协商的时间表），可以向《联邦食品药品和化妆品法案》505 条的所有上市许可持有人发出（a）款确定的药物的儿科研究书面要求。此类书面要求应与《联邦食品药品和化妆品法案》505A（b）或（c）款中的书面要求的制定方式一致，包括根据该要求实施儿科研究需提供的信息以及儿科研究所需的不同年龄组的儿科处方。

"（3）建议的要求函——若食品药品专员在发出上文第（2）节中书面请求后的 30 天内未收到反馈，部长通过美国国立卫生研究院院长，和食品药品专员商议后，应发出一份与（b）款一致的、就儿科研究实施提出建议的要求函。

"（4）不符合资格——首次申请被驳回的上市许可持有人无权对第（3）节的和建议中的要求作出反馈。

"（5）合同、授权或其他资助机制——只有当建议通过一定形式和途径提交给部长，并且包括协议、保证和其他部长认为执行本节内容所必需的信息时，才可以根据本节规定签订合同、授权研究或给予其他资助。

"（6）研究报告——

"（A）总则——依据本节授权合同的儿科研究一旦完成，应当向美国国立卫生研究院院长和食品药品专员提交研究报告。报告应包括研究中产生的所有数据，包括发出的书面要求。

"（B）报告的可获得性——（A）小节所指的所有报告应被认为属于公共领域（符合《联邦食品药品和化妆品法案》的 505A（d）（4）（D）小节要求），并且应由食品药品专员指定编号。利益相关者可以就此儿科研究提交书面评论，并作为该药品档案的组成部分。

"（C）专员的措施——食品药品专员须根据第（7）节要求，通过恰当方式对上文（A）小节所述报告采取适当的反馈行为。

"（7）标签变更的要求——根据第（6）（A）小节提交的报告，在提交后的 180 天内，食品药品专员应——

"（A）评估报告以及其他已有的与儿童用药安全性和有效性有关的数据。

"（B）在食品药品专员认为有必要的情况下，与已批准药品的上市许可持有人就标签变更进行协商，并要求持有人进行变更。

"（C）（i）在公共档案中存入儿科研究报告复印件以及应要求所做的标签变更复印件。

"（ii）在《联邦公报》和 FDA 网站中公开儿科研究报告复印件以及应要求所做的标签变更复印件。

"（8）争议的解决——

"（A）移送至儿科咨询委员会——如果在第（7）节规定的 180 天内，已批准药品的上市许可持有人不同意食品药品专员的标签变更要求，则专员应将此变更要求移送至儿科咨询委员会。

"（B）儿科咨询委员会采取的措施——在收到（A）小节提到的移送材料的 90 天内，儿科咨询委员会应：

"（ⅰ）评估药品在儿童群体使用的安全性和有效性的已有信息，包括根据本节提交的儿科研究报告。

"（ⅱ）如果可能，向食品药品专员提出合适的标签变更建议。

"（9）FDA的最终决定——在收到儿科咨询委员会根据（8）（B）（ⅱ）段提出建议后的30天内，食品药品专员应参考该建议，酌情向药品上市许可持有人提出其认为合适的标签变更建议。

"（10）未达成一致——如果上市许可持有人在收到第（9）节提出的标签变更建议的30天内，不同意进行标签变更，则专员可根据《联邦食品药品和化妆品法案》，将该申请的药物视为标识不当药。

"（11）不影响授权——根据《联邦食品药品和化妆品法案》规定，如果药物缺少适当的儿科标签，美国采取的任何强制措施都不受本小节内容的约束。任何行为（儿科咨询委员会的处理或前句所提的强制措施）均不妨碍、延误其他行为的执行，也不得作为其他行为的基础。

"（d）儿科信息的发布——在《最佳儿童药品法案（2007）》生效后的1年内，部长应与美国国立卫生研究院院长就建立儿科用药信息汇编的可行性进行研究，并将研究成果上报至国会。

"（e）拨款授权——

"（1）总则——为执行本节内容，授权进行如下拨款——

"（A）2008 财政年度的款额为 200 000 000 美元；

"（B）此后 4 个财政年度都有必要维持此总额。

"（2）可获得性——第（1）节的拨款数额应确保可获得，以保证本款内容的执行。"

（c）美国国立卫生研究院基金会——《公共卫生服务法案》第 499（c）（1）（C）小节（42 U.S.C. 290b（c）（1）（C））删去如下内容"以及部长根据本法案 409I（a）（1）（A）小节和《联邦食品药品和化妆品法案》505A（d）（4）（C）小节（21 U.S.C. 355（a）（d）（4）（C））所提列表的研究"，并插入"以及部长根据《联邦食品药品和化妆品法案》505A（n）（1）（A）小节发出确认证明的研究"。

（d）委员会的继续运作——《最佳儿童药品法案》第 14 条（42 U.S.C. 284m note）最后增加以下小节：

"**（d）委员会的继续运作**——尽管《联邦顾问委员会法案》第 14 条有述，咨询委员会仍应自《最佳儿童药品法案（2007）》生效之日起 5 年内继续维持运作。"

（e）肿瘤药物咨询委员会儿科分会——《最佳儿童药品法案》第 15 条（42 U.S.C. 284m note）作如下修订——

（1）在（a）款中——

（A）在第（1）节中——

（ⅰ）在（B）小节中，删去分号后的"和"（"and"）。

（ⅱ）在（C）小节中，删除期限并增加"；和"（"；and"）。

（ⅲ）在最后增加以下内容：

"（D）围绕修正案第505A和505B条的执行，向内部审查委员会（根据《联邦食品药品和化妆品法案》第505B（f）款设立）提供建议"。

（B）在最后增加以下段落：

"（3）肿瘤药物咨询委员会儿科分会的继续运作——尽管《联邦顾问委员会法案》第14条有述，儿科分会仍应自《最佳儿童药品法案（2007）》生效之日起5年内继续维持运作。"

（2）在（d）款中，删去"2003"并插入"2009"。

（f）人用药品标签中不良事件标注免费电话的规定的生效日期和限制——

（1）总则——尽管《美国法典》（即《行政程序法案》）第5主题第5章第Ⅱ分章和第7章以及其他法律条款已有规定，食品药品专员针对"人用药品标签中标注不良事件免费电话"发布的建议规定（2004年4月22日发布）应于2008年1月1日起生效，除非专员在该日期前已发布最终规定。

（2）限制——尽管《最佳儿童药品法案》第17（a）款（21 U.S.C. 355b（a）），根据（a）款生效的建议规定或（a）款所指的最终规定，不应适用于——

（A）根据《联邦食品药品和化妆品法案》第 505 条（21 U.S.C. 355）获得批准的药物。

（B）未在《联邦食品药品和化妆品法案》第 503（b）（1）节（21 U.S.C. 353（b）（1））中规定的药物。

（C）外包装上印有消费者向制造商或分销商投诉的免费电话的药物。

SEC. 503. 儿科用药理学家的培训

（a）未来儿科研究人员的投资——《公共卫生服务法案》第 452G（2）节（42 U.S.C. 285g-10（2））中，在最后的期限前增加 "，包括儿科用药理学研究"（"including pediatric pharmacological research"）。

（b）儿科研究贷款偿还计划[1]**——**《公共卫生服务法案》第 487F（a）（1）节（42 U.S.C. 288-6（a）（1））在 "儿科研究,"（"pediatric research,"）后插入 "包括儿科用药理研究,"（"including pediatric pharmacological research"）。

注释

1. 该计划由美国国立卫生研究院（NIH）设立。

FDA 安全及创新法案

《公法》112–144

第 112 届国会

2012 年 7 月 9 日

经美国国会参议院和众议院共同通过

（本法案选取第 V 主题 SEC. 501、SEC. 502、SEC. 503、SEC. 504、SEC. 505、SEC. 506、SEC. 507、SEC. 508、SEC. 509、SEC. 510、SEC.511 以及第Ⅷ主题 SEC. 801 与儿科用药相关的条款进行翻译）

对《联邦食品药品和化妆品法案》进行修改，来修订和延长处方药和医疗器械付费计划、设立仿制药和生物类似物付费计划以及其他修改。

第 V 主题——儿科用药与器械

SEC. 501. 持久性

（a）**药物的儿科研究**——《联邦食品药品和化妆品法案》第 505A 条（21 U.S.C. 355a）删除（q）款（与期限终止相关）。

（b）**药品和生物制品的儿科用途研究**——对《联邦食品药品和化

妆品法案》505B 条（21 U.S.C. 355c）进行如下修订——

（1）删除（m）款。

（2）对（n）款重编编号为（m）款。

SEC. 502. 书面要求

（a）总则——

（1）《联邦食品药品和化妆品法案》——对 505A（h）款（21 U.S.C. 355a）进行如下修订：

"（h）与儿科研究要求的关系——本节所指的独占性只针对根据（d）（3）节中书面要求完成儿科研究的情形。书面要求可包括 505B 条要求实施的研究。"

（2）《公共卫生服务法案》——《公共卫生服务法案》351（m）（1）节（42 U.S.C. 262（m）（1））删除"（f）、（i）、（j）、（k）、（l）、（p）和（q）款"，并插入"（f）、（h）、（i）、（j）、（k）、（l）、（n）和（p）款"。

（b）新生儿——505A（d）（1）（A）小节最后增加以下内容："如不要求开展新生儿用药研究，应当在书面要求中做相应说明。"

SEC. 503. 与儿科审查委员会的交流

本法案生效 1 年内，美国卫生及公共服务部部长（以下简称部长）应颁布内部标准操作规程，为 505C 条设立的内部审查委员会对儿科研究初步计划、批准的儿科研究初步计划以及《联邦食品药品和化妆品法案》505A 和 505B 条中书面要求的重大修改的审评提供支持。此类内部标准操作规程应通过 FDA 网站等形式公开。

SEC. 504. 数据的可获得性

自本法案生效起 3 年内，部长应通过 FDA 网站等形式公开医学、统计学和临床药理学审评信息，这些审评针对在 2002 年 1 月 4 日至 2007 年 9 月 27 日之间，根据 505A（b）或（c）款提交儿科研究的申请人、申办者或持有人发出书面要求，据此获得 6 个月市场独占期并进行标签变更的儿科研究。部长应确保上一句中所述信息根据《联邦食品药品和化妆品法案》505A（k）款（21 U.S.C. 355a（k））的规定公开信息。

SEC. 505. 确保儿科研究完成

（a）儿科研究延期截止日的延长——对 505B 条（21 U.S.C. 355c）进行修订——

（1）在（a）（3）节中——

（A）将（B）小节重新编号为（C）。

（B）在（A）小节最后增加以下内容：

"（B）延期延长——

"（ⅰ）总则——根据部长提议或申请人要求，当出现以下情况时，部长有权对根据第（A）小节就（1）节中提交的部分或全部评估报告批准的延期时间进行延长——

"（Ⅰ）部长认为（A）（ⅰ）下（Ⅱ）或（Ⅲ）限定的条件继续被满足。

"（Ⅱ）申请人提交一份（A）（ⅱ）（Ⅳ）小段中的新的时间表，以及根据（A）（ⅱ）段要求的重要更新信息。

"（ⅱ）时间和信息——如果本分段中的延期请求由申请人提出，申请人应至少在延期期满90天前提交延期申请，申请中应包含本分段中所述信息。部长应在收到申请信函的45天内给予回复。如果部长同意延期，其指定的日期即为延期日期。除非该特定日期或延期日期已经获批，或者该项要求待定时，申请人将不会收到（d）款规定的通知信。如果延期在《FDA安全及创新法案》实施前或者在法案实施后的270天内失效了，那么申请人须在该法案实施后的180内提交延期申请。部长应当尽快回复申请，但时间须在该法案生效1年内。若研究推迟或延期，本条款的任何规定均不能影响部长更新研究进展或公开研究情况。"（C）小节中（C），重新编号为——

（ⅰ）在（ⅰ）段最后增加以下内容：

"（Ⅲ）儿科研究的计划完成日期。

"（Ⅳ）有必要延迟或延期的理由。"

（ⅱ）将（ⅱ）段作如下修订：

"（ⅱ）信息公开——上述（ⅰ）段中的年度审查信息提交后的 90 天内，部长应通过 FDA 网站等便捷途径向公众公开以下内容——

"（Ⅰ）年度审查信息。

"（Ⅱ）申请人姓名。

"（Ⅲ）产品获批的日期。

"（Ⅳ）本段提及的产品延期或延期延长的日期。"

（2）在（f）款中——

（A）该本款标题中，在"延期"（"DEFERRALS"）后增加"延期延长"（"DEFERRAL EXTENSIONS"）。

（B）在第（1）节中，在"延期"（"deferrals"）后增加"延期延长"（"deferral extensions"）。

（C）在第（4）节中——

（ⅰ）该节标题中，在"延期"（"DEFERRALS"）后增加"延期延长"（"DEFERRAL EXTENSIONS"）。

（ⅱ）在"延期"（"deferrals"）后增加"延期延长"（"deferral extensions"）。

（b）延期延长的跟踪；年度信息——对 505B（f）（6）（D）小节

（21 U.S.C. 355c（f）（6）（D）节）进行如下修订：

"（D）每年统计一次——

"（ⅰ）根据本款规定提出的延期与延期延长申请数量、批准数量以及批准理由。

"（ⅱ）儿科评估完成时限。

"（ⅲ）已完成评估数和待完成评估数。"

（c）儿科研究未应对的措施——

（1）发出信函——对 505B（d）款（21 U.S.C. 355c）做出如下修订：

"（d）评估报告的提交——若当事人未按照（a）（2）节的相关要求提交评估材料，或未达到（a）（3）节规定的适用要求，或未提交（a）或（b）款中规定的儿科处方的申请，则根据第（a）和（b）款中的适用条款，按以下办法处理：

"（1）《FDA 安全及创新法案》实施后的 270 天内，部长应向当事人发出违规告知函（non-compliance letter），通知其未能提交申请或提交不符合要求。信函中须告知当事人需在 45 个日历天内给予书面回复。如果符合要求，当事人在回复中可以提出延期申请。违规告知函和当事人的回复应在发出之日起 60 天内通过 FDA 网站等其他便捷方式向公众公开，但应删除涉及商业秘密和机密信息。如果部长认为违规告知函有误，则不适用本节的要求。

"（2）若药品或生物制品属于（a）（2）节中评估报告所指对象，或适用于（a）（3）节的要求，或提出儿科处方申请，如果出现上述违规并被采取相关强制措施（根据第 303 条规定，不应采取强制措施的药品或生物制品除外），则可能被认定为标示不当药。但是上述违规不能作为以下行为的依据——

"（A）根据 505（e）款规定，撤回对该药物的批准。

"（B）根据《公共卫生服务法案》351 条规定，废除该生物制品的许可证。"

（2）跟踪信函——505B（f）（6）（D）小节（21 U.S.C. 355c（f）（6））根据（b）款修订的基础上，进一步做出以下修订——

（A）在第（ii）段中，删去"；和"（"；and"）并插入"；"。

（B）在第（iii）段中，在末尾增加"和"（"and"）。

（C）在最后增加以下内容：

"（iv）根据（d）款要求发出的上市后违规行为告知函数量及其收件人；"。

SEC. 506. 儿科研究计划

（a）总则——对 505B（e）款（21 U.S.C. 355c）作如下修订——

"（e）儿科研究计划——

"（1）总则——在提交第（a）（2）节所述的评估报告前，第（a）款中所述的申请人应向部长提交一份儿科研究初步计划。

"（2）时间、内容、会议——

"（A）时间——申请者应根据第（1）节规定提交儿科研究初步计划——

"（ⅰ）在提交（a）（2）节规定的评估报告之前。

"（ⅱ）不迟于——

"（Ⅰ）Ⅱ期临床试验会议（该术语参见美国《联邦法规汇编》（CFR）21 主题下 312.47 条）后 60 天内。

"（Ⅱ）部长和申请人协商确定的其他时间。

本部分的任何规定均不妨碍部长在本部分所定适用日期前接受儿科研究初步计划。

"（B）儿科研究初步计划的内容——儿科研究初步计划应包括——

"（ⅰ）申请人计划开展的儿科研究大纲（包括可行的研究目标和方案、年龄组、相关观察终点以及统计方法）。

"（ⅱ）本节中规定的任何延期、部分豁免或全部豁免的申请，及佐证材料。

"（iii）第（7）节中相关规定提及的其他信息。

"（C）会议——部长——

"（i）应在收到（A）小节规定的儿科研究初步计划后的90天内，尽快与申请人会面以商讨该计划。

"（ii）如果认为对儿科研究初步计划的书面回复可以充分体现其意见，上述会议可以不必进行。

"（iii）如果部长认为没有必要召开会议，应在收到（A）小节规定的儿科研究初步计划后的90天内，尽快通知申请人并做出书面回复。

"（3）批准的儿科研究初步计划——在（2）（C）（i）段规定的会议后或者收到（2）（C）（iii）段规定的部长书面回复后的90天内，申请人应在双方就儿科研究初步计划协议一致的基础上，向部长提交命名为"批准的儿科研究初步计划"的文档。部长在收到上述文档后的30天内，做出书面回复予以确认。

"（4）延期及豁免——如果批准的儿科研究初步计划包含申请人根据本部分规定提出的延期、部分豁免或全部豁免申请，前文第（3）节所述的书面回复中应包括部长就该申请是否满足（a）（3）或（4）节规定条件的建议。

"（5）计划修改——应部长或申请人要求，已批准的儿科研究初步计划可以随时修改。（2）（C）小节规定的要求可适用于任何提出的修改，并与（1）节中儿科研究初步计划的方法和程度保持一致。(3)(4)节规定的要求可适用于任何修改后的商议情形，并与批准的儿科研究初步计划在方法和程度上保持一致。

"(6)内部委员会——根据505C条规定，部长应征询内部委员会关于儿科研究初步计划、批准的儿科研究初步计划和研究计划重大修改的审评意见。

"(7)必要的法规制定——《FDA安全及创新法案》实施后的1年内，部长应颁布相应法规和指南，确保本款的实施。"

(b)一致性修改——对505B条（21 U.S.C. 355c）做出如下修订——

(1)(a)(3)(A)(ⅱ)(Ⅱ)小段修订如下：

"(Ⅱ)第(e)款中所述的儿科研究计划。"

(2)(f)款中——

(A)本款标题中删除"儿科计划,"（"PEDIATRIC PLANS,"）并插入"儿科研究计划,"（"PEDIATRIC STUDY PLANS,"）。

(B)在第(1)节中，删除"所有儿科计划"（"all pediatric plans"）并插入"初始儿科研究计划、协定的初始儿科研究计划,"（"initial pediatric study plans, agreed initial pediatric study plans"）。

(C)在第(4)节中——

(ⅰ)本节标题中删去"儿科计划,"（"PEDIATRIC PLANS,"）并

插入"儿科研究计划,"("PEDIATRIC STUDY PLANS,")。

(ⅱ)删去"儿科计划"("pediatric plans")并插入"儿科研究初步计划、批准的儿科研究初步计划,"("initial pediatric study plans, agreed initial pediatric study plans,")。

(c)生效日期——

(1)总则——根据第(2)节所述,无论部长是否颁布执行修订内容的最终规定,本条所做的修订都应在本法案生效后的180天内生效。

(2)解释规则——《联邦食品药品和化妆品法案》505B(e)(7)节所指的颁布试行规定的截止日期,不受第(1)节和本条增补的(a)款的影响。

SEC. 507. 再授权

(a)儿科咨询委员会——《最佳儿童药品法案》14(d)款(21 U.S.C. 284m note)作如下修订:删除"在《最佳儿童药品法案(2007)》颁布后5年内",并插入"以执行《联邦食品药品和化妆品法案》505A条、505B条和520(m)款(21 U.S.C. 355a, 355c和360j(m))所指的咨询委员会的职责"。

(b)肿瘤药物咨询委员会儿科分会——《最佳儿童药品法案》15(a)(3)节(《公法》第107-109条)经过《食品药品管理法修正案(2007)》502(e)款(《公法》第110-85条)修订后,再作如下修订:删除"在《最佳儿童药品法案(2007)》颁布后5年内",并插入"为肿瘤药物咨询委员会的持续运行"。

（c）人道主义器械豁免的延长——《联邦食品药品和化妆品法案》520（m）（6）（A）（ⅳ）段（21 U.S.C. 360j（m）（6）（A）（ⅳ））删除"2012"并插入"2017"。

（d）《公共卫生服务法案》中药物的儿科研究计划——《公共卫生服务法案》409I（e）（1）节（42 U.S.C. 284m（e）（1））删除"以执行本节内容"及后续直到第（1）段结束的所有内容，并插入以下文字："2013 至 2017 财政年度，每年拨款 25 000 000 美元以执行本节内容。"。

SEC. 508. 报告

（a）总则——部长在本法案生效后 4 年内，且其后每隔 5 年，部长应准备并向参议院卫生、教育、劳工和养老金委员会及众议院能源和商业委员会提交一份关于《联邦食品药品和化妆品法案》505A 和 505B 条（21 U.S.C. 355a，355c）执行情况的报告。该报告应通过 FDA 网站等形式向公众公开。

（b）内容——（a）款所述的报告应包括——

（1）《联邦食品药品和化妆品法案》505A 和 505B 条在已批准的药品或生物制品的儿科使用信息改善方面的有效性评估，评估内容包括本法案生效之日起所做标签变更的数量、类型以及在改善儿童健康方面的重要性。

（2）根据 505B 条规定应开展而未满足初始截止日期的研究数量，包括——

（A）批准延期或延期延长的研究数量以及批准理由。

（B）批准豁免或部分豁免的研究数量。

（C）根据505B（d）款发出的信函数量。

（3）自本法案生效之日起，计划开展的儿科研究时效性和有效性的评估，包括根据505B（e）款及相关规定，未提交的儿科研究初步计划的数量。

（4）自本法案生效之日起，根据505A规定发出、受理和拒绝的书面要求数量，以及由于拒绝书面要求造成的儿科信息缺失的列表。

（5）根据505A（n）款规定进行移送的情形描述和当前状态。

（6）根据《联邦食品药品和化妆品法案》505A、505B条和《公共卫生服务法案》409I条要求，生物制品开展儿科研究的有效性的评估。

（7）（A）部长为增加新生儿群体研究数量所做的工作（包括鼓励已掌握充分的安全性和其他信息的产品开展合适的、符合伦理要求的、安全的新生儿研究的努力）。

（B）这些工作的成效。

（8）（A）根据《联邦食品药品和化妆品法案》505A、505B条和《公共卫生服务法案》409I条设立的儿科研究计划，正在开展的针对儿科癌症患者研究的药品和生物制品的数量和重要性。

（B）针对上述儿科研究计划提出的、对儿科癌症患者而言新的或更好的治疗方案的修改建议，包括每项建议的详细理由。

（9）可以完善儿科研究并增加药品和生物制品儿科标签数量的儿科研究计划修改建议。

（10）根据505A和505B条的规定开展的罕见病药物研究的成效及其局限性的评估。

（11）部长对美国总审计长、国家医学院或部长此前发出报告中的建议和选择所做的解释工作的评估，以及后续报告，包括建议的说明和报告中相关主题的解释，包括——

（A）根据505A和505B条规定实施的儿科研究的信息公开途径的改善。

（B）根据505A和505B条规定开展和计划开展的儿科研究的时效性的改善。

（c）**利益相关者意见——**在（a）款所指报告提交的180天前，部长应与患者群体（包括儿科患者群体）、消费者群体、相关产业、学术界和其他利益相关群体的代表进行沟通，以获得与报告相关的建议或信息，包括改善儿科研究和儿科标签的修改建议。

SEC. 509. 技术修改

（a）**《联邦食品药品和化妆品法案》的儿科研究——**505A条（21 U.S.C. 355a）作以下修订——

（1）在（k）（2）节中，删除文字"（f）（3）（F）小节"并插入"（f）（6）（F）小节"。

（2）在第（1）款中——

（A）在第（1）节中——

（i）在标题中，删除"第1年"（"YEAR ONE"）并插入"第1个18个月的期限"（"FIRST 18-MONTH PERIOD"）。

（ii）删除"1年"（"one-year period"）并插入"18个月"（"18-month period"）。

（B）在第（2）节中——

（i）在标题中，删除"年"（"YEARS"）并插入"期限"（"PERIODS"）。

（ii）删除"1年期"（"one-year period"）并插入"18个月的期限"（"18-month period"）。

（C）将第（3）节重新编号为第（4）节。

（D）在第（2）节后插入如下内容：

"（3）权力保留——在第（1）节中提及18个月期间，如果儿科咨询委员会对不良事件报告的审查是为确保儿童群体安全用药所需，则本节所有内容都不能限制儿科治疗办公室向委员会审查不良事件报告提供支持。"

（3）在第（n）款中——

（A）在标题中，删除"已完成的"（"COMPLETED"）并插入"已递交的"（"SUBMITTED"）。

（B）在第（1）节中——

（ⅰ）在（A）小节之前的内容中，删去"未完成"（"have not been completed"）并插入"未在书面要求的指定日期内提交儿科研究计划，或申请人（或上市许可持有人）不同意要求"。

（A）针对专利未到期的药物，或根据本条第（b）（1）或（c）（1）节规定或《公共卫生服务法案》第351（m）（2）或（m）（3）节规定而享有的额外独占期未到期的药物，部长应做出是否需依照505B（b）款提交评估报告的裁定。

（ⅱ）在（A）小节中——

（Ⅰ）在第1句中"期满"（"expired"）之后插入"，或根据本条（b）（1）或（c）（1）节规定或《公共卫生服务法案》第351（m）（2）或（m）（3）节规定而享有的额外独占期未到期"。

（Ⅱ）删除"之前"（"prior to"）及到本段最后的所有内容。

（ⅲ）在（B）小节中，删除"没有专利保护或有1项及以上已经到期专利"，并插入"没有专利保护的、并且没有本条（b）（1）或（c）（1）节规定或《公共卫生服务法案》第351（m）（2）或（m）（3）节的独占期的药物"。

（4）在（o）（2）节中，（B）小节作如下修订：

"（B）儿童禁忌证、警告、注意事项和其他部长认为对有助于确保药品安全使用的信息的声明。"

（b）《联邦食品药品和化妆品法案》中药品和生物制品的儿科用途研究——505B 条（21 U.S.C. 355c）作如下修订——

（1）在（a）款中——

（A）在第（1）节中，（A）小节之前的内容中，在"（或补充申请）"（"or supplement to an application"）之前插入"的药物"（"for a drug"）。

（B）在第（4）（C）小节中——

（ⅰ）在第 1 句中，在"豁免得到批准"（"waiver is granted"）之前插入"部分"（"partial"）。

（ⅱ）在第 2 句中，删除"全部或"（"either a full or"）并插入"此种"（"such a"）。

（2）在（b）（1）节中，（A）小节之前的内容中，删除"提供通知后"（"After providing notice"）到"研究，这"（"studies, the"）之间的所有内容，并插入"这"（"the"）。

（3）在第（g）款中——

（A）在第（1）（A）小节中，在"提交申请或补充申请之日后"之后，插入"获得优先审评或标准审评的申请或补充申请提交后的 330 天内"。

（B）在第（2）节中，删除"此药品的标签"（"the label of such product"）并插入"此药品的说明文字"（"the labeling of such product"）。

（4）在（h）（1）节中——

（A）在"提交之日"后插入"包括以下内容的儿科评估申请（或补充申请）"。

（B）在"根据本节"之后插入"如果取得优先审评资格的儿科评估申请（或补充申请），或者包含本节所指的儿科评估在内的标准审评申请（或补充申请）提交后 330 天内，"。

（5）在（i）款中——

（A）在第（1）节中——

（i）在标题中，删除"第 1 年"（"YEAR ONE"）并插入"第 1 个 18 个月的期限"（"FIRST 18-MONTH PERIOD"）。

（ii）删除"1 年"（"one-year"）并插入"18 个月"（"18-month"）。

（B）在第（2）节中——

（ⅰ）在标题中，删除"年"（"YEARS"）并插入"期限"（"PERIODS"）。

（ⅱ）删除"1 年期"（"one-year period"）并插入"18 个月的期限"（"18-month period"）。

（C）将第（3）节重新编号为第（4）节。

（D）在第（2）节后插入如下内容：

"（3）权力保留——在第（1）节中提及 18 个月期间，如果儿科咨询委员会对不良事件报告的审查是为确保儿童群体安全用药所需，则本节所有内容都不能限制儿科治疗学办公室向委员会审查不良事件报告提供支持。"

（c）负责审查儿科计划、儿科评估、延期、延期延长及豁免的内部委员会——505C 条（21 U.S.C. 355d）作如下修订——

（1）在标题中"延期"（"DEFERRALS"）之后插入"延期延长"（"DEFERRAL EXTENSIONS"）。

（2）在"儿科伦理学，"（"pediatric ethics,"）之后插入"新生儿科,"（"neonatology,"）。

（d）药物的儿科研究计划——《公共卫生服务法案》409I（c）款（《美国法典》第 42 主题 284m（c）款）作如下修订——

（1）在第（1）节中——

（A）在（A）小节之前的内容中，"化妆品法案"（"Cosmetic Act,"）之后插入"或本法案351（m）款"。

（B）在（A）（i）段中"化妆品法案"（"Cosmetic Act,"）之后插入"或本法案351（k）款"。

（C）对（B）小节作如下修订：

"（B）没有《联邦食品药品和化妆品法案》505（b）（1）节所指的专利保护，或者药品的某种剂型根据《联邦食品药品和化妆品法案》第505条中（c）（3）（E）（ii）段、（c）（3）（E）（iii）段、（c）（3）（E）（iv）段、（j）（5）（F）（ii）段、（j）（5）（F）（iii）段或（j）（5）（F）（iv）段所述的每3年和每5年独占期，或者351（k）（7）节所述的12年独占期，以及《联邦食品药品和化妆品法案》527条所述的7年独占期已经到期；以及"。

（2）在第（2）节中——

（A）在标题中，删除"不具有市场独占的药物"（"FOR DRUGS LACKING EXCLUSIVITY"）。

（B）删除"根据《联邦食品药品和化妆品法案》505条规定"。

（C）删除"法案505A条"并插入"《联邦食品药品和化妆品法案》505A条或本法案351（m）款"。

（e）肿瘤药物咨询委员会儿科分会——《最佳儿童药品法案》15（a）（3）节（《公法》第107–109条）经过《食品药品管理法

修正案（2007）》502（e）款（《公法》第110-85条）修订后，在（1）（D）小节作如下修订：删除"505B（f）款"并插入"505C条"。

（f）美国国立卫生研究院基金会——《公共卫生服务法案》499（c）（1）（C）小节（42 U.S.C. 290b（c）（1）（C））删除"部长根据《联邦食品药品和化妆品法案》505A（n）（1）（A）小节发出的一致性证明"。

（g）申请、转移规则——

（1）申请——尽管《联邦食品药品和化妆品法案》第505A和505B条（21 U.S.C. 355a，355c）声明其条款自《最佳儿童药品法案（2007）》或《儿科研究公平法案（2007）》生效之日起实施，本法案对上述条款所做的修订都自本法案生效之日起实施。

（2）不良事件报告的转移规则——对于《联邦食品药品和化妆品法案》505A（1）（1）节或505B（i）（1）节（21 U.S.C. 355a（1）（1）；355c（i）（1））中所述的药品标签变更，分别在本法案生效之日前的1年内获得批准或做出变更时，部长应对此类药物适用当时有效的505A（1）款或505B（i）段的规定。

SEC. 510. 罕见的儿科疾病

（a）公众会议——本法案生效之日起18个月内，部长应召开至少一次公众会议，来讨论如何鼓励和促进罕见儿科疾病的新治疗方法研发。

（b）报告——（a）款所述的公众会议召开后的180天内，部长应发布一份报告，其内容包含鼓励、促进罕见儿科疾病的新治疗方法研发的战略计划。

SEC. 511. 儿科治疗办公室人员

《最佳儿童药品法案》第 6 条（21 U.S.C. 393a）作如下修订——

（1）在（c）小节中——

（A）在第（1）节中，删去结尾处的"和"（"and"）。

（B）将第（2）节重新编号为第（4）节。

（C）在第（1）节之后增加如下内容：

"（2）根据第（d）款所述，结合对报告的考虑以及美国国家医学院和总审计长所做的建议，在研究计划中已经包括至少一位具备儿科亚群知识的专业人士，则其可能不需要开展《联邦食品药品和化妆品法案》505A 条中书面要求的研究或 505B 条中的评估研究。

"（3）一名或多名具备儿科流行病学知识的专业人士；以及"（"one or mone additional individuals with expertise in pediatric epidemiology; and"）。

（2）在最后增加以下内容：

"（d）**新生儿科专家**——本条生效后 5 年期间，至少一位（c）（2）节所述的具备新生儿科知识的专业人士。"

第Ⅷ主题　生产抗生素的激励

SEC. 801. 药品专利期延长

（a）总则——第Ⅴ主题（21 U.S.C. 351 et seq.）在505D条后增加如下内容：

"SEC. 505E. 传染病新药的市场独占期延长

"（a）延长——如果部长根据505条的规定，批准了第（d）款中所述符合条件的传染病新药的申请，在符合条件的情况下，根据505（c）（3）（E）小节及（j）（5）（F）（ⅱ）段提到的4年和5年独占期，以及（c）（3）（E）小节第（ⅲ）段和第（ⅳ）段、（j）（5）（F）小节第（ⅲ）段和第（ⅳ）段里提到的3年独占期或527条提到的7年独占期，都可以延长5年。

"（b）与儿科独占权的关系——根据（a）款规定进行的独占期延长，可在505A条规定的独占期延长的基础上叠加。

"（c）限制——第（a）款不适用于以下情况：

"（1）按505（b）款的规定提交的传染病药物的补充申请，且根据（a）款规定该药物的延长期已经生效或已经过期。

"（2）根据505条规定提交的变更新适应证、新给药途径、新剂量、新剂型、新给药系统、新给药装置或新规格的后续申请。

"（3）该药物已批准的用途，不符合第（g）款规定传染病药物定义。

"(d) 指定——

"(1) 总则——在提交 505 (b) 款所指的药品申请提交以前，制造商或申请人可以随时请求部长指定该药物作为符合条件的传染病药物。部长应在收到该指定请求后的 60 天内作出是否符合条件的决定。

"(2) 限制——除第 (3) 节提到的情况外，本分节所述的指定不能因任何理由撤销，包括根据 (f)(2)(C) 小节规定所做的符合条件的病原体清单的修改。

"(3) 撤销指定——若发现前述指定请求存在不实内容时，部长有权撤销该药物作为符合条件的传染病药物的资格。

"(e) 法规——

"(1) 总则——《FDA 安全及创新法案》实施后 2 年内，部长应指定法规来执行本节规定，包括 (f) 款提到的符合条件的病原体清单。

"(2) 程序——在颁布执行本节规定的法规时，部长应——

"(A) 发布拟定的规则，包括拟定的法规。

"(B) 提供不少于 60 天的拟定法规征求意见的时间。

"（C）在生效前 30 天发布最终的法规。

"（3）限制——尽管其他法律条款已有规定，部长仍须按照第（2）节要求颁布法规来执行本节规定，除非部长在颁布法规之前，已经根据第(d)款要求制定符合条件的传染病药物相关的临时指南。

"（4）法规颁布之前的指定——如果药物符合第（g）款所指符合条件的传染病药物的定义，部长应在颁布本分节所指法规之前，根据第（d）款要求将该药物指定为符合条件的传染病药物。

"（f）符合条件的病原体——

"（1）定义——在本节中，"符合条件的病原体"是指经部长根据第（2）节规定进行确定并列入清单的、可能对公共健康构成严重威胁的病原体，例如——

"（A）耐药革兰阳性菌，包括甲氧西林耐药金黄色葡萄球菌、万古霉素耐药金黄色葡萄球菌、万古霉素耐药肠球菌。

"（B）多重耐药革兰阴性菌，包括不动杆菌、克雷伯菌、假单胞菌及大肠埃希菌种。

"（C）多重耐药结核菌。

"（D）难辨梭状芽孢杆菌。

"（2）符合条件的病原体清单——

"（A）总则——部长须制订并不断更新符合条件的病原体清单，并公布清单制订方式。

"（B）注意事项——

在依照本节规定制定和更新病原体清单的过程中，部长应——

"（ⅰ）考虑——

（Ⅰ）人体耐药性对公众健康的影响。

（Ⅱ）耐药微生物的增长率。

（Ⅲ）人体耐药性的增长率。

（Ⅳ）发病率和死亡率。

"（ⅱ）咨询来自疾病控制和预防中心、FDA、医学专业领域和临床研究组织的传染病和抗生素耐药专家的意见。

"（C）审查——部长每5年（如果需要可以更频繁）一次，根据（A）小节规定对确定病原体清单进行审查、修改并公布。在必要情况可根据第（e）款的规定根对清单进行修订。

"**（g）符合条件的传染病药物**——"符合条件的传染病药物"指用于治疗严重或危及生命疾病的传染病的人用抗菌或抗真菌药物，该类传染病致病原因包括——

"（1）抗菌或抗真菌耐药病原体，包括新出现或新兴的传染性病原体。

"（2）部长根据第（f）款规定所列清单中的病原体。

（b）申请——《联邦食品药品和化妆品法案》505E条，根据（a）款增加后，仅适用于在本法案生效之日起根据该法案505C条（《美国法典》21主题第355（c）款）规定首次批准上市的药品。

第二章 | 指南

行业指南：儿科研究计划：提交初始儿科研究计划的内容、过程及修订后的初始儿科研究计划[1]

美国卫生及公众服务部

美国食品药品管理局

药品审评与研究中心

生物制品审评与研究中心

2016 年 3 月

程序性修订版 1

本行业指南草案完成后将代表当前美国食品药品管理局（FDA 或

其机构）在这一问题上的观点。本指南不为任何个人设定权利，对 FDA 或公众亦不产生约束。相关主体可以在满足相应法规条例要求的情况下选择其他替代方案。商讨替代方案时，可以与本指南相关的 FDA 工作人员联系，相关名单请见标题页。

I. 引言

本指南旨在为提交初始儿科研究计划（iPSP）及任何初始儿科研究计划相关修正案的申请人提供信息。需特别指出的是，本指南阐明 FDA 当前对下列问题的观点：如何执行《联邦食品药品和化妆品法案》第 505B（e）款中规定的对申请人提交初始儿科研究计划的要求，相关内容经《FDA 安全及创新法案》修订。[2]

本指南阐明以下内容：

• 需提交初始儿科研究计划的主体。

• 提交初始儿科研究计划的时间。

• 初始儿科研究计划应包含哪些内容。

• 经同意的初始儿科研究计划的修正案应包含的内容。

• 在提交初始儿科研究计划时应当使用的模板。[3]

本指南不讨论在《儿科研究公平法案》（PREA）或《最佳儿童药品法案》（BPCA）规定下儿科用药研发的一般要求。[4]

本指南修订了 2013 年 7 月颁布的《儿科研究计划：提交初始儿科研究计划的内容、过程及修订后的初始儿科研究计划行业指南（草案）》。本次修订包括针对 2013 年指南中原有章节的补充说明以及新章节的增补，增补的章节包括：①V.A. 款，内容不完整的初始儿科研究计划；②Ⅵ节，提交儿科研究计划（附带申请）的要求与经同意的初始儿科研究计划之间的关系；③Ⅶ节，需提交的初始儿科研究计划修正案的内容和提交时间；④Ⅷ节，未经同意的初始儿科研究计划；⑤Ⅸ节，有关未经同意的初始儿科研究计划的一致意见。此外还对附录 1，初始儿科研究计划模版进行了更新。

总之，FDA 的指南文件不是施加法律强制性责任，而是阐述了该机构当前针对该议题的观点。该指南内容仅作为建议，除非指南中引用了具体法规条例要求。指南中所用的词"应当"指某事仅作为建议而非硬性要求。

Ⅱ. 背景

过去 20 年间，FDA 致力于解决儿科人群用药的不当试验问题以及药品或生物制品标签中不恰当的儿科用药信息问题。1994 年，FDA 出台最终规定，要求上市药品的制造商调查现有数据，确定该数据是否足以支持其在标签上新增儿科用药信息。[5] 但是，对于不足以支持其标签上已有儿科用药信息的情况，1994 年的规定未硬性要求制造商进行相关研究。该规定的目标在于鼓励申请人提交儿科研究及告知儿科病人药物用途，但在大多数药品和生物制品儿科亚群用途的标签准确性方面，该目标未能实现，且常有产品标签未能对安全、有效儿科用药做出正确标识。

为解决后续问题，《食品药品管理现代化法案（1997）》[6]签署成为法律，其中包括激励儿科用药物研究且涉及市场独占权和专利保护的条款。另外，在1998年2月，FDA发布法规，即《儿科法则》。[7]该规定要求特定上市新药和生物制品的制造商进行研究，以提供充足数据及信息来支持其所述适应证的儿科用药说明，并藉此部分强调了儿科用途信息缺失的问题。《儿科法则》同时提出FDA将针对以下内容做出最准确的判断：是否必须进行儿科研究以及提交申请是否会延期直至获批。依照FDA其他法规的要求，对用于威胁生命的疾病的药品和生物制品，[8]该意见由FDA在I期临床试验结束后会议上给出，而其他药物则在II期临床结束会议上给出。[9]

《儿科法则》同时做出如下声明：申请人应至少在II期临床试验结束后会议前一个月提交相关背景信息，包括研究方案中建议的结束、注册、完善、数据分析的时间表，或支持计划豁免或延期请求的信息。但是，美国哥伦比亚特区地方法院认为FDA在颁布《儿科法则》时超越了法定权限，法院中止且禁止该规定的执行。[10]

国会后来通过《儿科研究公平法案》（PREA），且于2003年12月3日签署成为法律。[11]《儿科法则》中多条款被《儿科研究公平法案》所采纳。依照最初颁布的《儿科研究公平法案》的要求及其依照《食品药品管理法修正案（2007）》的再次授权之后的规定，在新药研发的临床研究申请阶段，无需提交有关儿科研究的建议时间表和研究计划。[12]依照2012年7月9日签署成为法律的《FDA安全及创新法案》（FDASIA），《儿科研究公平法案》首次包含如下条款：要求申请人对提交新药申请做出计划并在研发早期提交一份初始儿科研究计划。初始儿科研究计划旨在确定研发早期必需的儿科研究，开展该研究的设计。初始儿科研究计划应提交的研究时间表和内容在后文将会有介绍。《FDA 安全及创新法案》要求 FDA 公布法规、发布指南以执行该条款及其他相关条款。[13] FDA 正在发布该指南，并将发布符合《FDA 安全及创新法案》（FDASIA）要求的法规。

Ⅲ. 需要提交初始儿科研究计划的申请[14]

如果计划上市的某一药物包含新活性成分、新适应证、新剂型、新剂量或新给药途径（即依照《儿科研究公平法案》的规定），则计划提交该药物上市申请的申请人应提交初始儿科研究计划，[15] 除非在要求提交初始儿科研究计划时，该适应证的药物已获批为罕见病用药。[16] 依照《儿科研究公平法案》的规定，[17] 未确定是否可与相关产品相互替代的生物类似物应认定为具有新活性成分的药物。申请人应酌情考虑在相关临床研究申请时提交初始儿科研究计划，以供药品审评与研究中心、生物制品审评与研究中心审评。[18] 申请人应依据"第Ⅳ节，初始儿科研究计划提交的时间"中列出的时间范围提交初始儿科研究计划。另外，专门用于儿科人群的药物研发应提交初始儿科研究计划。

若药物此前已依照《儿科研究公平法案》的规定获准豁免或延期，而申请人计划依照《儿科研究公平法案》的要求对同一药物提交新的申请，如 IV 节所述，申请人应提交初始儿科研究计划。[19]

Ⅳ. 初始儿科研究计划提交的时间

申请人须在下述日期前提交初始儿科研究计划：提交评估报告

前，且Ⅱ期临床试验结束后会议后 60 天内。[20] 若研究不召开Ⅱ期临床试验结束后会议，则申请人应尽快提交初始儿科研究计划，提交日期应在Ⅲ期临床开始前，或Ⅱ期、Ⅲ期联合临床研究开始前。若不开展Ⅲ期或Ⅱ、Ⅲ期联合临床研究，则申请人应在提交上市申请或补充申请前Ⅱ 10 个日历天前提交初始儿科研究计划。申请人应当在提交临床研究申请时提交初始儿科研究计划。对无有效临床研究申请的药物，若申请人期望提交临床研究申请后，其初始研究可包含Ⅱ期临床，则初始儿科研究计划应作为临床申请前研究申请材料提交。在上述情况中，FDA 鼓励申请人在提交初始儿科研究计划前安排临床试验申请前咨询会议，且依照前述要求，申请人应在Ⅲ期临床研究或Ⅱ、Ⅲ期联合临床研究开始前提交初始儿科研究计划。[21]

在初始儿科研究计划获得同意前，申请人不得提交上市申请或补充申请。虽然在批准上市申请前，FDA 不会对儿科评估的豁免或延期审批做出官方决定，但提交上市申请后，申请人会在初始儿科研究计划审评时收到对豁免和 / 或延期申请的反馈意见。例如，该反馈意见可能包括开展儿科研究的时机的建议，此举旨在使得初始上市申请中包含儿科数据而不需要延期。

在申请人提交初始儿科研究计划后，FDA 应在 90 天内审评该计划并给出意见。[22] 在申请人收到相关意见后，下一个为期 90 天的审评周期开始。在第二个审评周期结束前，申请人须提交确定的初始儿科研究计划。[23] FDA 应在 30 天内审评并发布信件，表明同意或不同意该计划。若不同意，初始儿科研究计划被认定为未获同意的研究计划（见第Ⅷ节未获同意的初始儿科研究计划）。初始儿科研究计划的总审评时长为 210 天。

Ⅴ. 初始儿科研究计划的内容

《联邦食品药品和化妆品法案》要求初始儿科研究计划包含 FDA
公布的如下内容："（ⅰ）申请人计划开展儿科研究的大纲（包括
可行研究计划的目的和研究设计、年龄组、相关研究终点和统计
学方法）；（ⅱ）所有延期、部分放弃或放弃申请……若可能，还
应附带支撑该申请的信息；（ⅲ）法规中指定的信息。"[24]

指南中该节所述的信息为申请人必须或应当在初始儿科研究计划
中提交的。[25] 在特定情况下，因对额外数据（如安全性、有效性、
可能的研究终点）的需求，预设的儿科研究可能需提前提供详细
大纲。在该类情况下，儿科研究大纲应包含没有将更多详细信息
包含在内的简要解释。

对于附录 1 提供的模版，申请人应用提交初始儿科研究计划时可
得的所有信息完善。[26] 基于从非临床研究、临床研究和 / 或其他
临床研究计划中收集到的数据，FDA 同意对药物研发计划进行调
整。因此，在初始儿科研究计划模版完成时，申请人应将特定药
物临床研究发展阶段纳入考虑。此外，若上述的额外数据显示儿
科研究计划应考虑变更，则申请人可在任何时间 [27] 提交对已商定
的初始儿科研究计划的修改意见。对于已商定的初始儿科研究
计划的修改意见的提交见第Ⅶ节初始儿科研究计划修改的内容
和时限。

早期综合儿科研发计划（包括《儿科研究公平法案》规定的儿科
研究和《最佳儿童药品法案》所述的潜在儿科用途）旨在探求更
高效的儿童药品研发计划。为此，申请人可以适当地将计划提交
的同步的或未来的儿科研究要求的信息纳入初始儿科研究计划中

（见 V.B 款第二段，初始儿科研究计划每节内容的建议）。但是，初始儿科研究计划和提议的儿科研究要求应分别提交以方便 FDA 审评和评价。

如前文所述，在批准上市申请前，FDA 不会对儿科评估的豁免或延期做出官方决定，但在审评该申请时，商定的初始儿科研究计划中包含的内容会纳入豁免或延期申请的考虑中。

A. 内容不完整的初始儿科研究计划

若未能在初始儿科研究计划中提供上述信息，则该计划可能认定为内容不完整。比如：若申请人未能提供所有儿科年龄组和所有适应证，FDA 将会认定该初始儿科研究计划内容不完整。若计划被认定为内容不完整，FDA 会联系申请人并要求其在 30 天内提交完整的初始儿科研究计划以补充缺失信息。完整的初始儿科研究计划提交后将会开始新的 210 天审评周期。

但是，若申请人已提供充足的信息以供 FDA 评估该计划，即使 FDA 不同意该提议计划，该初始儿科研究计划一般会认定为完整。比如：若申请人在初始儿科研究计划中提供了全部放弃的申请，虽 FDA 不同意该计划，但 FDA 会认定该计划内容完整且将依照正常的时间表进行内部审评。

B. 初始儿科研究计划每节内容的建议

本款提供初始儿科研究计划每节内容的详细建议。

标题页

申请人应在标题页提供相关行政信息，如药物名称、临床研究申请编号、适应证（见附录 1）。

1. 儿科人群中的患病情况综述

本段应简单总结（1–3 页）[28] 该疾病在儿科人群、新生儿中病理生理学、诊断方法、当前治疗方法和预防措施的可得信息。申请人还应分别提供关于该疾病在总人口和儿科人群中的发病率及疾病流行情况的可得信息。另外，申请人应针对疾病在儿科人群和成年人中的主要区别提供证据和假设。

2. 药品或生物制品的综述

本段应简单总结（1–3 页）药物作用机制（已知范围内）。对于药物的所有潜在儿科治疗用途（超出成人病症或适应证范围），该广泛考虑可作为书面申请的依据（依照《联邦食品药品和化妆品法案》第 505A 条（《美国法典》第 21 主题第 355a 条））。FDA 鼓励申请人商讨适应证外（依照《儿科研究公平法案》需提供儿科评估）的潜在治疗效益和 / 或儿科人群（包括新生儿）治疗需求的实践性。商讨内容的任何变更，包括可能提议的临床研究（除《儿科研究公平法案》所要求的研究外），将不需要提交对已商定初始儿科研究计划的修改。若申请人计划提交提议的儿科研究申请以请求 FDA 在未来发布书面申请，则相关信息应根据时间情况在综述中提供。[29] 对于可依照儿科书面申请的要求开展的提议儿科研究，寻求 FDA 审评和意见的申请人除依照《儿科研究公平法案》的要求提交相关信息和初始儿科研究计划外，还应提交提议儿科研究申请。

3. 面向特定儿科群体的有效性外推计划的概述

初始儿科计划应当说明在建议的产品中是否计划开展面向特定儿科群体的有效性外推研究。如果成年患者和儿科患者的病程和药效足够相似，从成人人群到儿科人群，有效性外推可能都适用。[30] 从一个儿科年龄阶层到另一个儿科年龄阶层，有效性的外推可能同样适用。[31] 有效性外推假设可以通过使儿童暴露于一个像在成人一样的暴露条件或是通过使用适当的药效或临床终点来达到目标效果等方法来确定一个合理的剂量。[32] 这段应当说明任何有关从成人到儿科患者或从一个儿科年龄组到其他年龄组的有效性外推的计划（1–5 页）。申请人应该考虑儿科患者的所有年龄范围，包括婴儿。申请人应该保证有效性外推的有理有据，包括任何可获得的申请人打算进行有效性外推的所有年龄层患者的支持数据。相关依据和理由应该包括所有可接触到的资源中的支持数据（例如，申请人数据、已出版的文献、专家组和研讨会）。对同一类别的其他药物有效性的外推，如果之前被 FDA 批准的，同样可以被认为是支持信息。

然而，关于成人的接触反应是否适用于儿科患者（或是一个儿科年龄层对另一个年龄层）这一认知还未被确立。在提交初始儿科研究计划时可能无法外推相关有效性。如果从成人到儿童的有效性外推在提交最初的儿科研究计划时还不能确定，申请人必须制订一个研究计划以使得在初始研究计划中可以研究儿科效果。[33] 随后，如果可以获得支持儿科有效性外推的信息，就可以提交一份被提议的对已获批准的初始儿科研究计划的修改意见，说明基于市场应用的有效性外推的修改或是增补。

当判定数据是否足够或是否将会被用于支持有效性外推，申请人应该在初始儿科研究计划中包含例如成人与儿童之间的（或是一个儿科年龄阶层和另一个阶层之间的）相似点（或不同点），在疾病的发病机理、疾病定义的标准、临床分类以及疾病级数的测量，还有病理生理的、组织病理学的以及病理生物的疾病特点。除此之外，如果合适的话，申请人应该包含对成人和儿童之间的接触反应关系的相似点的讨论，且建立在同一类别的药物或是其他被批准用于同样的疾病或失调的药物的经验之上。从一个儿科年龄阶层到另一个年龄层，通常是从老年患者到青年患者以及从一个规划到另一个，有效性的外推应该在可应用的时候被探讨。为了优化支持疗效推定的研究而对建模和模拟实验的使用应该在可应用的时候被探讨。

在特定的条件下，人们可以利用现有的对成人或其他儿科人群的安全信息来外推应用在一个或更多的儿科人群身上的某种药物的安全性。例如，假定一种药物已经被批准用于另一种适应证，其用量和新的适应证相似，就可以使用现有的安全性数据来支持这种新的适应证的安全性。对于其他一些药物可能有不同的儿科和成人安全性情况，比如作用在中枢神经系统的药物，成人安全性数据可能与儿科安全性人群不相干。类似地，不是每个年龄阶层都需要专注于药代动力学（PK）的研究。例如，先前的青少年患者给药量的经验证明了成人给药量以及适当的配量缩放比例的信息对拥有足够多依据的药物应该是足够的。[34, 35] 如果在研究计划中专注的药代动力学研究被认为是不必要的，那么确定人群的药代动力学研究能够作为补充。

4. 关于特定药物豁免的请求

《儿科研究公平法案》规定，申请人应该在提交新药上市申请（NDA）、生物制品上市许可申请（BLA）或是补充申请的时候提出豁免儿科评估的请求。[36]《儿科研究公平法案》授权 FDA 在以下情形下对批准完全豁免开展有关规定评估：①必要的研究不可能完成或高度无法实施（因为诸如患者数量太少或是患者在地理上太分散了等原因）；②有力的证据证明此药品或生物制品将对所有儿科年龄阶层患者都无效或是不安全；③此药品或生物制品不能代表一种比现有的治疗儿科患者的方案益处更多的有意义的治疗，并且不太可能被用于大量儿科患者。[37]

除此之外，《儿科研究公平法案》授权 FDA 在以下情形下批准部分豁免（也就是，与特定儿科年龄阶层相关的）开展有关规定评估：①必要的研究不可能完成或高度无法实施（因为诸如特定年龄阶层患者数量太少或是特定年龄阶层患者在地理上太分散等原因）；②有力的证据证明此药品或生物制品将对特定年龄阶层患者无效或是不安全；③此药品或生物制品不能代表一种比现有的治疗特定年龄阶层的儿科患者的方案益处更多的有意义的治疗，并且不太可能被用于大量特定年龄阶层的儿科患者；④申请人能够证明制造一个对特点年龄组是有必要的儿科处方的合理尝试已经失败了。[38]

这段应该讨论与豁免（全部或部分）通过儿科研究提供数据的请求有关的计划（1–3 页）。因为一份获得批准的可能包含请求豁免计划的初始儿科研究计划必须和新药上市申请／生物制品上市许可申请以及正式的豁免请求一起被提交，该部分的信息应该尽可能完整以及根据需要更新。[39]申请人应该提供一份包含支持性数据的概要的依据，可用于所有豁免涉及的年龄阶层。支持性数据应该包括所有相关资源中的数据，包括申请人数据、已出版的文献、专家组、研讨会以及舆论文献。之前被批准用于其他同类药物的完全或是部分豁免可以被认为是上述支持性信息。

如果 FDA 早在预先批准阶段（例如，Ⅰ期临床试验结束后会议或Ⅱ期临床试验结束后会议）就认可了一份豁免计划的合理性，这一认可反映了 FDA 当时的最优判断。如果在申请被批准之前，FDA 或者申请人意识到新的或是额外的信息会影响到对儿科评估的豁免（或部分豁免）计划的决定，申请人应该重新考虑请求豁免/部分豁免的计划。如果申请人发现了新的信息，申请人应该尽可能早地提交一份修改后的初始儿科研究计划。如果是 FDA 发现了新的信息，应尽早通知申请人并要求申请人根据新的信息修正初始儿科研究计划（详见Ⅵ节，确定的初始儿科研究计划与要求提交一个伴随申请的儿科计划的关系），此类申请可以包含必要的儿科研究延期计划。FDA 签发新药上市申请、生物制品上市许可申请或补充申请的批准信时会正式地批准或者拒绝豁免请求。

寻求儿科研究完全豁免的申请人应该完成初始儿科研究计划模板的 1、2、4、12 段（详见附录 1）。

如果相关研究被豁免的原因是有证据表明此药物对任何儿科年龄阶层患者都无效或不安全，此信息必须被包含在产品标签中。[40]通常来说，此信息会被包含在标签的"儿科使用"部分，也可以被包含在"禁忌证或警告和预防"部分，这取决于作为儿科研究基础的安全问题的严重性程度。

5. 计划请求儿科研究的延期

《儿科研究公平法案》规定，申请人可以在提交新药上市申请、生物制品上市许可申请或补充申请的时候请求延期开展儿科评估。[41] 因为一份获得批准的可能包含请求延期儿科评估的初始儿科研究计划必须和新药上市申请/生物制品上市许可申请以及正式的延期请求一起被提交，[42] 这部分的信息必须尽可能详尽且根据需要及时更新。初始儿科研究计划应该包含任何请求延期部分或全部儿科人群的儿科评估计划直到将来其他年龄阶层的申请（或增补）获得批准。如果新的信息，比如正在进行中的或已计划好的研究中的数据，表明达到了豁免（或部分豁免）的标准，计划好的延期初始儿科研究计划中儿科评估的请求能够更换为计划好的豁免（或部分豁免）的请求。这些变化应该作为对已经获得批准的或修正完成的初始儿科研究计划的修正而被提交。

任何列在第 6 段样本表格中的计划好的非临床研究以及儿科临床研究中不会以作为计划好的申请（也就是说，新药上市申请、生物制品上市许可证申请或功效的增补）的一部分被提交的研究，申请人必须将其包含在计划中从而提交延期的请求。[43]《儿科研究公平法案》还陈述了批准申请的时候，FDA 可以同意请求延期儿科评估，只要发现有以下情形：①儿科研究完成之前，此药品或生物制品即将被批准用于成人；②儿科研究应推迟到收集到额外的安全性或有效性数据；③有其他合理的延期的理由。[44] 计划好的延期请求应该按照提议的顺序列在第 6 部分的样本表格中，且应该包含充足的依据和任何现在能获得的证明延期请求合理的证据（1–2 页）。如果 FDA 早在预先批准发展阶段（例如，Ⅰ期临床试验结束后会议或Ⅱ期临床试验结束后会议）就认可一份延期计划的合理性，此类认可反映了 FDA 当时的最优判断。

如果在申请被批准之前，FDA 或是申请人发现了新的或是额外的
信息能影响到儿科评估的延期，申请人应该重新考虑请求延期的
计划。如果申请人发现了新的信息，申请人应该尽可能早地提交
一份修正后的初始儿科研究计划。如果是 FDA 发现了新的信息，
应尽早通知申请人并要求申请人根据新的信息修正初始儿科研究
计划（详见Ⅵ节，确定的初始儿科研究计划与要求提交一个伴随
申请的儿科计划的关系）。除此之外，能支持变更延期研究的计
划为豁免计划的新的能获得的信息可能会出现（例如，新的安全
信息）。FDA 需审查此信息并考虑延期研究的计划是否应该变更
为豁免。需要注意的是，FDA 不能正式地批准或拒绝初始儿科
研究计划中延期的请求。FDA 签发新药上市申请、生物制品上
市许可申请或补充申请的批准信时会正式地批准或者拒绝延期
请求。

6. 计划好的非临床及临床研究的表格概要

本段应该包含计划好的表格形式的概要：①为支持提议的临床试
验而实施的非临床研究（还可详见 7 部分）；②临床儿科研究（以
年龄分类）。表格应该包含确认申请人是否请求延期研究的专栏
（也就是说，直到申请被批准之后数据还未计划好被提交）。表格
还应包含任何申请人会请求豁免的年龄阶层。下面显示了样本表
格。需注意的是下表仅作为样本。为特定药物计划的特定研究
（例如，对年龄阶层研究的类型）可能与样本表格列举的研究不
一致。

样本表格：药物 X 的非临床和临床研究表格

计划好的非临床研究 *

物种	研究类型	评论	请求延期研究（Y/N）**
老鼠（或适当的动物品种）	幼龄动物的毒理学研究	支持启动对 x–xx 年龄儿童的临床研究	N

计划好的儿科临床研究

儿科 PK 研究 +

年龄阶层	研究类型	评论	请求延期研究（Y/N）
1–<17 岁	2PK/PD 研究时期 +	根据建立的 PD 终端决定合适的剂量	N

临床高效性和安全性研究

年龄阶层	研究类型	评论	请求延期研究（Y/N）
0–<1 岁	不适用（计划请求豁免）	高度不可行的研究	
1–<6 岁	功效研究（R，DB，PC）+	终端需要被决定	Y
6–<12 岁	功效研究（R，DB，PC）	终端需要被决定	Y
12–<17 岁	功效研究（R，DB，PC）	和最初的新药申请一起被提交的研究	N

* 不适用于所有药物。

** 详见 11 部分"初始儿科研究计划模板"。

+ PK= 药效动力学；PD= 药效学；DB= 双盲；PC= 慰剂控制。

7. 适龄处方的开发

此段应该提供任何特定儿科处方开发计划的细节，如果合适，包含开发的处方是否可以被用于所有儿科人群（1–3 页）。如果现有的处方不适用于所有儿科年龄阶层，申请人应该提供一份开发所有将被研究的儿科年龄阶层人群适龄处方的特定的开发计划。申请人应该包含关于有处方的赋形剂信息并控制在可实行的程度上，这将被包含在儿科处方中。申请人还应该提供为保证恰当的药物设计而采取的措施的细节，包括可实行程度上用于儿科研究的输送系统（即胶囊、片剂、输液、设备）的设计。[45]

8. 非临床研究

此段应该提供数据的简要总结（1–3 页），数据来自相关非临床研究，这些研究支持药物在所有儿科年龄阶层的使用，申请人将在提议的临床试验中加以研究。申请人应该包含支持用于儿科研究的治疗的最大剂量和持续时间的信息。如果申请人发现非临床数据足够支持提议的临床试验，并且额外的非临床研究还未计划，那么这份概要应该为总结陈述并提供理据。

如果现存的非临床数据不足以支持提议的临床试验，申请人应该提供 1 份他们将实施的每一项研究的简要概述，至少包括：

• 研究的物种。

• 开始给药的动物年龄。

• 持续给药的时间。

- 给药途径。

- 有着与将要被评估的核心发展性结局指标有关的目标器官系统
  而定。

详细信息见其他指南，视情况而定。[46]

这些研究应该被列在第 6 段的表格中，并且实施研究的时间线应
该按照第 11 段的说明进行记录。

9. 支持设计和 / 或启动儿科患者研究的临床数据

此段应该提供支持设计和 / 或启动儿科患者研究的临床数据的简
要概述（1–5 页）。此部分还应包含因为所建议的适应证，其他症
状，或在早期研究中接受此药物（或相关药物）治疗的成人或儿
科患者有效数据的概要。此部分旨在提供已经可用的支持最初儿
科研究信息的概述。因此，有效数据的详细审查在本部分就不必
要了。

10. 有计划的儿科临床研究

10.1 儿科的药代动力学研究

此段应该提供每个有计划的儿科用药代动力学 / 药效学（PK/PD）
的（一份或多份）研究的纲要（1–10 页）。这些研究应该按照它
们在第 6 段表格中排列的顺序依次被讨论。对每份研究，在可实
行的程度上，申请人应该陈述以下内容：

- 研究或研究设计的类型。

- 研究的目的。

- 研究实施的年龄阶层及人群。

- 研究中使用的儿科处方。

- PK 研究中使用的剂量范围。

- 治疗终点和依据（PK 参数；PD 生物标记）。

- 现存的或有计划的模型及模拟用以支持剂量选择和 / 或研究设计、数据分析以及有计划的儿科研究的解释。

- 任何有计划的药物基因组分析。

- 样本容量依据。

在研究开始之前，一份声明应包含在一份最终与 FDA 达成协议的议定书中。

10.2 临床有效性和安全性研究

该段应提供每个儿科研究在第 6 部分（1-10 页）中展示的表格中计划和讨论的简要大纲。对于每个研究的可行程度，申请人应陈述以下内容：

- 研究 / 研究设计类型

- 研究的目的

- 将实施研究的年龄阶层和人群

- 研究的包含和排除标准

- 用到的终点（主要的和次要的）

- 终点评估的时间

- 安全性评估（包含落实的时间长短）

- 统计方法

- 当适用时，用于使计划的儿科研究设计最优化的建模和仿真模型

该段应提供计划的儿科研究的简要大纲。因此，详细的研究协议和 / 或统计分析计划不应包含在初始儿科研究计划中。申请人应意识到带有计划临床研究大纲的协议与研究议定书构成协议。全部的研究议定书和统计分析计划应在该段列出的儿科研究开始前分别向 FDA 提交，以供审核和批准。

11. 儿科研发计划时间表

对于在第 6 段表格里列出的每项研究，一份关于完成时间的大概时

间表要包含在该部分（1–2 页）。下面给出了建议性模板。申请人应基于当前药物研发计划推测出相关日期。正如以上所述的内容，初始儿科研究计划的目的在于在药物研发早期以及开始这些研究的时候，明确所需开展的儿科研究。因此，儿科研究计划应基于临床和科学的考虑，与药物申请日期和批准日期无关。例如，可以在预计的药物提交申请日或审批日之前，就可以很好地开始处方开发。若在初始儿科研究计划中提供的日期随着药物研发进程发生改变，申请人应提交请求来修正初始儿科研究计划中内容。进一步说，该请求中应包含在初始儿科研究计划中修改日期的理由。

1）研发处方，若适用

2）非临床研究，若适用

—估计协议书提交日期：不迟于 ___（月 / 年）

—估计研究开始日期：不迟于 ___（月 / 年）

—估计研究完成日期：不迟于 ___（月 / 年）

—估计最终报告提交日期：不迟于 ___（月 / 年）

3）临床研究

• PK 研究，若适用

—估计协议书提交日期：不迟于 ___（月 / 年）

—估计研究开始日期：不迟于 ___（月／年）

—估计研究完成日期：不迟于 ___（月／年）

—估计最终报告提交日期不迟于 ___（月／年）

● 有效性／安全性研究，若适用

—估计协议书提交日期：不迟于 ___（月／年）

—估计研究开始日期：不迟于 ___（月／年）

—估计研究完成日期：不迟于 ___（月／年）

—估计最终报告提交日期不迟于 ___（月／年）

4）申请提交的预定日期

12. 与其他监管机构关于儿科研究的协议

若可获得相关文件，申请人要在文件中包含一份与其他管理机构（例如，欧洲药品管理局（EMA））作出的最新儿科研究计划的结论（1–3 页）。若与监管部门的协商正在进行或先前的计划正在修改，最新草案计划的结论应包含在其中。申请人应强调并说明任何与已向 FDA 提交的不同点。包含与其他管理机构达成的协议的目的是鼓励各国管理机构在儿科研究方面建立全球联盟。

VI. 达成协议的初始儿科研究与提交儿科研究申请的关系

对于新药上市申请、生物制品上市许可申请或遵循《儿科研究公平法案》的补充申请，当儿科研究被要求延期时申请人必须在申请中包含一份初始儿科研究计划。[47] 在这种情况下，达成一致协议的初始儿科研究计划或修正后达成一致协议的初始儿科研究计划的作用相当于计划，并且必须包含在适当的申请部分。[48] 与此同时，在提交申请时，如果在达成一致协议的初始儿科研究计划或修正后达成一致，协议的初始儿科研究计划中包含申请豁免或延期计划的，将被认为是延期或豁免研究的正式申请。该达成一致协议的初始儿科研究计划（或修正后达成一致协议的初始儿科研究计划），包括任何根据《儿科研究公平法案》延期或豁免的要求，都将被儿科评审委员会（PeRC）再评审，并且关于授权或否决任何这样要求的决定都将在上市申请审批期间被做出。

VII. 初始儿科研究要求修改的时间和内容

正如上述，申请人可以请求在任何时间修正达成一致协议的初始儿科研究计划。例如，请求可以包含改变里程碑式的最初提交时间，这将意义深远地影响儿科研究开始和结束的时间（例如，超过 12 个月），改变针对豁免者或部分豁免者的延期计划请求，或改变对于计划请求延期的豁免者或部分豁免者的计划请求。例如，来自非临床幼龄动物研究和 / 或成年人体临床试验的安全性数据也许会支持转变一个因为安全原因而计划延期一个预期申请豁免的计划请求。或者，来自成年人体临床试验的额外安全性数据需求也许会支持儿科临床试验开始的延期。对于达成一致协议的初始儿科研究计划重大的修正案将被儿科评审委员会审评。

对于修正达成一致协议的初始儿科研究计划的请求应该包含：

- 请求改变的说明书和理由。

- 一份达成一致协议的初始儿科研究计划的复印件并用红色标出请求改变的内容

- 一份清晰的修正版的初始儿科研究计划的复印件

直到接收到一封陈述该修正案是可行的信函后，修正案才能被认为与 FDA 达成一致协议。

若针对达成一致协议的初始儿科研究计划的修正案在计划提交新药研究申请、生物制品上市许可申请或补充申请的 210 天内被提交，该修正案也许不会被认为缺乏充足供 FDA 审阅的时间。然而，只要申请人在提交文件中包含了先前达成一致协议的初始儿科研究计划，那么就能提交新药研究申请、生物制品上市许可申请或补充申请。[49] 在申请审阅周期中（查阅Ⅷ节，未达成一致协议的初始儿科研究计划）任何的改变都会被考虑到。

然而，在某些特定情况中，比如非临床和 / 或儿科临床研究的达成一致协议的初始儿科研究计划应当在提交新药上市申请、生物制品上市许可申请或补充申请之前就已经完成，如果申请人未能及时完成可能会导致材料被拒绝。在这种情况下，申请人应提交达成一致协议的初始儿科研究计划的修正请求，请求中应包含延期完成一个或多个达成一致协议的儿科研究的原因。

Ⅷ. 未达成一致协议的初始儿科研究计划

若 FDA 与申请人不能在 210 天审阅期内就初始儿科研究计划达成一致协议意见，FDA 将发布一封信函来说明该初始儿科研究计划被认为是未达成一致协议的初始儿科研究计划。正如在 Ⅸ 部分讨论的，并不存在设计好的供评审和同意未达成一致协议的初始儿科研究计划的时间表。因此，在最初评审的 210 天内应当尽一切努力去促成未达成一致协议的初始儿科研究计划达成一致协议。与此同时，正如在 Ⅶ 节陈述的，在提交延期开展儿科研究申请时，应当提交请求修改初始儿科研究计划、达成一致协议的儿科研究计划或达成一致协议的经修正的儿科研究计划的内容和时间。

申请人也能申请对达成一致协议的初始儿科研究计划的修正（查阅 Ⅵ 节，达成一致协议的初始儿科研究计划和提交含儿科计划申请的关系）。若 FDA 和申请人不能就建议的修正案达成一致协议，FDA 将发布一封信函来陈述该初始儿科研究计划被认为是*未达成一致协议的初始儿科研究计划*。在这种情况下，达成一致协议的初始儿科研究计划将被强制实施直到关于修正的初始儿科研究计划达成一致协议。如果在提交药品上市申请之前仍未能达成一致协议，与此同时，延期开展儿科研究的请求又被提交了。那么达成一致协议的初始儿科研究计划以及所有 FDA 关于未达成一致协议修正案的信函都将包含在申请的适当部分。[50]

Ⅸ. 达成未达成一致协议的初始儿科研究计划的协议

若申请人收到一封未达成一致协议信件，FDA 将尽全力与申请人合作并尽可能快地解决不一致的地方；然而，关于该进程并无法定时间表。若该申请人不同意 FDA 的建议，可以申请举办一个会议来与 FDA 讨论存有异议的地方。在申请人和 FDA 消除异议之后，申请人应提交建议的达成一致协议的初始儿科研究计划或建议的修正版达成一致协议的初始儿科研究计划供 FDA 审阅。

附录 1：初始儿科研究计划模板 [51]

提交初始儿科研究计划的申请人应用大黑体标注"初始儿科研究计划"，在每页标题最初用加粗体。

初始儿科研究计划标题页

药物的专利名和已证实名，若有，或对于生物制品，包含合适的描述符的恰当的名字。

剂型：

新药上市申请 / 生物制品上市许可申请 / 新药临床研究（NDA/BLA/IND）#：

批准的适应证（若适用）：

建议的适应证（若适用）：

建议的大概计划：（例如，全部或部分豁免、延期以及在未来申请中包含的儿科评估）

对照给其他药物研发计划提交初始儿科研究计划的临床研究申请。

1. 儿科人群疾病概述（1–3 页）

2. 药品或生物制品概述（1–3 页）

3. 特定儿科人群有效性外推计划概述（1–3 页）

4. 特定药物延期计划请求（1–3 页）

5. 儿科研究延期请求计划（1–3 页）

6. 计划的非临床和临床研究表格结论

7. 适合年龄层剂型研发（1–3 页）

8. 非临床研究（1–3 页）

9. 支持设计和发起在儿科病人中研究的临床数据（1–5 页）

10. 计划的儿科临床研究

10.1 儿科用药物代谢动力学研究（1–10 页）

10.2 临床有效性和安全性研究（1–10 页）

11. 儿科研究计划时间表（1 页）

12. 和其他管理机构就儿科研究达成一致协议（1–3 页）

若有与欧洲药品管理局未达成一致协议或已同意的儿科研究计划，申请人应提供相应的申请号（例如，EMEA–000206–PIP01–08）。

注释

1. 本法案经儿科研究计划小组起草，该小组由以下机构组成：药品审评与研究中心（CDER）、生物制品审评与研究中心（CBER）及 FDA 下属的委员办公室（OC）。

2.《公法》第 112–144 节,《美国法规大全》第 126 主题第 993 条（2012 年 6 月 9 日）。

3. 除鼓励申请人咨询意见外，FDA 还鼓励其联系具体的 CDER/CBER 审评部门，共同讨论初始儿科研究计划起草过程中出现的具体问题。申请人可请求审评部门咨询新药审评与研究中心办公室下属的儿童和孕妇卫生部门，在适当情况下，还可请求其咨询特殊医疗计划委员办公室下属的儿科治疗学办公室。

4. 本指南中,"药品"及"药品和生物制品"包括：依照《联邦食品药品和化妆品法案》第 505 条(《美国法典》第 21 主题第 355 条)之要求批准的药物，依照《公共卫生服务法》第 351 条（《美国法典》第 42 主题第 262 条）之要求获得许可证的生物制品。

5. 参见"人用处方药标签的内容及格式的具体要求；标签中'儿科用途'的修订"(《联邦公报》第 59 主题第 64240 条，1994 年 12 月 13 日）。

6.《公法》第 105–115 条,《美国法规大全》第 111 主题第 2296 条（1997 年 11 月 21 日）。

7. 参见 "要求制造商评估新药及生物制品对儿科病人的安全性及有效性的法规"（《联邦公报》第 63 主题第 66632 条，1998 年 12 月 2 日）。

8. 参见美国《联邦法规汇编》第 21 主题第 312.81（a）款。

9. 参见美国《联邦法规汇编》第 21 主题第 312.47 条和 312.82 条。

10. 美国医师和外科医师协会，Inc. v. FDA，226 F. Supp. 2d 204，222（D.D.C. 2002）。

11.《公法》第 108–155 条,《美国法规大全》第 117 主题第 1936 条（2003 年 12 月 3 日）。

12.《公法》第 110–85 条,《美国法规大全》第 121 主题第 823 条（2007 年 9 月 27 日）。

13. 参见《联邦食品药品和化妆品法案》505B（e）（7）节;《美国法典》第 21 主题第 355c（e）（7）节。

14. 参见《联邦食品药品和化妆品法案》第 505B（e）（1）节（《美国法典》第 21 主题第 355c（e）（1）节）。

15. 见《联邦食品药品和化妆品法案》第 505B（e）（1）节（《美国法典》第 21 主题第 355c（e）（1）节）及《联邦食品药品和化妆品法案》第 505B（a）（1）节（《美国法典》第 21 主题第 355c（a）（1）节）。

16. 参见《联邦食品药品和化妆品法案》第505B（k）款（《美国法典》第21主题第355c（k）款）。

17. 参见《联邦食品药品和化妆品法案》第505B（m）款（《美国法典》第21主题第355c（m）款）。

18. 见生物仿制药行业指南：《关于2009年生物制品价格竞争和创新法案补充条例单位问题与解答》，以及生物仿制药行业指南草案：《关于2009年生物制品价格竞争和创新法案补充条例单位问题与解答（补充）》（草案完成后将代表FDA就该议题的当前意志）。指南最新版本见FDA药物指南网页：http://www.fda.gov/Drugs/GuidanceComplianceRegulatoryInformation/Guidances/default.htm.

19. 参见《联邦食品药品和化妆品法案》第505B（e）（1）节（《美国法典》第21主题第355c（e）（1）节）。

20. 见《联邦食品药品和化妆品法案》第505B（e）（2）（A）小节（《美国法典》第21主题355c（e）（2）（A）小节）。若研究计划包含Ⅱ期临床试验结束后会议，则提交初始儿科研究计划报告的时间范围由505B（e）（2）（A）小节指定，时间范围亦可由FDA和研究申请人商定。除非有特殊情况，FDA期望与申请人商定时间范围。若申请人认定有特殊情况发生，应与药品审评与研究中心或生物制品审评与研究中心相关部门联系。

21. 生物仿制药初始儿科研究计划的提交时间信息见生物仿制药行业指南草案：《关于2009年生物制品价格竞争和创新法案补充条例单位问题与解答（补充）》。

22. 见《联邦食品药品和化妆品法案》第505B（e）（2）节（《美国法典》第

21 主题第 355c（e）（2）节）。

23. 见《联邦食品药品和化妆品法案》第 505B（e）（3）节（《美国法典》第
21 主题第 355c（e）（3）节）。

24. 见《联邦食品药品和化妆品法案》第 505B（e）（2）（B）小节（《美国法典》
第 21 主题第 355c（e）（2）（B）小节）。

25. 初始儿科研究计划的提交应在标题页以大号加粗的字体标注"初始儿科
研究计划"。

26. 该模版亦可在以下网址中获得：http://www.fda.gov/downloads/Drugs/
DevelopmentApprovalProcess/DevelopmentResources/UCM338453.pdf。

27. 参见《联邦食品药品和化妆品法案》第 505B（e）（5）节（《美国法典》
第 21 主题第 355c（e）（5）节）。

28. 初始儿科研究计划每节中有价值的版面内容适用于整个研究计划，但不
用于独立的活性成分（避免固定剂量的联合用药情况）。

29. 对于书面申请相关的额外信息，参见《联邦食品药品和化妆品法案》第
505A 条（《美国法典》第 21 主题第 355a 条）。

30. 参见《联邦食品药品和化妆品法案》第 505B（a）（2）（B）（i）段；《美
国法典》第 21 主题第 355c（a）（2）（B）（i）段。

31. 参见《联邦食品药品和化妆品法案》第 505B（a）（2）（B）（ii）段；《美
国法典》第 21 主题第 355c（a）（2）（B）（ii）段。

32. 为了更深入的探讨，参见工业拟稿指南《一般临床药理学考虑儿科研究药品和生物制品》以及儿科研究计划 & 附录里的外推算法。到最后，这份指南将代表美国 FDA 对此话题的目前看法。

33. 参见《联邦食品药品和化妆品法案》第 505B（a）（2）节；《美国法典》第 21 主题第 355c（a）（2）节。

34.Momper JD，Mulugeta Y，Green DJ，等，2013，Adolescent Dosing and Labeling Since the Food and Drug Administration Amendments Act of 2007，JAMA 儿科，Oct；167（10）：926–932.

35. Edginton AN，Shah B，Sevestre M，Momper JD，2013，The Integration of Allometry and Virtual Populations to Predict Clearance and Clearance Variability in Pediatric populations Over the Age of 6 Years，Clinical Pharmacokinetics，Aug;52（8）:693–703.

36.《儿科研究公平法案》规定，一份儿科评估"应该包含通过使用评估要求的对每一年龄阶层患者的规划的数据，此数据应准确地：（ⅰ）评估药品或生物制品对所有相关的儿科分组人群声称的适应证的安全性和高效性；以及（ⅱ）支持对每一儿科分组人群配量和管理，此药品或生物制品安全且高效。"参见《联邦食品药品和化妆品法案》第 505B（a）（2）（A）小节；《美国法典》第 21 主题第 355c（a）（2）（A）小节。同样，参见《联邦食品药品和化妆品法案》中 505B（a）（4）节有关儿科评估豁免的部分。

37. 参见《联邦食品药品和化妆品法案》第 505B（a）（4）（A）小节；《美国法典》第 21 主题第 355c（a）（4）（A）小节。

38. 参见《联邦食品药品和化妆品法案》第 505B（a）（4）（B）小节；《美国

法典》第 21 主题第 355c（a）（4）（B）小节。

39. 参见美国《联邦法规汇编》第 21 主题 314.101（d）（3）节。

40. 参见《联邦食品药品和化妆品法案》第 505B（a）（4）（D）小节;《美国法典》第 21 主题 355c（a）（4）（D）小节。

41.《儿科研究公平法案》规定，儿科评估"应该包括数据和为需要评估的不同年龄段使用的合适处方，以足以（i）评估所有相关儿童适应证的药品和生物制品的安全性和有效性；（ii）所有相关儿童适应证的药品和生物制品剂量和管理的安全性和有效性。"参见《联邦食品药品和化妆品法案》505B（a）（2）（A）小节;《美国法典》第 21 主题第 355c（a）（2）（A）小节，也可见《联邦食品药品和化妆品法案》505（B）（a）（3）节中与延迟儿科评估相关的部分。

42. 参见《联邦食品药品和化妆品法案》第 505B（a）（1）节、505B（a）（3）（A）（ii）段、和 505B（e）款；也可见美国《联邦法规汇编》21 主题 314.101（d）款。

43. 参见《联邦食品药品和化妆品法案》第 505B（e）（2）（B）（ii）段;《美国法典》第 21 主题第 355c（e）（2）（B）（ii）段。

44. 参见《联邦食品药品和化妆品法案》第 505B（a）（3）（A）（i）段;《美国法典》第 21 主题第 355c（a）（3）（A）（i）段。此外，申请人必须提交（1）推迟评估理由的证明（2）一份初始儿科研究计划（3）证据表明研究正在进行且将会尽早尽力研究（4）完成研究的时间表。见《联邦食品药品和化妆品法案》第 505B（a）（3）（A）（ii）段;《美国法典》第 21 主题第 355c（a）（3）（A）（ii）段。

45. 更多关于适龄规划的考虑的细节参《2014 EMA Guideline on Pharmaceutical Development of Medicines for Pediatric Use》

(http://www.ema.europa.eu/ema/index.jsp?curl=pages/regulation/general/general_content_000362.jsp&mid=WC0b01ac0580028eb2)。

46. 参见产业指南 Nonclinical Safety Evaluation of Pediatric Drug Products 以及 ICH 对产业 M3（R2）的指南 Nonclinical Safety Studies for the Conduct of Human Clinical Trials and Marketing Authorization for Pharmaceuticals and S9 Nonclinical Evaluation for Anticancer Pharmaceuticals。

47. 查阅《联邦食品药品和化妆品法案》第 505B(a)(3)(A)(ⅱ)(Ⅱ) 小段。

48. 查阅《联邦食品药品和化妆品法案》第 505B(a)(3)(A)(ⅱ)(Ⅱ) 小段。

49. 查阅美国《联邦法规汇编》第 21 主题第 314.101（d）款。《联邦食品药品和化妆品法案》505B（a）款要求必要的儿科评估必须与申请书同时提交；若对 NDA，BLA 提交，评估未准备好，申请人必须将此情况包含在它的初始儿科研究计划计划中来请求延期。

50. 查阅美国《联邦法规汇编》第 21 主题第 314.101（d）款。《联邦食品药品和化妆品法案》505B（a）款要求必要的儿科评估必须与申请书同时提交；若对 NDA，BLA 提交，评估未准备好，申请人必须将此情况包含在它的初始儿科研究计划计划中来请求延期。

51. 该模板在下面网址能找到 http://www.fda.gov/downloads/Drugs/DevelopemntApprovalProcess/DevelopmentResoueces/UCM338453.pdf。

行业指南：含对乙酰氨基酚的非处方口服液儿科用药[1]

美国卫生及公共服务部

美国食品药品管理局

药品审评与研究中心

2015 年 8 月

药品安全

本行业指南草案完成后将代表当前美国食品药品管理局（FDA 或其机构）在这一问题上的观点。本指南不为任何个人设定权利，对 FDA 或公众亦不产生约束。相关主体可以在满足相应法规条例要求的情况下选择其他替代方案。商讨替代方案时，可以与本指南相关的 FDA 工作人员联系，相关名单请见标题页。

I. 引言

此指南旨在帮助药品制造商、包装商和出品商降低消费者使用非处方药或者称柜台直卖的含对乙酰氨基酚口服液儿科用药时因对乙酰氨基酚引起的肝脏损伤。许多此类药品都作为非处方药上市销售，其依据是 FDA 颁布的与镇痛药、退热药以及抗风湿药作为非处方药投入使用（IAAA TFM）相关的试验性最终专论中的内容。[2] FDA 计划通过公告或对规则制定的评论程序确定下试验性最终专论中部分内容。然而与此同时，为了鼓励能更安全使用此类药物，我们会提供与该药品的对乙酰氨基酚浓度、药品容器标签、纸盒包装标签、外包装以及所有与运输设备有关的建议。FDA 的建议旨在通过尽可能降低医疗失误或误服等问题引起的对乙酰氨基酚用药过量的潜在危险，以促进此类药品的安全使用。除非有其他特别说明，否则该建议对标签中说明用于 12 岁以下儿童的含对乙酰氨基酚的非处方口服液儿科用药的单独使用和联合使用都适用，药物的剂型可以包括混悬剂、水溶液、糖浆剂等。此指南中提及的非处方对乙酰氨基酚药物不包括儿童成人两用药或只适用于成人的药。

总之，FDA 的指南文件不是制定法律强制性责任，而是阐述了该机构当前针对该议题的观点。该指南内容仅作为建议，除非指南中引用了具体法规条例要求。指南中所用的词"应当"指某事仅作为建议而非硬性要求。

II. 背景

在许多非处方药中对乙酰氨基酚都作为镇痛药或退烧药上市销售。大多数非处方对乙酰氨基酚药都按照 FDA 持续更新的非处方镇痛药、退热药以及抗风湿药的最终专论规定的程序完成上市。[3] 这些药品必须符合 IAAA TFM 以及 FDA 针对非处方药上市（美国《联邦法规汇编》21 主题 330.1 条，21 CFR 330.1）和说明（美国《联邦法规汇编》21 主题 330.1 和 201 条，21 CFR 330.1 和 201）的相关规定。这些药品的说明中还必须含有与对乙酰氨基酚相关的警告以及在美国《联邦法规汇编》21 主题 201.326 条中特别提出的信息。

含有对乙酰氨基酚的非处方口服液儿科用药品与医疗失误引起的用药过量息息相关，并导致了严重不良事件，包括严重的肝损伤和死亡。有报道显示用药过量可能是因为高浓度对乙酰氨基酚滴剂（80mg/0.8ml 或 80mg/ml）与对乙酰氨基酚口服液（160mg/5ml）的混淆。除了用药剂量混淆引起的用药过量，报道显示还有儿童意外吞服引起的用药过量。

此指南是 FDA 旨在降低使用非处方或处方对乙酰氨基酚药品时引起的与对乙酰氨基酚相关的肝损伤风险而持续更新的计划中的一部分。2009 年 6 月，作为此计划的一部分，3 个 FDA 委员会 -- 药品安全及风险管理咨询委员会、非处方药咨询委员会以及麻醉剂和生命支持药物咨询委员会 -- 共同会面商议降低风险的措施。在其他方法中，正是因为多样化的对乙酰氨基酚浓度使得消费者和健康服务的专业人员都容易因为混淆不清而造成错误，于是咨询委员会建议采用一种简单标准化的对乙酰氨基酚浓度用于非处方口服液儿科用药。[4]

2011 年 5 月，FDA 召开了一场由非处方药咨询委员会和儿科咨询委员会参加的联合会议讨论对乙酰氨基酚在儿科中的使用。[5] 在会议开始不久前，消费者健康服务产品组织（CHPA）主动提出逐步淘汰非处方口服液儿科用药中已有的单一成分高浓度滴剂处方，只允许 160mg/5ml 的处方上市销售。[6] 在咨询委员会议上，FDA 对消费者健康服务产品组织主动转向关注儿科口服液体对乙酰氨基酚的单一浓度问题做了记录。为了响应消费者健康服务产品组织主动转向非处方儿科口服液体对乙酰氨基酚的单一浓度问题的关注，FDA 于 2011 年 12 月 22 日发布了《药品安全通讯》以告知公众 160mg/5ml 的浓度现在可以上市用于 2 至 3 岁的儿童，并建议该药品的最终使用者必须阅读药品标签以弄清口服液对乙酰氨基酚的浓度、用量以及用法。[7]

FDA 颁布这份指南是为了表达对在此类药品使用时对乙酰氨基酚过量使用后带来的潜在危险的持续关注，以促进安全用药。除了多种对乙酰氨基酚浓度产生多种儿科用药处方最终导致的混乱而引起的用药过量问题之外，还有以下原因引起的用药过量：

1. 同时服用两种含对乙酰氨基酚的药物。[8]

2. 药品容器标签和外包装标签上对乙酰氨基酚浓度的相关信息不够突出醒目。

3. 在药品事实标签以及药品说明中其他版块中的指南在计量单位上（比如 cc、ml、tsp 和 tbsp）表达不一致或产生混乱。

4. 剂量输送装置未与药品一起包装。

5. 设计极差的剂量输送装置（比如让人读不懂的标志以及难以弄清用药剂量的设计等）。

2011 年，FDA 颁布用药剂量传递装置的行业指南以帮助解决第 4 点和第 5 点中存在的问题。[9]

Ⅲ. 推荐

为了避免混淆以及潜在的用药剂量错误，FDA 建议含对乙酰氨基酚非处方口服儿科用药必须按照以下内容在处方、包装、说明中都提供恰当的用药方法。除了有其他特别的规定，否则该推荐对标签中表明用于 12 岁以下儿童的含对乙酰氨基酚的非处方口服液儿科用药的单独使用和联合使用都适用。[10]

药物浓度

- 所有按照 IAAA TFM 中特别提出的单独用药的对乙酰氨基酚口服液儿科用药浓度都应为 160mg/5ml 对乙酰氨基酚。

标签和贴标签

- 对于单独用药的对乙酰氨基酚口服液体药，"160mg/5ml"或"160mg 每 5ml"的表述应该在靠近活性成分名称右边，广泛地出现在药品容器标签和外包装标签说明中的主要展示面（PDP）中，同时应用与活性成分名称相同的字体。

- 如果年龄也印在主要展示面中，年龄应当与药品标签说明中的年龄范围和年龄单位对应（如月或年）。

- 如果有儿童的照片印在主要展示面中，图像中应标明药品标签说明中指南下确立的年龄群。例如，某种只用于 2 岁或 2 岁以上的药物就不应在主要展示面中出现婴儿的图像。

- "新的"一词的使用应包括所有关于药品中新的部分的陈述（比如新的用药指南或新的药物输送装置）。该陈述应与"新"一词相互联系且以相同的频率出现。除非 FDA 有特别的要求，否则所有在陈述中使用"新的"一词描述的药品存在时间不得超过 6 个月。

- 药品标签说明中的提供用药指南时应使用毫升作为计量单位。

- 若在销售点不能清晰地看到包含的剂量输送装置，那么在主要展示面中应出现剂量输送装置的图像或图片。这些内容应出现在剂量输送装置的后半段，而剂量输送装置可以以空白的形式出现或描述最低的说明书用药剂量。

药物输送 [11]

- 药品包装应包括恰当的药物剂量输送装置，比如药品说明中标准化的注射器或量药杯。

- 正如用药指南应该以毫升（ml）的量度记录，相对应的剂量输送装置也应该有只用毫升来表示的标准化液体药物测量组件。

- 若某企业希望提供一种非刻度的、标识不清晰的口服杯或注射器之外的剂量输送装置，在该装置引入市场之前该企业须进行实用性研究，以确保消费者能轻松地弄懂并准确地使用该装置。在上述情况中，我们建议企业在上市销售该装置之前与FDA就该创新性剂量输送装置进行讨论。

- 我们建议药品容器使用的设计特点能提高安全性，主要的途径包括提供更精确的用药剂量，降低对乙酰氨基酚儿童误服的发生概率以及影响程度，比如可以在即时开启的容器的开口处搭配一个合适的流体控释装置。如果配备了该流体控释装置，应注意防止其被推入瓶内或被轻易移除。我们建议企业在上市销售该装置之前与FDA就该创新性容器／包装特点进行讨论。[12]

注释

1. 本指南由 FDA 药品审评与研究中心（CDER）编写。

2. "使用非处方药的人群的内用镇痛药、镇痛药和抗风湿药物；暂定最终专论"《联邦公报》第 53 主题第 46204 条（1988 年 12 月 16 日），见 www.fda.gov/downloads/Drugs/DevelopmentApprovalProcess/DevelopmentResources/Over-theCounterOTCDrugs/StatusofOTCRulemakings/UCM078460.pdf。

3. 更多关于 IAAA 专著的信息，见 FDA 网站 http://www.fda.gov/Drugs/DevelopmentApprovalProcess/DevelopmentResources/Over-theCounterOTCDrugs/StatusofOTCRulemakings/ucm070484.htm#Original 以及"使用非处方药的人群的内用镇痛药、镇痛药和抗风湿药物；暂定最终专论"《联邦公报》第 53 主题第 46204 条（1988 年 12 月 16 日）（IAAA TFM），见 http://www.fda.gov/downloads/Drugs/DevelopmentApprovalProcess/DevelopmentResources/Over-theCounterOTCDrugs/StatusofOTCRulemakings/UCM078460.pdf。

4. 2009 年 6 月 29-30 日，药物安全及风险管理咨询委员会、非处方药物咨询委员会、麻醉及生命支持药物咨询委员会联席会议摘要纪录，见 http://www.fda.gov/downloads/AdvisoryCommittees/CommitteesMeetingMaterials/Drugs/DrugSafetyandRiskManagementAdvisoryCommittee/UCM179888.pdf。

5. 2011 年 5 月 17-18 日，非处方药物咨询委员会和儿科咨询委员会联席会议的摘要纪要，见 http://www.fda.gov/downloads/AdvisoryCommittees/CommitteesMeetingMaterials/Drugs/NonprescriptionDrugsAdvisoryCommittee/UCM264147.pdf。

6. 2011 年 5 月 4 日，CHPA 新闻稿"OTC 行业宣布自愿转向一种浓度单一成分儿科液体对乙酰氨基酚药物"见 http://www.chpa.org/05_04_11_PedAcet. aspx。

7. FDA 药物安全通讯：为婴儿添加另一种浓度的液体乙酰氨基酚，见 http:// www.fda.gov/Drugs/DrugSafety/ucm284741.htm。

8. 在器官特异性的警告中减轻伴随施用的风险已被解决：用于非处方人类使用的内部止痛药，解热药和抗风湿药物产品－小企业合规指南，2016 年 7 月。见指南表 2。我们定期更新指南，保证你有最新版本的指南，FDA 药品指南网页 http://www.fda.gov/Drugs/GuidanceComplianceRegulatoryInformation/ Guidances/default.htm。

9. FDA 用于口服 OTC 液体药物产品的工业剂量递送装置的指南，见 http:// www.fda.gov/Drugs/GuidanceComplianceRegulatoryInformation/Guidances/default. htm。

10. 原子能机构可以考虑为工业界发布未来的指南，解决其他主题，如患者人群；基于年龄或体重的给药；处方性能（如溶解度、粘度等）和用于清洁、再利用和储存输送装置的指令。

11. 该指南不旨在解决剂量递送装置递送标记剂量的充分性。

12. 如果适用，这些产品必须符合美国《联邦法规汇编》第 16 主题中的防毒包装标准（16 CFR 1700.15）。

行业指南：儿科药品和生物制品的一般药理学研究[1]

美国卫生及公共服务部

美国食品药品管理局

药品审评与研究中心

2014 年 12 月

临床药理学

本指南草案当最终完成后将代表美国食品药品管理局（FDA）对这一主题的当前态度。本草案不开创或赋予任何人任何权利，也不对 FDA 或公众实行任何约束。您可使用其他符合适用法律和规章要求的方法。如果您想讨论其他方法，请联系负责实行本指南的 FDA 工作人员。如果您不能辨认相关 FDA 工作人员，请联系本指南标题页中列出的有关号码。

I. 引言

本指南草案旨在协助在新药上市申请（NDAs）、治疗用生物制剂的生物制品上市许可申请（BLAs）以及补充申请时计划开展面向儿科人群临床研究的申请人。儿科病人的有效性、安全性和剂量探索研究包括收集临床药学信息，例如关于某一药品剂量选择和个体化的药代动力学和药理学信息。本指南为实施研究提出总体临床药学需考虑的因素，以便针对儿科人群的药品和生物制品剂量及安全性信息可被充分描绘，从而使精心设计的试验能评估其有效性。[2]

总体来说，本指南草案着重于支持有效性和安全性发现及帮助确认儿科人群合理剂量的临床药学信息（例如，暴露 – 反应关系、药代动力学和药理学）。本指南同样描述了定量方法的使用（即药物计量学），利用之前的相关临床研究中的疾病和暴露 – 反应关系的知识来设计和评估未来的儿科研究。本指南不涉及：①儿科人群药品和生物制品的批准标准；②确定某一疾病的疗程和某种药品及生物制品的药效在成年人和儿科人群中相同的标准；③菌苗疗法、血液制品或其他未被药品审评与研究中心管控的药品的临床药学研究。

总之，FDA 的指南文件不是制定法律强制性责任，而是阐述了该机构当前针对该议题的观点。该指南内容仅作为建议，除非指南中引用了具体法规条例要求。指南中所用的词"应当"指某事仅作为建议而非硬性要求。

II. 背景

在过去 20 年中，美国食品药品管理局（FDA）一直致力于解决儿科研究和儿科用药品及生物制品标签信息缺乏的问题。《食品药品管理现代化法案（2007）》提出了通过实施儿科用药物研究的市场独占权或专利保护的优惠政策从而提高儿科人群药物使用信息的必要性。[3] 国会随后在 2002 年通过了《最佳儿童药品法案》（BPCA），[4] 2003 年通过了《儿科研究公平法案案》。[5]《最佳儿童药品法案》和《儿科研究公平法案》都在 2007 年被重新授权。[6]

2012 年，《最佳儿童药品法案》和《儿科研究公平法案》根据《食品药品管理局安全与创新法案》（FDASIA）第 V 主题被认定永久有效。[7]

根据《最佳儿童药品法案》《联邦食品药品和化妆品法案》505 条和《公共卫生服务法案》351 条提出的申请和补充申请的申请人如按照法律规定提交了回应部长书面请求的关于儿科人群药物使用信息，可以额外获得 6 个月的市场独占权。[8] 根据《儿科研究公平法案》《联邦食品药品和化妆品法案》505 条和《公共卫生服务法案》351 条提出的申请和补充申请的申请人应提交儿科评估，除非他们获得了这一要求的豁免或延期。[9] 如适用，申请人必须作为初始儿科研究计划的一部分提交延期或豁免申请。（《联邦食品药品和化妆品法案》505B（e）款）（详见本指南第 V 节）。

《联邦食品药品和化妆品法案》要求由试验数据得出儿科研究中的标签信息。无论研究结果为确定的、否定或尚无定论，[10] 该试验数据应按照《最佳儿童药品法案》书面请求和 / 或《儿科研究公平法案》研究对数据的要求被提交。根据《联邦食品药品和化妆品法案》505 条或《公共卫生服务法案》351 条，任何药物有新活性成分、新适应证、新剂型、新剂量或新的给药途径，都应提交申请或补充申请。[11]《儿科研究公平法案》要求据此提出。如由于有证据表明此药物对儿科人群无效或不安全而根据《儿科研究公平法案》规定准许了完全或部分豁免，此信息必须从药物标签中去除。[12]

本指南讲解了任何计划中儿科研究的临床药学考虑，无论该研究是否根据《最佳儿童药品法案》或《儿科研究公平法案》规定而实施。

Ⅲ. 临床药学考虑

以下几个被认可的方法可用于为支持儿科人群药物的安全与有效使用提供重要证据，包括：①由足够的严格控制的与成人表征不同的具体儿科表征调查得出的证据；②由足够的严格控制的儿科表征调查得出的能够证实相同成人表征的证据；③由足够的严格控制的成人和具体儿科人群的额外信息研究得出的证据。[13] 第一个方法总体上要求一个完整的儿科发展项目。上述第二个方法总体包含先前疾病研究的使用和成人及相关儿科信息设计中得出的暴露－反应关系的知识。在某些情况下，需要分析新的儿科研究。对于第三个方法，假定疾病疗程和药效在儿科和成年人群中足够相似，从而允许根据成人有效性外推儿科病人的有效性（Dunne，Rodriguez et al. 2011）。如果采取了第三个方法，通常将会采取儿科研究来决定儿科人群的用量提供了与对成人有效剂量相似的暴露剂量。如考虑到暴露－反应关系也许在儿科患者中有所不同，除预期的临床效果外（预期和非预期效果的暴露－反应数据），将此种药物儿科人群的相关药效学效果和血药浓度相关联的研究同样也很重要。对于以上三种方法，儿科安全性研究的要求程度可能将之前类似药物在儿科人群的研究经验纳入考量。当成人不良反应或儿科人群不良反应的严重性数据可获得时，此数据和在儿科病患中实施研究的可行性同样应纳入考量。

针对儿科人群的临床药学研究应在接受特定表征治疗的病人中实施。在极为罕见的情况下，可在为利益甘冒风险的患者中实施。研究适宜年龄的认定及如何根据年龄将实验数据分层将根据具体药物具体分析，考虑到发展生物学和药学，还需要科学解释。

药品审评与研究中心大体上将儿科人群划分成以下群体：[14]

- 新生儿：出生至一个月；

- 婴儿：1 个月至 2 岁；

- 儿童：2 至 12 岁；

- 青少年：12 至 16 岁。[15]

药物或生物药代动力学（暴露）和药效学（反应）的测量或预测对临床药学评估至关重要。描述一种药物或生物在儿科人群中的暴露 – 反应关系是很重要的。在一些情况下，可能影响药品暴露情况的药理遗传学差异的知识也是需要的。

A. 药代动力学

药代动力学主要测量：曲线下面积（AUC）和最大浓度（Cmax）以及反映药品或生物制品在体内吸收（A）、分布（D）和排泄（E）的参数，如清除率（CL）、半衰期和分布容积。药物可能在不变（亲本）形式中被消除，或在一个或多个活跃或失活的新陈代谢产物中经历新陈代谢。这一程序通常总称为吸收、分布、代谢和排泄（ADME），它最终决定了全身性的药物暴露以及药物起效后的新陈代谢。这种全身性的暴露反映于血浆药物或代谢物浓度，或两者兼有。它总体上与有利和不利的药物影响相关联。所有药品和生物制品都在药代动力学测量和参数中显示出个体间和个体内多样性。在儿科人群中，影响 ADME 的因素的成长和发展变化也会导致药代动力学参数的变化。一种药品或生物制品的药代动力学数值根据动因参与的整体儿科年龄组来评估。（Kauffman and Kearns 1992; Kearns 2000）。计划儿科用药药代动力学研究的特殊重要部分在下面几段中进行讨论。

- 吸收　儿科群体中可能影响吸收的发展性变化包括胃酸、胃和肠道排空率、吸收部位的表面积、胃肠道药物代谢酶系统、胃肠道通透性、胆道功能和转运蛋白的表达。与之相似，包括水含量和血管化程度在内的皮肤、肌肉和脂肪中的发展性变化也可以影响药物在肌肉内、皮下或经皮吸收运送的吸收模式（Yaffe and Aranda 2010）。

- 分布　药物或生物制品的分布会受到身体成分的变化影响。例如全身水和脂肪组织的变化。这两者并不一定与身体总重量变化成正比。由于生长和发展而产生的身体成分变化导致的血浆蛋白结合与组织结合变化也可能影响分布。儿科患者和成人病患器官血流量（如大脑）的不同也会影响药品或生物制品在人体内的分布。

- 新陈代谢　药物通常在肝脏中进行新陈代谢，但也可能在血液、胃肠道壁、肾、肺、皮肤中进行。新陈代谢能力的发展性变化可能根据肠道和肝脏所参与的新陈代谢程序而对生物利用度和消除均有所影响（Leeder 2004）。尽管发展性变化是可识别的，但是具体药物在新生儿、婴儿和儿童身上的药物新陈代谢信息仍然有限。将成年人与儿科人群进行对比，儿科病患代谢产物的形成率与主要代谢途径都有可能不同。在药物发展早期进行的生物体外研究可能对集中关注成人和儿科病患的代谢途径均有帮助。[16]

- 排泄　肾排泄物是肾小球过滤、肾小管分泌和肾小管重吸收的最终结果。由于此类过程在儿科人群中以不同速率成熟，当肾排泄为主要排泄途径时年龄会影响药物的全身性暴露。包括胆汁和肺排泄途径在内的其他排泄途径的成熟也很重要。

- 蛋白结合　一种药物或其代谢物的蛋白结合会随着年龄和伴随的疾病产生变化。在特定环境下，需要运用对蛋白质结合的认识来分析血药浓度的测量数据，并决定适宜的剂量调整（Kearns，Abdel-Rahman et al. 2003）。体外血浆蛋白结合研究可以决定亲本和主要活跃代谢物的结合程度，并辨明具体的结合蛋白质。例如，白蛋白和 α_1- 酸性糖蛋白。

- 清除　随着年龄的增大，药品和生物制品的清除总体来说是决定儿科人群中每一年龄组用药剂量的重要参数。药物清除是儿科临床药学研究评估的重要工具（Rodriguez，Selen et al.，2008）。血浆清除率可定义为在给定时间段中完全清除的药品等离子体体积。

- 其他因素　儿科人群的成长和发展性变化会给 ADME 带来显著变化。药代动力学测量和药品或生物制品参数会随年龄增长而变化，并与一些身体尺寸相关，如身高、体重或身体表面积（BSA）（Kearns，Abdel-Rahman et al. 2003）。例如，膜转运蛋白和代谢酶等会影响 ADME 的人体系统的成熟变化应当在选择年龄组和儿科人群研究的剂量时纳入考量。

B. 药效学

条件允许时，申请人应同时收集和观察儿科研究中的药代动力学（PK）和药效学（PD）数据，用以决定这两者之间的相互关联（即 PK-PD 或暴露 - 反应关系）。药效学可能包括药物对生物标志物和临床终点有效性和安全性的影响。这些数据的测量可以更好地理解此类药品或生物制品在儿科人群中的 PK-PD 关系是否与在成人患者中观察到的相似，并有助于得出合理的儿科剂量策略。

如果由于药效延迟或难以观察而不能直接测量临床终点数据，那么挑选合适的生物标志物来替代临床疗效或毒性终点就尤为重要。许多病例首先评估了成年人群的生物标志物，由此支持了生物标志物在儿科人群中的使用。这一使用建立在该疾病儿科患者的病理生理学与药物反应与成年患者的足够相似的基础上。

C. 遗传药理学

越来越多的记录显示基因差异在临床上同时对暴露和反应产生影响，[17] 但儿科人群中基因组分布和发育调控基因的表达之间的关系并没有被广泛研究。一些在儿科病患中获得具体遗传药理学信息的困难已被评估（Leeder 2004）。尽管如此，如果依靠广为人知的遗传药理学生物标志物（例如，细胞色素 P4502D6）[18] 来获得儿科临床药学研究中的药物暴露相关信息，那么获得病人的 DNA 将可能为解释 PK 和 PD 的结果提供额外信息。

Ⅳ. 伦理考虑

受 FDA 监管的临床调查部分由美国《联邦法规汇编》第 21 主题第 56 条伦理审查委员会（IRB）规定及美国《联邦法规汇编》第 21 主题第 50 条人类受试者保护管理。必须向参与 FDA 监管的临床药学研究的儿科受试者提供美国《联邦法规汇编》第 21 主题第 50D 条中的额外保护措施。无论干预或程序是否将对儿童个体产生直接的临床受益前景，这些保护措施都降低了儿科受试者遭遇其参加临床调查的允许风险。临床药学研究总体上不会对个体儿科受试者产生直接的临床受益，因此研究风险必须低于最低风险（美国《联邦法规汇编》21 主题 50.51 条，21 CFR 50.51）或小幅超过最低风险（美国《联邦法规汇编》21 主题 50.53 条，21 CFR 50.53）。这一总体规定存在一些例外，如通过保持在有效药物浓度范围内的血清水平从而对个体儿科受试者产生直接临床受益的计量监测研究。在这种情况下，临床药学研究可由伦理审查委员会根据美国《联邦法规汇编》21 主题 50.52 条（21 CFR 50.52）进行核准。在临床试验开始前，伦理审查委员会必须按照美国《联邦法规汇编》21 主题 50D 条（21 CFR 50D）的要求批准此拟议实验。[19] 但是 FDA 负有根据美国《联邦法规汇编》21 主题第 50 部分 D 小部分（21 CFR 50 part D subpart）对此拟议实验依从性评估的独立责任。根据美国《联邦法规汇编》21 主题第 50 部分 D 小部分（21 CFR 50 part D subpart）进行的拟议临床试验，如果失败且调查可证明不合理和重大疾病或伤害风险存在，FDA 将有充分理由对其进行强制临床约束。

根据美国《联邦法规汇编》21 主题第 50 部分小部分 D 进行的临床药学协议评估根据试验药品或生物制品是否完全为了获得药代动力学数据的目的或向参与试验的儿童提供直接的临床受益前景而定。下面两段分别讨论了以下两个案例。在这两个案例中，试验药品或生物制品的施用都超出了最低风险，因此未能根据美国《联邦法规汇编》21 主题 50.51 条获伦理审查委员会批准。根据美国《联邦法规汇编》21 主题 50.53 条，伦理审查委员会批准必须保证参与试验的儿童能直接从研究药物的施用中获得直接的临床受益前景。因此，只有对研究药品存在治疗需要的病人可以参与此类试验。因此，健康的儿科受试者（即不存在研究重点的障碍或病症）不得参与在与相关学科专家商讨及公众审查评论后，符合美国《联邦法规汇编》21 主题 50.54 条中情况（允许有理解、预防、缓解影响儿童健康和福祉机会的临床研究进行）但仍未经处长批准的临床药学研究。[20]

案例 1：伦理审查委员会对根据美国《联邦法规汇编》21 主题 50.53 条使用儿科人类受试者的临床药学研究的审查

试验药品或生物制品完全为了获得药代动力学数据的目的而施用的情况下，试验药物施用和药代动力学样本都必须低于小幅超过最低风险标准（美国《联邦法规汇编》21 主题 50.53（a）款，21 CFR 50.53（a））。另外，儿科受试者可能经受如下风险，例如在其他标准下，这一介入或程序有可能产生关于受试者障碍或病症的普遍知识，这些知识对理解或改善此种障碍或病症至关重要（美国《联邦法规汇编》21 主题 50.53（c）款，21 CFR 50.53（c））。因此，参与此类别下由伦理审查委员会批准的临床研究的儿科受试者必须具有相关障碍或病症。病症可以包括存在患此种疾病的"风险"。另外，必须获取拟议研究或程序风险的足够实验数据以确保其风险只小幅高于最低风险（美国《联邦法规汇编》21 主题 50.53（a）款，21 CFR 50.53（a））。包括剂量反应数据在内的可获得成人数据会为这一目的介入考虑。即使预估风险很低，如果没有足够的数据来充分描述风险，那么该研究或程序就不能被认为是只小幅超过最低风险，因为该研究或程序的已知风险不够准确。此外，血样或流体取样程序的风险也只能小幅高于最低风险。一个或将根据美国《联邦法规汇编》21 主题 50.53 条实施的临床药学研究的样本是处方感冒药的单剂量药代动力学数据。要求参与该研究的儿童具有上呼吸道感染（URI）症状或根据当前标准，例如过去感染的频率，家中住人数目，或接触学前班及校内其他人员而存在未来的 URI 风险。

案例 2：伦理审查委员会对根据美国《联邦法规汇编》21 主题 50.52 条使用儿科人类受试者的临床药学研究的审查

如果某试验药物有对受试者足够的直接临床受益前景（美国《联邦法规汇编》21 主题 50.52（a）款，21 CFR 50.52（a））以此作为正当理由，这一试验药物的施用就可以多于小幅超过最低风险。例如，通过保证留在有效药浓度范围内的血清水平从而对个体儿科受试者产生直接临床受益的计量监测研究就将根据美国《联邦法规汇编》21 主题 50.52 条的规定进行。在这种情况下，研究产品的药代动力学研究必须在对该药品或生物制品有治疗需求的儿童中进行，并且该药品或生物制品必须根据提供足够的直接临床受益前景的给药方案予以施用，以为其风险正名（美国《联邦法规汇编》21 主题 50.52（a）款，21 CFR 50.52（a））。在这类研究中，要求为药代动力学分析获取样本的有限静脉穿刺总体上被认作既是最低风险，又是小幅超过最低风险，因此可以在缺乏直接受益的情况下被核准。（美国《联邦法规汇编》21 主题 50.51 条和 50.53 条，21 CFR 50.51 和 50.53）这一分析临床药学研究的方法叫做风险分量分析，因此任何已知协议中提供或未提供直接受益前景的研究必须被分别分析。[21]

由临床药学研究得出的确认儿科剂量的足够信息对道德的验证性试验发展至关重要。例如，抗高血压药的关键性试验由于小儿剂量不足，也许不能对儿科人群有效（Benjamin，Smith et al.，2008；Rodriguez，Selen et al.，2008）。FDA 在其对拟议研究的道德规范评估中考虑到公共卫生对足量小儿剂量的需求。获得更多信息，研究者和伦理审查委员会可以参照《美国儿科学会伦理行为研究指南》（Shaddy 和 Denne，2010）或《国际协调会议（ICH）指南行业 E6 临床试验规范》：《综合指南》（ICH E6），当中包含一节关于对特殊人群的非治疗性研究的内容。[22]

Ⅴ. 儿科研究方案设计及要点考虑

根据《联邦食品药品和化妆品法案》505B（e）（1）节规定，包含新的活性成分、新适应证、新剂型、新剂量和新给药途径的药物或生物制品申请人必须提交一份初始儿科研究计划。儿科研究计划是这一儿科研究或申请人计划实施的研究的概述。[23]

初始儿科研究计划的提交旨在鼓励申请人在药品研发早期考虑儿科研究，并在适当的时候开始计划此类研究。FDA 规定，初始儿科研究计划必须包含"（ⅰ）这一儿科研究或申请人计划实施的研究的概述（在切实可行的范围内包括研究目标和设计、年龄组、相关端点和统计方法）；（ⅱ）任何延期、部分豁免或豁免要求。如果可行，应提供相关证明信息；（ⅲ）规定中具体说明的其他信息"。[24.25] 在设计儿科临床研究时，申请人应谨记建模与仿真和药物的注意事项对研究的成功完成至关重要。因此运用所有可获得信息进行建模和仿真应是整个儿科发展项目中不可分割的一部分。以下几款对儿科研究计划中临床药学部分的发展极其重要。

A. 儿科研究方法

除了通常需要考虑的 PK（即药物暴露）、PD（即对生物标志物或临床终点的影响）和与成人不同的暴露－反应关系以外，儿科用药物研究项目应注意药物代谢酶发展的时间过程、药物排泄系统和研究药物的特定转运。要达到这些，最好是描绘药物在适当儿科年龄范围中的 PK。根据以上因素信息的可用性和可靠性，本指南附录部分的儿科研究计划和外推算法[26] 说明了实施儿科临床研究的不同方法。

PK 唯一方法（即完全外推[27]）：此方法适用于将儿童与成人比较时，合理假设儿童具有：①相似的病情发展；②对疾病的治疗有相似反应；③相似的暴露－反应或浓度－反应关系；④药物（或活性代谢产物）集中在临床反应中可测量且可预测。能够证明在成人和儿科人群中相似病程和相似药效的证据包括在成人和儿科人群中共同的病理生理学迹象和自然病史，共同的药物代谢迹象和相似的浓度－反应关系，此疾病和病状或相关疾病及病状的药物经验或其治疗类别下的其他药物。[28]

如果当前没有使用的儿科剂量、关于当前使用的儿科剂量 PK 信息不足或在相同临床背景下当前使用的儿科剂量与成人剂量不匹配，那么应开展 PK 研究来确认儿科剂量将对成人产生相似的药物暴露。这一 PK 研究应在任何其他儿科临床研究开始前进行，以确保这些研究的最佳剂量。在进行 PK 研究前，应先模拟来确认在相同临床背景下获得适宜目标暴露的剂量（例如，观察到的成人药物暴露）。抗菌治疗领域是这种方法的一个很好的例子，成人和儿科病患的有机体应对相似的细粒物质浓聚物产生反应。在这种情况下，该研究可以重点证明儿科剂量将产生与成人获得的相似的药物暴露。

PK 和 PD 方法（即部分外推）：疾病和干预在儿科和成人病患中表现相似时可采用此种方法，但儿科病患的暴露－反应关系既不足以界定也不能被认为是足够相似的。要使用此种方法，成人的暴露－反应关系应被充分观察。本方法的目的是描绘和比较成人及根据在儿科病患中观察到的暴露－反应关系采用了合适剂量的儿科人群的暴露－反应关系。临床测量（例如病状，病征，结果）

可用与选择剂量，但也可使用与次端点相关的合适生物标志物，通常是基于成人经验的生物标志物。如果不确定药效外推是否合适，一项使用临床端点的充分且控制良好的研究将有必要展开。用来显示疗效的其他研究不作要求。

抗心律失常治疗领域是这一方法的一个例子。从伦理上讲在这一领域，死亡率和发病率研究不能在儿科病患身上进行。在抗心律失常治疗中，当局接受对阻碍索他洛尔对心率和 QTc 疗效的 β 肾上腺素受体进行评估的临床研究。这两者都是在儿科病患可接受的生物标志物，并且是儿科病患用药标记信息的基础。

PK 和疗效方法（即无外推）：如果儿科病患的疾病级数是独特的或该病进展或对阻碍的反应不明、与成人不同，儿科发展项目就应提供重要证据，证明该药品在一或多个临床研究中对儿科主体的有效性和安全性，通常要测量多次用药。[29] 研究目的是提供有效性安全性证明并描绘 PK 及暴露－反应关系以充分优化儿科用药策略。可同时实施群体 PK 分析，使用疗效研究中的 PK 数据来证实年龄分组中的 PK 预估。[30]

针对"PK 和 PD"及"PK 和疗效"方法，应收集并分析儿科研究中的反应数据。安全有效起见，反应或 PD 数据应包含生物标记物或临床端点。每种药品或生物制品具体的暴露－反应评估端点应由当局讨论决定。

没有强制规定在每一年龄分组中进行专门的 PK 研究。例如，针对青少年患者剂量的先前研究经验已经证明了成人剂量的相关知识及针对其他有足够论证药物充足的合适剂量比例。验证性人群 PK 研究可用作对此类项目的补充，这当中不必有专门的

PK 研究。

B. 其他方法

除了对儿科病患进行重症血液采样的传统 PK 研究，也可以采用其他方法来获取有效的药物暴露信息。尿液和唾液收集对患者无创伤，但对两种药物分析的解释十分复杂且在使用前需经过慎重考虑。与之相似，为临床目的而收集的组织或脑脊液均表现出为理解该药物的 PK 对其分析结果进行适当解释的机会或挑战。

对儿科病患进行临床 PK 研究不可行时，存在 PK 研究的内推或外推即足够的情况。特定儿科年龄组的 PK 信息可通过现存成人数据、其他年龄组的儿科病患数据或两者兼有的内推或外推获得。然而，针对年龄极小的儿科病患，尤其是新生儿的数据外推极不可信。新生儿和年龄稍大的儿科病患或成人中可能存在重要的代谢差别，这种差别会导致新陈代谢与药物配置上的很大差距。这种差距可能带来不同的剂量 – 反应关系。建模和仿真可以为减少特殊儿科人群药物剂量的剩余不确定性提供另一方法。

C. 儿科剂量选择

有待研究的适宜剂量范围选择对获得合理的儿科人群剂量建议非常重要。由于新生儿或婴儿的规定剂量安全性信息也许存在限制，最初研究的剂量范围需要慎重考虑。需要考虑的因素包括：①其他被研究的儿科组群相似的疾病和暴露 – 反应关系；②新处方与之前处方相比的相对生物利用度；③研究人群的年龄和发展阶段；④药品或生物制品的药理学特征；⑤药品或生物制品的毒性；⑥其他儿科人群的 PK 数据。最初剂量统一规范到体型（mg/kg）或 BSA（mg/m²）。

如未进行多种儿科疗效研究（即只采用了上述 V.A 款中 PK 唯一方法），总体来说儿科人群的 PK 研究应决定如何调整给药方案来获取与上文所述相同的成人系统暴露。PK 测量上的病人间变化差异和 / 或年龄组或儿科与成人病患的参数应根据他们对剂量、安全性和 / 或药效的影响来解释。在这些情况下，申请人应指定暴露配对可被接受的条件。例如，在激励过程中可选择一种方法来挑选适宜的给药方案，以确保儿科暴露在对成人安全有效的暴露范围内（例如，5th 到 95th 百分比）。

随着科学技术的进步，生物信息学和其他的建模研究方法或将发展至可以提供指南 PK/PD 研究的设计和实施的初步数据，用来研究儿科人群药物。例如，一种可行的方法就是基于生物信息学建模的生理学 PK 发展，它整合了药物依赖的参数（例如肾清除率、代谢途径）和系统相关参数（例如血流量、蛋白质结合、酶和转运活性等非药物参数）。基于生理学的 PK（PBPK）已被用于儿科用药物发展项目，为了（a）计划开展首先在儿科进行的 PK 研究，（b）优化研究设计，（c）证实具体年龄组的模型，（d）建议初始剂量，（e）使用基准药物发现酶的发生，以及（f）促进对儿科病患器官功能衰竭和药物相互作用的协变量分析（Leong，Vieira et al. 2012）。若情况允许，所选模型应包含在其他儿科和成人病患组体内获得的 PK/PD 数据和人类志愿者研究。

参考疾病控制与预防中心（CDC）的生长图表，提供了可参与具体年龄组的体重范围的初步评估。[31] 例如，10% 两岁和 90% 六岁健康孩子的体重可相差 2.5–3 倍（男性体重从 10.6–25.3kg），在 10% 六岁和 90%12 岁孩子中情况也是如此（男性体重从 17.7–54kg）。

针对某一体型范围的剂量（剂量 / 千克或剂量 / 平方米）暴露 – 反应关系评估是很重要的。针对上述 V.A 款提到的 "PK 和 PD" 以及 "PK 疗效" 方法，剂量范围和暴露的调查应能够对其关系和合理用药指南的发展进行评估。

PK/PD 数据发展的同时，剂量范围可能导致在成人和儿科人群反应中观察到的差异（Benjamin，Smith et al. 2008），对暴露和反应均是如此。例如，有证据表明儿科人群普遍不如成年人群对抗高血压药物敏感。因此，假如之前的关于暴露 – 反应关系和安全性信息解释了这一暴露水平，儿科研究就应包含比批准成人剂量的最高药物暴露更高的暴露水平。明显不同的暴露范围研究需要提供最佳剂量计算的充分信息。

D. 儿科剂量处方

准许精确给药和增强黏着性（即给药方案，适口性）的儿科处方是儿科临床药学研究的重要部分。[32] 如有儿科适应证，必须向儿科患者提供适龄剂量处方。[33] 达到这一要求的一种方法就是发展和测试儿科处方并为这一处方寻求批准。

如果申请人表示发展儿科处方的合理尝试失败，那么申请人应发展和测试能够由获准药房的执业药剂师使用 FDA 批准的药物产品和市售成分进行配备的适龄处方。[34] 如果申请人使用这样的处方进行儿科研究，应在研究报告中提交如下信息：

• 关于所选的最终浓度如何优化以帮助确保药剂可用有售给药药器具精确测量的说明。

- 对病人的一系列治疗中可以缺少准备量的说明，除非因安全性因素迫使准备量减少。

- 所有辅料清单，包括稀释剂，助悬剂、甜味剂和调味剂以及着色剂。

- 容器信息（指定容器应在市面上有售且易在连锁药店获得）及存储要求（如条件允许应评估或研究对使用者最友好的存储条件（室温））。

- 配方稳定性的测试结果不得长期超过儿科获得的原始药品到期日期。

任何儿科研究中使用的处方的生物利用度应联系成人处方进行描述。如有必要，相关的将适龄处方与获准药物进行对比的生物利用度研究应在成人中进行。潜在的药品－食品或载体相互作用应在研究设计中列入考虑，比如苹果汁中已被报告的内容（Abdel-Rahman，Reed et al. 2007）。

适宜情况下，缓释剂型或为成人生产的复合药品应以按适龄处方提供给儿科病患。

E. 样本容量

1. 病人数量

在儿科研究中，药物代谢动力学参数和暴露－反应参数的准确性对样本容量计算而言是极其关键的。对疾病的已有知识，如成人的暴露、反应，以及其他相关儿科数据（如与差异性相关的数据），该类知识可用于获得样本容量大小以确定精确参数的大致范围。申请人在最终决定各年龄组样本容量时，应对所有差异性产生的可能来源做出解释，包括个体间的差异性、个体内的差异性以及成人与儿童之间的差异性。

待研究的不同年龄组受试者应根据药物代谢酶、药物排泄机制和用药安全方面的已有知识进行挑选。下表为挑选各年龄组受试者的例子。若药物用于新生儿，则儿科研究计划应说明早产儿或低于孕龄的新生儿是否包含于研究对象中。

药品或生物药研究对象年龄组的举例
1 个月至 6 个月
6 个月至 24 个月
2 岁至 6 岁
6 岁至 12 岁
12 岁至 17 岁

申请人应与 FDA 讨论各年龄组患者人数的分布，以及如此分布的合理性，因为分布情况会作为药物标志。确定样本容量时，申请人还应提供做出该决定的解释。比如，其中一种途径要求几何方法估算清除率保证 95% 置信水平的置信区间为 60%-140%，且每一儿科亚群的药物分布体积至少 80% 有效。基于大量药代动力学样本的非房室模型分析（NCA）、基于少量样本的人群药代动力学模型分析或其他科学的证明方法均可用于准确参数的获取（Wang、Jadhav 等人于 2012 年提出）。可想而知，对于某些疾病

而言，招募足够数量符合标准的病人可能无法实现，但在确定样本容量时，实际情况也应列入考虑。

2. 病人样本采集量

除了病人数量外，在临床药理研究中采集的血液样本（用于药代动力学测度和参数估算）数量也应谨慎考虑。在某些儿科病人（如新生儿）中，血液样本的采集量可能非常有限（加大血液或血浆采集量的要求见 F 款）。试验中还可能需要临床研究模拟或最佳采样技术以使采样计划合理化。若发生不良事件，则还需额外采集药物浓度或代谢物浓度样本。

F. 样本采集

通过在儿科病人身上暴露－反应分析，血液、血浆的药物、代谢物浓度可作为有效性或给药剂量的选择依据。

但是儿科病人的血液采集量和采集频率是常见问题。血液样本可以通过直接静脉穿刺或留置血管内导管采集。由于重复的静脉穿刺可能引起不适和穿刺部位挫伤，因此应尽可能使用留置血管内导管。可使用微容积药物含量测定、干血斑和稀疏采样技术使采血量和采血频率最小化。这些含量测定和分析方法在新生儿研究中尤其重要（Long、Koren 等人于 1987 年提出）。现代分析技术可通过小容量样本确定药物浓度（Kauffman 和 Kearns 于 1992 年提出），但需要重新测定时，数据的准确性可能因为样本量不足而受到影响。待分析的血液样本应从循环血量中采集，而非从坏死部位（留置血管内导管或其他器械导致）采集。可对儿童使用留置血管内导管时，采样技术便十分重要。采样时间、样品合理运输和贮藏以及样品处理技术都应记录。若样品用于临床用途，液体（如脑脊液、支气管液）的采集可能益处良多。若非损伤取样（如尿液和唾液采集）与结果关联，或与血液或血浆水平之间关系已有记录，则进行非损伤取样即可。

考虑到儿科人群的血液样本采集难度，特殊途径可能有助于获取最佳采样时间。出于用最少量样本获得最多信息的考虑，采样计划应谨慎安排。若观察到不良事件，应尽可能采集额外的药代动力学样本，以便研究用药与毒性间的关系。依照本指南第Ⅲ条所述，在适当情况下应采集 DNA 样。[35]

G. 协变量和表型数据

对所有儿科病人，申请人都应获取如下协变量：年龄、体重、体表面积、胎龄和出生体重（新生儿）、种族、性别，以及反映药物排泄相关器官功能的实验室检测数据。合并用药及近期服用药物都应记录。对于第Ⅱ条所述的儿科用药代动力学研究，FDA 鼓励申请人收集 DNA 样本以及相关的表型信息，以便优化对遗传药理学发现的解读。例如，获得细胞色素 P450 酶的基因型信息时，申请人应观察基因突变对药代动力学、药物效应学和 / 或量效关系，以确定区分特殊基因型病人子集用药剂量的必要性。

申请人应检验协变量与该药品或生物药的药代动力学间的关系。体重、体表面积和年龄对药代动力学差异的影响也应予以评估。建议进行如下操作以评估年龄对儿科用药代动力学的影响（多数情况下可用）：

• 用类比法确定体重或体表面积与药代动力学的精确关系

（Mahmood 2006;Mahmood 2007）。

- 分析药物残留与年龄的关系。解释了体重或体表面积对清除率的影响后，若条件允许，则应以清除率为基础，应用生理学知识继续进行更严格的分析。药物残留与个体值（视为预测值）的差别以及人群平均数（视为实际值）相关。其他与儿科病人药代动力学相关的生物预测因素测试也十分重要。

由于使用外源标记物（如碘海醇）以估算肾小球滤过率（GFR），儿科用药代动力学研究中还应包含肌酸酐清除率的估算。修正的 Schwartz 方程适用于早产儿（Brion、Fleischman 等人与 1986 年提出）、新生儿及婴儿（Schwartz、Feld 等人于 1984 年提出）和儿童（Schwartz、Haycock 等人于 1976 年提出）。在肌酸酐酶法测定时，应先对原始的 Schwartz 方程进行修正。青少年肌酸酐清除率则应用 Cockcroft-Gault 方程。通过菊糖清除率可证明：与 Schwartz 和 MDRD 方程相比，Cockcroft-Gault 方程为估算 12 岁以上的儿童肾小球滤过率的最佳方程。（（Pierrat、Gravier 等人于 2003 年提出）

a. 修正的 Schwartz 方程（12 岁以下的儿科病人）

$$CrCl\,(\,ml/min/1.73\ m^2\,) = (\,K * Ht\,) / Scr$$

高度（Ht）单位为 cm；血清肌酸酐浓度单位为 mg/dl

K（比例常数）：

婴儿（低出生体重，1 岁以下）：K=0.33

婴儿（1 岁以下）：K=0.45

女性儿童（12 岁以下）：K=0.55

男性儿童（12 岁以下）：K=0.70

b. Cockcroft–Gault 方程（12 岁以上的儿科病人）：

$$ClCr\,(\,ml/min\,)=\left[\,(\,140-age\,)\times weight\ in\ kg\,\right]/\left[\,Scr\times72\,\right]\,(\,\times0.85\ if\ female\,)$$

对肾功能损伤的儿科病人进行研究时，申请人在设计总体研究计划前，应参考 2010 年 3 月颁布的《肾功能损伤病人药代动力学研究指南——实验设计、数据分析、剂量及标签的影响（草案）》。[36] 若新处方中包含半胱氨酸蛋白酶抑制剂 C，则该处方可能用于肾功能损伤儿科病人肾小球滤过率的估算（Schwartz、Munoz 等人于 2009 年提出）。

若要研究药代动力学的影响因素（如：合并用药或是否患有某疾病的影响），则研究中应提供病人（具备及不具备该影响因素）数量的选择依据。

H. 样本分析

对相应生物液体中药物或代谢产物进行量化时，分析方法应准确、灵敏、专用且可重复。[37] 有数种分析方法可用时，应选择样本使用量最少的方法。

I. 数据分析

进行儿科用药代动力学分析时，有两种基本方法可供使用：标准非房室模型药代动力学方法和人群药代动力学方法。

1. 非房室模型分析

非房室模型药代动力学分析方法涉及相对小规模的病人组：单倍、多倍给药，相对频繁地进行血样尿样采集。样品按照一定时间间隔采集，该间隔根据药物吸收及其半衰期确定。样本采集后进行药物／相应代谢产物的总浓度或游离药物／相应代谢产物浓度测定。非房室模型分析可用于确定药代动力学参数（药物或代谢产物浓度随时间改变状况的描述），诸如曲线下面积、峰浓度、清除率、分布容积和半衰期。数据常常表现为相应的测度、参数和个体间差异。如第 V.E 款所述，在本方法中，有足量的病人提供平均值精确估算是十分重要的。在药代动力学研究中，若能在同一病人身上重复给药、重复取样，就可获得个体内药代动力学参数的某些差异性信息。

2. 人群分析

在儿科临床药理试验中，另一药代动力学分析方法是人群分析。相对房室或非房室药代动力学分析方法而言，患者人群数量更大且进行血液或血清的稀疏采样时，适合使用人群药代动力学分析来获取参数。血液或血清稀疏采样可使采血量最小化，因此适用于儿科研究。应临床需要，取血样的同时常常进行尿样采集。由于研究中患者数量相对大，样本可对同一对象在一天内不同时段多次采集，因此在研究设计合理的前提下，个体平均值、人群平均值、个体内差异、个体间差异皆可获得。[38]

暴露 – 反应分析主要应用人群分析方法。个体分析一般不提倡，除非可对病人进行大范围剂量的给药。对所有病人的数据同步建模可提供暴露 – 反应关系的最佳描述。[39]

J. 临床研究报告

临床研究报告应符合 ICH E3 指南中《临床研究报告的结构与内容》ICH E3 部分对基本内容和格式的要求。依照《暴露 – 反应指南》[40] 和《人群药代动力学指南》[41] 规定，报告中应包含暴露 – 反应关系的评估以及人群药代动力学分析。提交药代动力学信息时，除非房室分析结果外，申请人还应提交以下内容：阐释相应药代动力学参数间关系的数据（如根据第 Ⅵ.G 款之所述方法，根据身体情况校准 / 未校准的清楚率），重要协变量（如年龄、肾功能）。

K. 数据提交

首选的临床数据提交标准为《临床数据交换标准联合研究数据制表模型标准》。更多信息见 FDA 数据标准委员会[42] 和药品审评与研究中心数据标准网站。申请人还应提交用于建模和模拟的药代动力学和暴露 – 反应数据（SAS.XPT 兼容格式）。

参考文献

1. Abdel–Rahman, S. M., M. D. Reed, et al. (2007). "Considerations in the rational design and conduct of phase I/II pediatric clinical trials: avoiding the problems and

pitfalls." Clinical Pharmacology & Therapeutics 81(4): 483–494.

2. Benjamin, D. K., Jr., P. B. Smith, et al. (2008). "Pediatric antihypertensive trial failures: analysis of end points and dose range." Hypertension 51(4): 834–840.

3. Booth, B. P., A. Rahman, et al. (2007). "Population pharmacokinetic-based dosing of intravenous busulfan in pediatric patients." Journal of Clinical Pharmacology 47(1): 101–111.

4. Brion, L. P., A. R. Fleischman, et al. (1986). "A simple estimate of glomerular filtration rate in low birth weight infants during the first year of life: noninvasive assessment of body composition and growth." Journal of Pediatrics 109(4): 698–707.

5. Dunne, J., W. J. Rodriguez, et al. (2011). "Extrapolation of adult data and other data in pediatric drug–development programs." Pediatrics 128: e1242–1249.

6. Kauffman, R. E. and G. L. Kearns (1992). "Pharmacokinetic studies in paediatric patients.Clinical and ethical considerations. [see comment] ." Clinical Pharmacokinetics 23(1): 10–29.

7. Kearns, G. L. (2000). "Impact of developmental pharmacology on pediatric study design:overcoming the challenges." Journal of Allergy & Clinical Immunology 106(3 Suppl): S128–138.

8. Kearns, G. L., S. M. Abdel–Rahman, et al. (2003). "Developmental pharmacology—drug disposition, action, and therapy in infants and children." New England Journal of Medicine 349(12): 1157–1167.

9.Leeder, J. S. (2004). "Translating pharmacogenetics and pharmacogenomics into drug development for clinical pediatrics and beyond." Drug Discovery Today 9(13): 567–573.

10. Leong, R., M. L. T. Vieira, et al. (2012). "Regulatory experience with physiologically based pharmacokinetic modeling for pediatric drug trials." Clinical Pharmacology & Therapeutics 91(5): 926–931.

11. Li, F., P. Nandy, et al. (2009). "Pharmacometrics–based dose selection of levofloxacin as a treatment for post–exposure inhalational anthrax in children." Antimicrobial Agents and Chemotherapy doi:10.1128/AAC.00667–09: 1–21.

12. Long, D., G. Koren, et al. (1987). "Ethics of drug studies in infants: how many samples are required for accurate estimation of pharmacokinetic parameters in neonates?" Journal of Pediatrics 111(6 Pt 1): 918–921.

13. Mahmood, I. (2006). "Prediction of drug clearance in children from adults: a comparison of several allometric methods." British Journal of Clinical Pharmacology 61(5): 545–557.

14. Mahmood, I. (2007). "Prediction of drug clearance in children:impact of allometric exponents, body weight, and age." Therapeutic Drug Monitoring 29(3): 271–278.

15. Pierrat, A., E. Gravier, et al. (2003). "Predicting GFR in children and adults: a comparison of the Cockcroft–Gault, Schwartz, and modification of diet in renal disease formulas. [see comment] ." Kidney International 64(4): 1425–1436.

16. Rodriguez, W., A. Selen, et al. (2008). "Improving pediatric dosing through pediatric initiatives:what we have learned." Pediatrics 121(3): 530–539.

17. Schwartz, G. J., L. G. Feld, et al. (1984). "A simple estimate of glomerular filtration rate in full-term infants during the first year of life." Journal of Pediatrics 104(6): 849–854.

18. Schwartz, G. J., G. B. Haycock, et al. (1976). "A simple estimate of glomerular filtration rate in children derived from body length and plasma creatinine." Pediatrics 58(2): 259–263.

19. Schwartz, G. J., A. Munoz, et al. (2009). "New equations to estimate GFR in children with CKD." Journal of the American Society of Nephrology 20(3): 629–637.

20. Shaddy, R. E. and S. C. Denne (2010). "Clinical report—guidelines for the ethical conduct of studies to evaluate drugs in pediatric populations." Pediatrics 125(4): 850–860.

21. Tornoe, C. W., J. J. Tworzyanski, et al. (2007). "Optimising piperacillin/tazobactam dosing in paediatrics." International Journal of Antimicrobial Agents 30(4): 320–324.

22. Wang, Y., P. R. Jadhav, et al. (2012). "Clarification on Precision Criteria to Derive Sample Size When Designing Pediatric Pharmacokinetic Studies " J Clin Pharmacol 52: 1601–1606.

注释

1. 本指南草案由临床药理学办公室的儿科工作组与医疗政策协调委员会

（MPCC）的儿科小组委员会在 FDA 药品审评与研究中心联合编写。

2. 本指南的目的是提到"药品"和"药品和生物制品药物"，包括依据《联邦食品药品和化妆品法案》第 505 条（21 U.S.C. 355）批准的药物和依据《公共卫生服务法》第 351 条（42 U.S.C. 262）获得生物制品许可的药品。

3.《公法》第 105-115 节,《美国法规大全》第 111 主题第 2296 条（1997 年 11 月 21 日）。

4.《公法》第 107-109 节,《美国法规大全》第 115 主题第 1408 条（2002 年 1 月 4 日）。

5.《公法》第 108-155 节,《美国法规大全》第 117 主题第 1936 条（2003 年 12 月 3 日）。

6.《食品药品管理法修正案（2007）》（FDAAA）,《公法》第 110-85 节,《美国法规大全》第 121 主题第 823 条（2007 年 9 月 27 日）。

7.《公法》第 112-144 节,《美国法规大全》第 126 主题第 993 条（2012 年 7 月 9 日）。

8.《联邦食品药品和化妆品法案》第 505A 条;《美国法典》第 21 主题第 355a 条。

9.《联邦食品药品和化妆品法案》第 505B 条;《美国法典》第 21 主题第 355c 条。

10.《联邦食品药品和化妆品法案》第 505A 条;《美国法典》第 21 主题第

355a 条；《联邦食品药品和化妆品法案》第 505B 条；《美国法典》第 21 主
题第 355c 条。

11.《联邦食品药品和化妆品法案》第 505B（a）（1）节；《美国法典》第 21
主题第 355c（e）（1）节。

12.《联邦食品药品和化妆品法案》第 505B（a）（4）（D）小节；《美国法典》
第 21 主题第 355c（a）（4）（D）小节。

13. 参见《行业指南：为人类药品和生物制品提供有效性的临床证据》，
1998 年 5 月，http://www.fda.gov/downloads/Drugs/GuidanceComplianceRegulator
yInformation/Guidances/ucm078749.pdf。

14. 最终规定参看《人用处方药标签内容和格式的具体要求》；标签中"儿科
使用"小节下的修订，《联邦公报》第 59 主题第 64240，64241–42 条，（1994
年 12 月 13 日）。儿科年龄组在此最终规定的序言部分有描述。这一最终规
定修订了人用处方药标签的儿科使用小节，为在儿科人群中使用药品或生物
制品提供了更多详尽信息。

15. 发起者应述说整体年龄水平，但不需使用具体年龄分类。如果使用以系
统发育为基础的生理学分类或群组，应有科学和发展数据作为其支撑。

16. 参见《草案指南草案：药物相互作用研究 – 研究设计，数据分析，剂量
和标签的建议》，2012 年 2 月，http://www.fda.gov/downloads/Drugs/GuidanceCo
mplianceRegulatoryInformation/Guidances/ucm292362.pdf。

17. 参见《FDA：药物基因组生物标记物表（2008）》，http://www.fda.gov/
Drugs/ScienceResearch/ResearchAreas/Pharmacogenetics/ucm083378.htm.。

18. 参见《草案指南草案：药物相互作用研究 – 研究设计，数据分析，剂量和标签的建议》（注释 16 ）。

19. 参见美国《联邦法规汇编》第 21 主题第 56.109（h）款和美国《联邦法规汇编》第 21 主题第 56.111（c）款。

20. 参见根据 2006 年 12 月 FDA 美国《联邦法规汇编》第 21 主题第 50.54 条，《临床研究者，机构审查委员会和申办者处理流程指南》，http://www.fda.gov/downloads/RegulatoryInformation/Guidances/UCM127605.pdf。

21. 参见保护生物医学和行为研究人类受试者国家委员会，涉及儿童的研究：保护生物医学和行为研究人类受试者委员会的报告和建议,（《联邦公报》第 43 主题第 2084 和 2086 条（1978 年 1 月 13 日 ）)；《行业指南：急性细菌性中耳炎：开发用于治疗的药物》，2012 年 9 月，见 http://www.fda.gov/downloads/Drugs/GuidanceComplianceRegulatoryInformation/Guidances/ucm070947.pdf；关于对美国食品药品管理局监管产品进行临床调查的儿童额外保障的最后规则序言,《联邦公报》第 78 主题第 12937，12937–12950条（2013 年 2 月 26 日 ）。

22. 参见 4.8.14 节,《ICH 工业指南：良好的 E6 临床实践：合并指南》，1996年 4 月 http://www.fda.gov/downloads/Drugs/GuidanceComplianceRegulatoryInformation/Guidances/UCM073122.pdf。

《ICH 工业指南：儿科医药产品的 E11 临床研究》，2000 年 12 月，见 http://www.fda.gov/downloads/RegulatoryInformation/Guidances/ucm129477.pdf。

23. 参见《联邦食品药品和化妆品法案》第 505B（e）（2）（B）小节；《美国法典》第 21 主题第 355c（e）（2）（B）小节以及《儿童研究计划行业指南草案：

提交初始儿科研究计划和修订的儿科研究计划的内容和过程》，http://www.fda.gov/downloads/Drugs/GuidanceComplianceRegulatoryInformation/Guidances/UCM360507.pdf。

24.《联邦食品药品和化妆品法案》第 505B（e）（2）（B）小节；《美国法典》第 21 主题第 355c（e）（2）（B）小节。

25. 有关初始 PSP 内容的更多信息，请参见《"行业 – 儿科指南" 草案研究计划：提交初始儿科研究计划和修订的儿科研究计划的内容和过程》（注释 23）。

26. 此算法是附加于《行业指南：暴露 – 反应关系 – 研究设计，数据分析和监管应用程序的儿科研究决策树》的更新版本，2003 年 4 月，http://www.fda.gov/downloads/Drugs/GuidanceComplianceRegulatoryInformation/Guidances/ucm072109.pdf。

27. 对于不同的外推方法的讨论，参见 Dunne J, Rodriguez WJ, Murphy MD 等。《儿科用药物开发计划中成人数据和其他数据的外推》2011 年 11 月；128（5）：e1242–1249。

28. 参见《行业指南：为人类药品和生物制品提供有效性的临床证据》（注释 13）。

29. 参见《行业指南：为人类药品和生物制品提供有效性的临床证据》（注释 13）。

30. 参见《行业指南：人口药代动力学》，1999 年 2 月，http://www.fda.gov/downloads/ScienceResearch/SpecialTopics/WomensHealthResearch/UCM133184.pdf。

31.《疾病控制与预防中心，国家卫生统计中心，美国 2000 CDC 增长图：方法与发展》（2002 年 5 月），见：http://www.cdc.gov/nchs/data/series/sr_11/sr11_246.pdf。

32. 参见《ICH 工业指南：儿科医药产品的 E11 临床研究》（注释 22）。

33.《联邦食品药品和化妆品法案》第 505B（a）（2）节；《美国法典》第 21 主题第 355c（a）（2）节。

34. 儿科书面请求模板，见 http://www.fda.gov/downloads/Drugs/DevelopmentApprovalProcess/DevelopmentResources/UCM207644.pdf。

35. 参见《工业指南草案：临床药物基因组学：早期临床研究中的上市前评估和标记建议》，2013 年 1 月，http://www.fda.gov/downloads/Drugs/GuidanceComplianceRegulatoryInformation/Guidances/UCM337169.pdf。

36. 在最后，本指南将代表 FDA 当前关于该主题的看法，http://www.fda.gov/downloads/Drugs/Guidances/UCM204959.pdf。

37. 参见《行业指南：生物分析方法验证》，2001 年 5 月，http://www.fda.gov/downloads/Drugs/Guidances/ucm070107.pdf。

38. 有关群体 PK 的更多信息，参见《行业指南：人口药代动力学》（注释 30）。

39. 参见《行业指南：暴露 – 反应关系 – 研究设计，数据分析和监管应用程序》（注释 26）。

40. 参见《行业指南：暴露－反应关系－研究设计，数据分析和监管应用程序》（注释26）。

41. 见行业指南：人口药代动力学（注释30）。

42. FDA标准数据资源，见 http://www.fda.gov/ForIndustry/DataStandards/default.htm。

43. 提交给药品审评与研究中心的研究数据标准，见 http://www.fda.gov/Drugs/DevelopmentApprovalProcess/FormsSubmissionRequirements/ElectronicSubmissions/ucm248635.htm。

行业指南：罕见儿科疾病 优先审评券[1]

美国卫生及公共服务部

美国食品药品管理局

药品审评与研究中心

生物制品审评与研究中心

罕用药开发办公室

本行业指南草案完成后将代表当前美国食品药品管理局（FDA 或其机构）在这一问题上的观点。本指南不为任何个人设定权利，对 FDA 或公众亦不产生约束。相关主体可以在满足相应法规条例要求的情况下选择其他替代方案。商讨替代方案时，可以与本指南相关的 FDA 工作人员联系，相关名单请见标题页。

Ⅰ. 引言

《FDA 安全及创新法案》第 908 条[2] 规定《联邦食品药品和化妆品法案》添加第 529 条，本指南提供关于如何履行《FDA 安全及创新法案》第 908 条的信息。[3] 根据第 529 条，FDA 授予某些提交罕见儿科疾病药品申请的申请人优先审评券，只要他们满足 529 条中指定的标准。

FDA 的指南文件不是制定法律强制性责任，而是阐述了该机构当前针对该议题的观点，该指南内容仅作为建议，除非指南中引用了具体法规条例要求。指南中所用的词"应当"指某事仅作为建议而非硬性要求。

Ⅱ. 背景和概况

《联邦食品药品和化妆品法案》鼓励开发新药及新的生物制品来预防和治疗某些罕见儿科疾病。尽管现在已有激励项目来鼓励罕见病用药、儿科用药及医疗需求未得到满足的药物的研发，第 529 条对罕见儿科疾病也提供了额外的奖励，这些激励项目既可以单独进行也可以和其他项目一起进行。其他激励项目包括：①《罕用药法案》中规定的罕用药认证及治疗罕见疾病的补助津贴；[4] ②《最佳儿童药品法案》及《儿科研究公平法案》里鼓励或要求进行儿科用药研究的项目；[5] ③其他致力于促进和加速新药开发来满足医疗需求、治疗严重或危及生命的疾病的项目。[6] 尽管如此，国会已经意识到在身患罕见疾病（这些罕见疾病多发生在儿童身上）的患者中，仍存在未满足的医疗需求。通过实行 529 条，国会在这些药物获得 FDA 批准方面给他们提供额外的激励，以此来鼓励罕见疾病的新药开发。

根据 529 条，治疗罕见儿科疾病用药的申请人（正如《联邦食品药品及化妆品法案》735（1）节[7]里定义的那样）可能有资格获得一张券，随后按照《联邦食品药品和化妆品法案》第 505（b）（1）节[8]或《公共卫生服务法案》第 351 条规定提交的药品申请，可以在罕见儿科用药通过审批后凭此券获得优先审评的特权。

本指南旨在协助罕见儿科疾病用药的开发者鉴定他们的药品是

否有资格进行罕见儿科疾病认证以及他们的产品是否有资格获得罕见儿科疾病用药优先审评券。本指南也阐明了申请该认证及申请优先审评券的过程、罕见儿科疾病用药申请获得同意时的申请人责任，以及使用或转让罕见儿科疾病优先审评券的条件。

Ⅲ. 定义、政策及程序——问答形式

A. 罕见儿科疾病用药的申请

Q1. 什么是"罕见儿科疾病"？

"罕见儿科疾病"在第 529（a）（3）节中指的是有如下特征的疾病：

- 主要影响 0–18 岁的个人，包括通常称作新生儿、婴儿、儿童及青少年的年龄群体，我们[9]对此的解读是，在美国受此疾病影响的人群中，超过 50% 的人的年龄在 0–18 岁之间。[10]

- 正如 526 条定义的那样，治疗患者数少于 20 万，或者虽然这种疾病在美国国内患病人数超过 20 万人，但其治疗所用药品等在美国销售额无法抵消成本的疾病都是"罕见疾病或病变"。

值得注意的是，529 条中把儿童群体定义成从出生到 18 岁的人。这个年龄范围和 FDA 在别的情景下定义的儿童群体有所不同。总的来说，针对药品和生物制品，FDA 指的儿童群体包含从出生到 16 岁的病人。[11]

按照我们对第 529（a）（3）节的解读，如果某个药物治疗的疾病或病情在美国国内的总患病人数低于 20 万，且 50% 的患者年龄都在 0–18 岁之间，则该药物可以被界定为"罕见儿科疾病"药物。如果某药物治疗的是某个疾病或病情的罕见分组，在美国患病人数为 20 万或多于 20 万，且该分组主要（如超过 50%）由 0–18 岁的人群组成，则该药物也应被界定为"罕见儿科疾病"药物。[12]

计算患病率估值须看该药物是治疗药物还是疫苗，是诊断药物还是预防药物，各自情况如下：

- 如果是治疗药物，对全体受影响的美国人群及 0–18 岁人群的患病率估值应基于诊断出患此疾病或病情的人数。对于某些疾病或病情，某些个体可能存在天生的基因异常但却没有表现出任何症状直到后来才表现出症状。在这些情况下个体是否应被当作是患病计入患病率取决于该产品是用来治疗潜在基因异常、减弱或预防该疾病的临床表现进程，还是用于治疗该疾病的临床症状或临床表现。

- 如果是疫苗、诊断药物及预防药物，患病率估值应该基于不同年龄的总人数，以及在美国每年使用该药物的年龄在 0–18 岁间的人数。

想要了解如何在认证请求中记录患病率，参考 Q8 和 Q14 的答案。

想要获得优先审评券，仅仅是药物被界定为"罕见病"药物是不够的，申请人还得使药物的申请符合 Q2 回答中提到的其他所有合格标准。

Q2. 什么是"罕见儿科疾病用药申请"？

《联邦食品药品和化妆品法案》第 529（a）（4）节给出了"罕见儿科疾病用药申请"的定义：

- 正如《联邦食品药品和化妆品法案》第 735（1）节 [13] 里定义的那样，儿科疾病用药申请是一种人用药申请：

——用于罕见儿科疾病的预防和治疗（见 Q1）。

——根据《联邦食品药品和化妆品法案》第 505（b）（1）节，第 505（b）（2）节，或第 505（j）款规定，或根据《公共卫生服务法案》第 351（a）款或第 351（k）款规定，不含有别的申请中已经获得批准的活性成分（包括任何酯类或盐类的活性成分）。

- FDA 认为符合优先审评条件的（参见 Q15）。[14]

- 按照《联邦食品药品和化妆品法案》第 505（b）（1）节 [15] 或《公共卫生服务法案》第 351（a）款规定上交的。

- 基于从儿童群体及其药物使用剂量研究中得到的临床数据（参见 Q3）。

- 没有在原罕见儿科疾病用药申请中寻求批准成人适应证（参见 Q4）。

- 在《处方药使用者收费修正案（2012）》（2012 年 7 月 9 日）实施之后获得通过。[16]

Q3. "基于从儿童群体及其药物使用剂量研究中得到的临床数据" 是什么意思?

正如 Q2 的回答里提到的那样，除了别的条件，申请还必须基于从儿童群体及其药物使用剂量研究中得到的临床数据，否则申请人不能得到优先审评券。我们对这句话的解释是，要有资格获得优先审评券，该通过批准的产品：

● 必须在患罕见疾病儿童群体（虽然在特定情况下，该研究可能包括了成人）中进行过研究。

● 必须就安全性、有效性及剂量信息向儿童群体作出详尽的标签说明。

想要获得优先审评券的人应该上交详尽的数据以便用作药物的标签说明，方便全体病人（如各个年龄阶段的患者）使用。

Q4. "没有在原罕见儿科疾病用药申请中寻求批准成人适应证" 是什么意思?

如果申请在原罕见儿科疾病用药申请中寻求批准成人适应证，则申请人无法获得罕见儿科疾病优先审评券。我们对这条标准的解读是，为了保留券的获得资格，申请人不能在原罕见儿科疾病申请中寻求批准成人适应证（比如不同疾病或病情）。如果申请人寻求的是患病儿童群体及成人群体的使用批准，获得批准的使用里包含儿科用途的话，正如 Q3 里描述的那样，申请人仍然有资格获得优先审评券。申请人如果仅获得了患罕见儿科疾病的成人群体的使用批准，就无法获得优先审评券。

因此，根据这种理解，除患罕见儿科疾病的病人外，即使申请人还寻求成人的使用批准，他们也保留有获得优先审评券的资格。我们这样解读这条法规的原因之一是避免激励申请人，使得他们在临床试验中将患此罕见儿科疾病的成人排除在外，或是仅仅出于对优先审评券资格的考虑将成人的数据从后续市场申请中剔除，这种情况下的信息剔除既不科学也不道德，具体的原因如下：

临床试验设计——出于科学层面和道德层面的原因，潜在罕见儿科疾病用药的临床试验需包含年长于 18 岁的个人：罕见疾病和病变的临床试验是具有挑战性的，别的因素暂且不说，儿科病人群体小，限制了研究的机会及结果的核实。由于罕见儿科疾病和病变的临床试验有可能存在样本过小、效力不足的问题，FDA 希望，不论患者的年龄是多少，罕见疾病或病情的临床发展计划能将可以参加研究并且十分有望从干预中受益的患者纳入其中（根据疾病、病情和干预预期效果而确认可行的情况下）。[17] 实际上，使用新颖疗法的研究应先普遍在年轻成人（18-21 岁）身上进行，再接触青少年和更年轻的儿科病人；那些被纳入早期试验的儿童每一位都希望他们参加的临床试验过程风险小、成效好。[18] 基于以上原因，把 18 岁以上的患者从潜在罕见儿科疾病用药的临床试验中剔除是不科学、不道德的。

上市申请需包括的数据——成人安全性有效性数据，需包含在申请中：如果成人群体（如超过 18 岁的人）安全性和有效性数据可以获得，那么上交原潜在罕见儿科疾病用药申请给 FDA 审查时，应将这些数据包含在内。[19] 通常情况下，如果 18 岁以上患者罕见儿科疾病的人群能够受益于本产品，并且有数据证明该产品的安全性和有效性，在原产品申请中应寻求对该人群的标签说明。

正如提到的那样，寻求批准成人患者和儿科患者皆可使用该药物不影响券的获得资格。但是，我们提醒想要获得券的人，不管他们是否寻求成人使用批准，我们希望他们在上交详尽的数据上交详尽的数据以便用作药物的标签说明，方便全体患者使用。

Q5. 申请罕见儿科疾病用药需要缴纳什么费用？

人用药申请的使用者费用在《联邦食品药品和化妆品法案》第736条[20]中有提及。总的来说，罕见儿科疾病用药申请像其他申请一样，需要遵守这些法规要求。但是，已经获得了罕见病药认证的申请可以获得部分费用减免。参见《药品和生物制品用户费用豁免、减少和退款行业指南》。[21]（FDA's Guidance for Industry User Fee Waivers, Reductions, and Refunds for Drugs and Biological Products）

使用了罕见儿科疾病优先审评券的申请同样需要缴纳使用费，就像 Q21 描述的那样。

Q6. 罕见儿科疾病用药申请获准后申请人的责任是什么？

获准的罕见儿科疾病用药申请申请人，罕见儿科疾病用药申请获批准后，申请人在获得批准后 5 年内必须上交一份报告给 FDA，说明获得批准后前 4 年的下列情况：

- 使用该获批准药品的预计美国患者人数（各个年龄阶段的患病人群，及 0–18 岁的患病人群）。

- 该药品在美国国内的预计需求量。

- 该药品在美国的实际派发量。

第 529（e）（2）节。申请人应将该报告交给 FDA 里先前负责审查罕见儿科疾病用药新药上市申请（NDA）或生物制品上市许可申请（BLA）的审评部门。报告应明显标明"罕见儿科疾病用药批准后报告"。

B. 罕见儿科疾病名称要求

Q7. 罕见儿科疾病的认定过程是什么？

根据第 529（d）款的规定，申请人可以选择申请罕见儿科疾病的认定。认定过程完全自愿；申请认定不能作为申请或获得优先审评券的前提。

如果申请人选择申请认定，那么根据第 529（d）（2）节的规定，他们应该在申请认定的同时，根据第 526 条[22] 的规定提交一份罕见病用药认定申请，或根据第 506 条的规定提交一份快速认定申请。[23]

注意，尽管罕见儿科疾病的认定申请可以和罕见病用药认定申请或快速认定申请同时提交，但应该以单独申请的形式进行提交（即他们不应该放在同一个文件中进行提交）。参见 Q9，了解如何提交罕见儿科疾病的认定申请。

我们提醒申请人有关罕见病用药认定申请和快速认定申请的时间安排：

罕见病用药认定申请的时间安排：根据第 526 条的规定，罕见病用药认定申请必须在申请人的罕见病用药上市申请归档之前进行提交。[24]

快速认定申请的时间安排：快速认定申请可在临床研究申请提交阶段进行提交，或者在此之后、在获得新药上市申请或生物制品上市许可申请 NDA/BLA 批准之前的任何时间内进行提交，尽管 FDA 鼓励这类申请不晚于申请人新药上市申请或生物制品上市许可申请前会议（Pre-NDA/BLA meetings），因为在那之后，快速认定的很多好处将不再存在。[25]

如果申请人适时地提交罕见儿科疾病的认定申请，根据第 529（d）(3)节的规定，FDA 应在申请提交后的 60 天内做出判定。[26]正如 Q10 的回答，法规规定 FDA 应对是否认定药物为罕见病用药和是否认定药品申请为罕见儿科疾病药品申请进行判定。[27]

FDA 意识到一些申请人可能希望在不同的时间提交罕见儿科疾病的认定申请——例如，如果他们在《FDA 安全及创新法案》颁布之前已经提交了罕见病用药的申请或快速认定的申请，或者如果无论出于什么原因他们没兴趣提交此两类申请，但的确想要提交罕见儿科疾病认定申请。只要 FDA 在归档 NDA/BLA 药品的相关适应证之前收到认定申请，那么 FDA 愿意接受在不同于法规规定的时间内提交的认定申请。尽管我们计划及时回复这些申请，但是 60 天回复截止期限并不适用。在 FDA 已经归档 NDA/BLA 药品的相关适应证后，我们将不再接受罕见儿科疾病的认定申请。

即使申请人申请并获得了罕见儿科疾病的认定，他们应该在提交最初 NDA/BLA 的时候包含一份罕见儿科疾病优先审评券的申请（要么在最初发出文件的时候，要么直到 NDA/BLA 归档的时候）。没有进行申请认定或没有获得认定的申请人也可在提交最初 NDA/BLA 的时候申请优先审评券。参见 Q13 和 Q14 的回答，了解优先审评券的申请信息。

Q8. 认定申请应该包含哪些信息？

申请人应该在罕见儿科疾病的认定申请中包含以下信息：

（1）申请人的姓名、住址和其主要联系人及（或）当地代理人的姓名头衔、地址、电话号码和电子邮箱。

（2）药物的非专利名称和商品名，如果有的话。若二者都没有，药物的化学名称或有意义的描述性名称。

（3）建议的剂型和给药途径。

（4）对正在或将要研究的药物所治疗的罕见儿科疾病的描述；建议的药物使用；临床研究申请编号，如果之前已经分配的话。

（5）药物描述，包括（ⅰ）如果药物由小分子组成，活性部分的鉴定，如果药物由大分子组成，主要的分子结构特点的鉴定，如果药物是生物制品，活性成分的鉴定；（ⅱ）理化性质，如果这些性质可以断定的话。

（6）有数据支撑的作用机制详细说明，表明药物可有效治疗罕见儿科疾病。[28]

（7）断定药物适用于罕见疾病或罕见病情的依据。当申请人提供以下信息时，就提供了依据，如《联邦食品药品和化妆品法案》第 526 条所描述：[29]

（ⅰ）参考资料，附加有权威意义的参考，表明（a）在提交认定申请的时候，评估的美国受影响的患者的患病率——诊断患有疾病或有病情的人——低于 200 000 人，（b）如果药物是疫苗、诊断药物或预防药物，每年美国用药的人少于 200 000 人。请提供一份信息来源的列表，包括提供的日期信息和文献引用（参见 Q12 的回答，了解更多评估患病率的信息）。

（ⅱ）药物所治疗的疾病或病情影响了美国至少 200 000 人，疫苗、诊断药物或预防药物在美国每年至少有 200 000 人使用，在美国这一疾病或病情十分罕见以至于将来药物的销售不足以收回药物开发和上市的成本，申请人要对这一根据做一份总结。我们要求申请人如美国《联邦法规汇编》第 21 卷第 316.21（c）款（21CFR 316.21（c））详细描述一般提供同样的成本和相关信息。

（8）参考资料，附加有权威意义的参考，表明药物所治疗的罕见疾病或病情是第 529（a）（3）节定义的"罕见儿科疾病"，意味着美国超过 50% 的评估患病率在 0–18 岁年龄段（参见 Q12 回复）。如果药物是疫苗、诊断药物或预防药物，表明美国服用该药物的人中超过 50% 的人年龄在 0–18 岁之间。请提供一份信息来源的列表，包括提供的日期信息和文献引用。

（9）申请人申请药物认定（ⅰ）只为一部分患有特殊疾病或病情的人，疾病或病情影响 200 000 甚至更多的人（患非罕见疾病或病情的"罕见分组"），或（ⅱ）只为患有影响少于 200 000 人的疾病或病情的部分儿童患者，疾病或病情并非主要影响 0–18 岁年龄段的个体（对在此年龄范围内的"罕见分组"有影响），表明由于药物的一或多个属性，患有此类疾病或病情幸存的人将不适合使用这一药物（参见 Q1 和脚注 12）。药物的属性可包括药物的毒副作用、作用机制或药物早前的临床试验。

（10）详细说明药物经批准后是否能有资格达到获得优先审评券的标准，即不含以前批准的活性成分（包含任何酯类或盐类活性成分）。

如果申请人在为药物申请罕见病用药认定的同时或不久之后提交罕见儿科疾病认定申请，那么他们可交叉引用以上的任何已包含在罕见病用药认定申请中的信息。[30]

Q9. 提交罕见儿科疾病认定申请的过程是什么？

申请人应该提交两份完整的、有日期的、标注罕见儿科疾病认定申请的、含 Q8 回答的特定信息的副本和至少一份硬拷贝，寄到 FDA 罕见病药物开发办公室，地址马里兰州银泉和新罕布什尔州大道 10903 号 32 号楼 5295 室，邮编 20993。

Q10. FDA 如何回复此类认定申请？

关于回复罕见儿科疾病的认定申请，法规要求 FDA，对是否认定药物为罕见病用药和是否认定相关的上市申请为罕见儿科疾病药品申请进行判定。[31] 罕见病药物开发办公室会在酌情与药品审评与研究中心及生物制品审评与研究中心商议后作出认定申请回复。认定申请回复应以如下的一种形式呈现：

补正函：如果申请缺少 Q8 描述的信息，或者包含不准确或不完整的信息，那么 FDA 会在 Q7 指定的时间内发出补正通知。

认定药物为罕见病用药，否决或者有条件地认定申请为罕见儿科疾病的药品申请：如果申请人提供充分的信息证明药物能治疗罕见儿科疾病（包含适当的、附加权威参考的患病率估值）且提供有数据支撑的对药物作用机制的充分说明证明药物能够有效治疗罕见儿科疾病（参见 Q8 的回答），那么 FDA 将在 Q7 指定的时间内认定药物为罕见病用药。FDA 将在认定申请提交时进行患病率的评估。如果 FDA 认定药物为罕见病用药，那么患病率通常不会在 NDA/BLA 提交时进行重新评估，[32] 但是 FDA 会评估其他的合格标准，以此来判定 NDA/BLA 是否有资格获得优先审评券（参见 Q2）。

即使 FDA 认定了药物为罕见病用药，也不能明确认定任何相关的上市申请为罕见儿科疾病药品申请，因为药品是否合格要在申请得到批准或得到许可后才能断定。这是因为药品的合格性取决于申请的内容，包括申请是否不含以前批准的活性成分（包括任何酯类或盐类活性成分）（参见 Q2）。除了认定申请之外，FDA 在回复认定申请上有两个选择：

（1）如果在得到批准或许可的同时，药品满足了第 529（a）（4）节提出的所有合格标准，那么就有条件地认定申请为罕见儿科疾病药品申请。如果申请人申请了 NDA/BLA 优先审评券，那么在得到上市许可时是否得到券就表明了申请的条件认定的最终结果。正如 Q13 和 Q14 的回答，即使是获得了罕见儿科疾病认定的申请人，若想要得到券，也应该在提交最初 NDA/BLA 时包含一份优先审评券申请。

（2）如果申请包含以前批准的活性成分（包括任何酯类或盐类活性成分），那么在认定申请提交时就否决认定申请。即使是已经被否决认定申请的申请人，若认为自己有资格获得优先审评券，他们也可在 NDA/BLA 提交时申请优先审评券（参见 Q13 和 Q14 的回答）。

既不认定药物为罕见病用药，也不认定申请为罕见儿科疾病药物申请：如果 FDA 判定药物事实上不能治疗罕见儿科疾病，那么 FDA 将否决罕见儿科疾病的药物认定和申请认定。否决的原因包括：

- 根据第 526 条的规定，药物不能治疗罕见疾病或病情（例如，美国患病人口至少有 200 000 人），药物不能治疗"罕见分组"的非罕见疾病或病情。

- 药物不能治疗主要影响美国 0–18 岁年龄段个体的疾病或病情（或"罕见分组"的疾病或病情）（例如，无论这种疾病或病情是罕见病还是罕见病分支，美国 18 岁以上人口的患病率超过 50%）。

- 没有充足的证据支撑必需的患病率评估或证实罕见分组。

- 缺少有数据支撑的对药物作用机制的充分说明证明药物可有效治疗罕见儿科疾病。

- 申请包含不真实的重要事实的陈述，忽略了重要信息，导致认定不合格。

即使申请人的罕见儿科疾病认定申请被否决，若他认为提交合格，也可在提交 NDA/BLA 时申请罕见儿科疾病优先审评券（参见 Q13 和 Q14 的回答）。

主动撤回函：如果申请人没有回复补正通知，或没有在收到补正通知后的 60 天内请求推延回复日期，那么 FDA 可考虑主动撤回认定申请。如果 FDA 考虑主动撤回申请，那 FDA 将以书面形式通知申请人。同样，如果申请人认为自己有资格获得优先审评券，那么他们仍可在提交 NDA/BLA 时申请优先审评券。

否决定：正如 Q7 的回答，FDA 归档 NDA/BLA 药品的相关适应证后，将不再接受罕见儿科疾病的认定申请。如果申请人在提交 NDA/BLA 时申请了优先审评券且有资格获得，那么他们仍可获得优先审评券。

Q11. 如果申请人选择在提交上市申请前不提交罕见儿科疾病认定申请怎么办？

尽管申请人选择不提交罕见儿科疾病认定申请，但如果满足了所有的合格标准并在原先的上市申请中申请了优先审评券，那么他们可获得优先审评券。判定药物是否能治疗"罕见儿科疾病"（即基于美国总患病率和 0–18 岁年龄段患病率）如以上描述，患病率的判定取决于 NDA/BLA 提交时的患病率，而不是进行认定申请时的患病率。

我们鼓励想要获得罕见儿科疾病优先审评券的申请人早些告知 FDA 他们的想法（例如，在前 NDA/BLA 会议上）。然而，不允许在提交罕见儿科疾病药品申请之前告知。在提交 NDA/BLA 时申请优先审评券，券的申请过程参见 Q13 和 Q14。

C. 申请罕见儿科疾病优先审评券

Q12. 申请人需要在申请优先审评券之前先获得罕见儿科疾病的认定吗？

不需要。正如 Q7 的回答，罕见儿科疾病的认定完全自愿。申请人不需要在申请优先审评券之前先获得罕见儿科疾病的认定。

Q13. 申请人应该在什么时候申请罕见儿科疾病的优先审评券？

不管申请人有没有申请罕见儿科疾病的认定，若想获得罕见儿科疾病的优先审评券，他们应该在最初提交有潜力的罕见儿科疾病药品申请的时候包含一份优先审评券申请——要么在最初发出文件的时候，要么直到 NDA/BLA 归档的时候。优先选择券申请应该突出地标记出"罕见儿科疾病的优先审评券申请"，并纳入或提及在说明信中。[33]

Q14. 在优先审评券申请中，申请人需要提供什么信息？

申请优先审评券需描述申请如何达到在 Q2 回答中描述的合格标准。这份申请的内容应根据申请人是否已经接受如下的罕见儿科疾病申请程序来决定：

已接受罕见儿科疾病药物认定及条件性申请认定的申请人：已接受了罕见儿科疾病药物认定及条件性申请认定的申请人应在申请函中包含优先审评券申请，而不需要在新药上市申请或生物制品

上市许可申请提交期间重新分析患病率评估。这份申请应解释所申请药物如何达到在 Q2 回答中描述的剩余所有的合格标准。

已接受罕见儿科疾病药物认定但在申请认定中被拒的申请人：需要注意的是某些申请人可能接受了儿科疾病的药物认定，但如果发现有同样的活性成分（包括任何酯类或盐类活性成分）先前已被批准，他的申请认定可能被拒。若在新药上市申请或生物制品上市许可申请提交期间，申请人仍相信他们的所申请药物实际上没有包含已批准的活性成分（包括任何酯类或盐类活性成分），他们可能依旧会争取优先审评券。在任何此类的券申请中，申请人应解释为什么他们相信自己有资格得到券，且需要解释他们如何达到"无已先前批准的活性成分"这一标准以及符合 Q2 回答中列据的其他标准。为了证明他们的药物用来治疗"罕见儿科疾病"，他们应提交药物认定函，但不需要在新药上市申请或生物制品上市许可申请提交期间重新分析患病率估值。

提出申请但没有接受罕见儿科疾病药物认定或申请认定的申请人：提出申请但没有接受罕见儿科疾病药物或申请认定的申请人应在券申请中包括最新的来自 FDA 的认定文件（即确认函、补正函、否决函或者是主动撤回函）。若认定申请被否决或撤回，那么在新药上市申请或生物制品上市许可申请提交截止前需在新的券申请中包括新的患病率评估；或者申请人可以对照参考认定申请中的信息，并提供所需的额外信息。特别是以下情况：

- 认定申请的回复仅是一封*确认函*的申请人应对照参考自己的认定请求（以及相关的患病率评估）并解释他们所申请药物如何达到 Q2 回合中的描述的余下所有的合格标准。

- 收到补正函的申请人除了要解释他们的药物如何达到余下的合格标准，正需用券申请回复补正函，或者对照参考已提交的补正回复。[34]

- 收到否决函的申请人尽管申请被否决，仍应根据药物疾病或病情的新信息解释他们的药物是如何治疗"罕见儿科疾病"的，并且在新药上市申请或生物制品上市许可申请提交截止前提供新的患病率评估（以及在 Q8 条款（7）-（8）中列举的辅助文件）。他们也应解释他们所申请的药物如何达到余下的所有合格标准。

- 收到了主动撤回函申请人同样应在新药上市申请或生物制品上市许可申请提交截止前提供新的患病率评估（以及在 Q8 条款（7）-（8）中列举的辅助文件），并应解释他们所申请的药物如何达到余下的所有合格标准。

没有提出罕见儿科疾病认定申请的申请人：没有提出罕见儿科疾病认定请求的申请人应在新药上市申请或生物制品上市许可申请提交截止前，在券申请中提供新的患病率评估以及在 Q8 条款（7）-（8）中列举的辅助文件，并解释他们所申请药物如何达到在 Q2 回答中描述的余下所有的合格标准。

D. 使用和转让罕见儿科疾病优先审评券

Q15. 什么是优先审评?

当上市申请获得了优先审评认定，与 10 个月内的标准审查相比，FDA 将在 6 个月内对此申请采取措施。[35] 若药物被证明能治疗严重疾病且被证明在安全性或有效性上取得了显著进步，药物申请在没有使用优先审评券的情况下也有资格进行优先审评。同样有资格进行优先审评的还有：任何根据在第505A条规定下做出的儿科研究报告而提出的标签变更的补充申请；被认定为合格的传染病药品的申请；或者与优先审评券一并提交的药物申请或补充。[36]

Q16. 什么是优先审评券及何时授予？

在《联邦食品药品和化妆品法案》第529（a）（2）节规定，优先审评券是FDA在上市申请通过程序中授予持有罕见儿科疾病药品申请的申请人的券。此券给予持有者指定一种根据《联邦食品药品和化妆品法案》第505（b）（1）节[37]或《公共卫生服务法案》第351条提交人用药品申请的权利，使其能够接受优先审评。随后的申请将不需要满足一般的优先审评条件，但是必须在罕见儿科疾病药品申请通过之后提交。

Q17. 券将采取什么样的形式？

我们将在罕见儿科疾病药品申请批准信中提供有关优先审评券的信息。此信将包括优先审评券认定码，它会在使用或转让券时提供核实参考。

Q18. 如何及何时能使用券？

使用优先审评券的申请应根据《联邦食品药品和化妆品法案》的505（b）（1）节[38]或《公共卫生服务法案》第351条提交，申请也不限于治疗儿科疾病的药物。若准备将申请连同优先审评券一并提交，使用券的申请人必须至少在提交申请前 90 天通知 FDA，并将自己打算提交申请的日期（以下用"预期提交日期"代替）告知 FDA。这份通知应该被明确标记为"罕见儿科疾病申请优先审评券的预期提交通知"。只有将通知提交给了 FDA，申请人才有义务支付在 Q21 中规定的优先审评使用者费。第 529（c）（4）（A）小节。

若申请在预期提交日期前被提交，那么券则无法使用。若申请人没有在预期提交日期提交申请，他应该尽快告知 FDA 新的预期提交日期。若申请人决定不使用通知里写明的申请优先审评券，他应该从 FDA 撤回通知。申请人应至少在申请提交 90 天前提交一份新的通知给 FDA，告知其打算提交一份不同的具有优先审评券的人用药申请，并提交预期提交日期。第 529（c）（4）（A）小节。

Q19. 券是否可转让？

是。持有优先审评券的儿科疾病药品申请人可以转让（包括贩卖）券给其他申请人。第 529（b）（2）节。在券被使用前只要提出转让的申请人没有提交申请，它就可以进而被转让任意次。第 529（b）（4）（B）小节。

Q20. 券转让程序是怎样的？

每个券转让接受者必须在转让后 30 天内通知 FDA 券所有权的变更。第 529（b）（2）（B）小节。这份通知应被明确标记为"罕见儿科疾病优先审评券转让"并且提交给新药上市申请 / 生物制品上市许可申请。它还需包括一封前持有人给现持有人和现持有

人给前持有人的互相确认函。任何使用券的申请人应该在提交给
FDA 的申请中包括这些转让函（除了如 Q18 所述，要通知 FDA
打算提交具有优先审评券的申请之外）。为了使用被转让的券，
必须向 FDA 提交一份完整的转让记录。

Q21. 当使用优先审评券时需要支付什么费用？

持有具有优先审评券的人用药申请的申请人必须在支付任何其他
所要求的使用者费用之外，支付一笔优先审评使用者费用。优先
审评使用者费用的金额将在每个财政年度决定，并根据前一财政
年度 FDA 在审查具有和不具有优先审评券的新药上市申请或生物
制品上市许可申请时平均花费的金额差。申请人由于打算使用券
而根据法律应支付的额外费用不能被放弃、豁免、缩减、退还。
第 529（c）（2）节和（c）（4）（C）小节。

Q22. 我何时支付优先审评券使用者费用？

当像 Q18 描述的一样，只要一通知 FDA 其打算提交具有优先申
请券的申请，就要立即支付优先审评使用者费用。第 529（c）
（4）（A）小节。FDA 在《联邦公报》"关于每个财政年度规定费用"
的通知中写明了支付程序，依照此程序这份费用必须支付。[39] 若
优先申请券使用者费用和其他应支付费用没有依照 FDA 支付程序
缴纳，那么这份申请将视为不完整。第 529（c）（4）（B）小节。

**Q23. 若我提交给 FDA 一份优先审评券，是否我就确保能使我的
药物申请接受 6 个月的审查？**

虽然 FDA 目标在新分子实体药物申请入档 60 天后的 6 个月内、

或收到非新分子实体药物申请当日后的 6 个月内对申请采取措施，[40] 但是时间表并不确定。需注意此段中的"采取措施"意味着 FDA 目标在规定时间内完成对已入档申请的审查并颁布批准书或是完成回执函；而并非意味着申请将会在规定时间内被批准。

E. 特别的资格问题

Q24. 申请人经批准后是否试图上市罕见儿科疾病药物会影响优先审评券的资格吗？

法令并未规定上市罕见儿科疾病药物是收到优先审评券的前提。但是根据第 529（e）（1）节，若使用了优先审评券的罕见儿科疾病药品在批准后一年内未在美国上市，FDA 可能会撤回优先审评券。

Q25. 若药品已经在其他国家被批准使用但还未得到 FDA 的批准，此药有资格得到优先审评券吗？

有，只要此药满足在第 529（a）（4）节规定的所有的罕见儿科疾病药物申请标准（详见 Q2 的回答）。

Q26. 以治疗其他适应证而已被 FDA 批准的药物有资格得到罕见儿科疾病药品申请的优先审评券吗？

没有。如上所述，对于适用于罕见儿科疾病优先审评的申请，它必须满足所申请的人用药不包含任何已在《联邦食品药品和化妆品法案》第 505（b）（1）节、505（b）（2）节、505（j）款或《公共卫生服务法案》的第 351（k）款中的其他申请通过的活性成分

（包括任何酯类或盐类活性成分）。

Q27. 已作为成人药批准的新的儿科处方有资格得到罕见儿科疾病优先审评券吗？

没有。如上所述，药品申请中包含已通过的活性成分（包括任何酯类或盐类活性成分）没有资格收到罕见儿科疾病优先审评券。

Q28. 在 2012 年《处方药使用者付费法案》（在《FDA 安全及创新法案》之下）颁布之前提交但没批准的罕见儿科疾病药品申请是否有资格得到券？

没有。若申请在 2012 年 10 月 7 日前（在 2012 年《处方药使用者付费法案》颁布后的 90 天内）被提交，罕见儿科疾病药品申请人不会收到罕见儿科疾病优先审评券。

F. 罕见儿科疾病认定和罕见病用药认定的关系

Q29. 接受了罕见儿科疾病认定的药能否有资格接受罕见病用药认定？

我们预期许多罕见儿科疾病药品也有资格能接受罕见病用药认定（若有这类认定的需求），因为罕见儿科疾病也必须是第 526 条定义的罕见病或相关病症，包括那些美国患病人数少于 200 000 人的疾病。[41] 但是正如下面所述，会有药物符合罕见儿科疾病药物但不符合罕见病用药的情况，反之亦然。下面的例子描述了药物会接受罕见儿科疾病认定但不会立即有资格接受罕见病用药认定的情况：

- 假定一种药物接受了罕见儿科疾病认定但在罕见病用药规定下被认为是与具有同样罕见病治疗作用的已被批准的药物为同一种药物。美国《联邦法规汇编》第 21 主题 316.3（b）（14）节。这种药会因为缺乏能证明其临床上优于已批准药的较为可信的证据，而没有资格接受罕见病认定。美国《联邦法规汇编》第 21 主题 316.20（a）款和（b）（5）节。*批注*：虽然有的药物可能接受了"罕见儿科疾病"认定，但是其药物申请可能满足不了"罕见儿科疾病药物申请"——从而可能无法得到优先审评券——因为如果一种药物被认为与在罕见病用药规定下已被批准的某种药物为同一种药物的话，那么通常来说此药必包含了已通过的活性成分（包括任何酯类或盐类活性成分），从而在第 529 条的规定下失去了获得优先审评券的资格。

- 假定申请人计划开发一种罕见儿科疾病药物，但是目前为止只有极少的数据表明此药可能对这种疾病有效（比如，只有体外数据支持药物对相关疾病的作用机制）。这种程度的数据可能满足罕见儿科疾病认定，但是通常来说无法满足罕见病用药认定。这是因为为了认定罕见病用药，申请必须提供足够的数据以提供医药上较为真实的依据——说明此药有望在罕见病及病情的预防、诊断或治疗上有效。[42] 得出或取得更多的数据证明药物对疾病或病情有效后（包括药物对罕见病及病症的体外和 / 或临床数据），申请人可能最终能获得罕见病用药认定。

若药物接受了罕见病用药认定，在《联邦食品药品和化妆品法案》第 736 条的规定下，它可能有资格享受罕见病用药独占权、合格的临床试验信誉、罕见病用药授权资金以及费用豁免。关于罕见病用药的奖励措施的信息，请登录 orphan@fda.hhs.gov 或者拨打 301-796-8660 咨询罕见病药物开发办公室。关于使用者费用豁免的信息，请拨打 301-796-7900 联系药品审评与研究中心的管理部门中管理使用者费用的工作人员。

G. 各机构的责任和任务

Q30. 若机构在第 529 条的规定下颁发了优先审评券或批准了具有申请人优先审评券的药物申请？

如第 529（f）（1）节所述，在第 529 条规定下，颁发优先审评券后 30 天内和批准具有申请人优先审评券的药物申请后 30 天内，FDA 都将在《*联邦公报*》及其官网[43]各发布一则通知。

Q31. 药品审评与研究中心、生物制品审评与研究中心和罕见病药物开发办公室任务上的差别？

药品审评与研究中心、生物制品审评与研究中心

药品审评与研究中心及生物制品审评与研究中心的申请审评部门有责任对罕见儿科疾病药物申请进行上市前的审查，并决定申请是否达到能够收到优先审评券的合格标准。药品审评与研究中心及生物制品审评与研究中心将会与罕见病药物开发办公室共同商讨，决定疾病或病情是不是在第 529（a）（3）节定义下的罕见病。

罕见病药物开发办公室

罕见病药物开发办公室与药品审评与研究中心及生物制品审评与研究中心不同，负责在有认定申请的时候，决定一种药物（包括生物制品）是否有资格被认定为在第 529（a）（3）节定义下的"罕

见儿科疾病"药物。在情况允许的情况下，它会就这一问题和药品审评与研究中心及生物制品审评与研究中心共同商讨。罕见病药物开发办公室也负责给第526条和美国《联邦法规汇编》第21主题316条里的药品（包括生物制品）授予罕见病用药认定。如本册指南所述，药物是否接受罕见病用药认定与其是否接受"罕见儿科疾病药物"认定是不同的问题。关于这两种认定程序的问题应该由罕见病药物开发办公室管理。

若在新药上市申请或生物制品上市许可申请提交时申请人没有申请罕见儿科疾病认定但申请了罕见儿科疾病优先审评券，药品审评与研究中心及生物制品审评与研究中心将会与罕见病药物开发办公室共同商讨，决定疾病或病情是不是在第529（a）（3）节定义下的"罕见儿科疾病"。

Q32. 若我有关于罕见儿科疾病药物申请的问题，我应该咨询谁？

抱有本指南没有解释的问题的申请人应该向罕见病药物开发办公室咨询认定相关问题，向药品审评与研究中心及生物制品审评与研究中心的有关审评部门咨询申请相关问题。药品审评与研究中心及生物制品审评与研究中心鼓励与潜在申请人在这些问题上有早期的交流（比如在新药上市申请或生物制品上市许可申请预会上）。

注释

1. 本指南由生物制品审评与研究中心、药品审评与研究中心及罕见病药物开发办公室共同撰写。

2.《公法》122-144，2012 年 9 月 9 日起生效。

3. 除非《美国法典》第 21 卷第 360ff 条特别注明，否则本指南中提到的 "条" 指的是《联邦食品药品和化妆品法案》中的节。

4.《公法》97-414，在《联邦食品药品和化妆品法案》第 526-528 条中被编纂修订。

5. 参见《公法》107-109（2002 年 1 月 4 日）及《公法》108-155（2003 年 12 月 3 日），在《联邦食品药品和化妆品法案》的 505A，505B 条被编纂成法。

6. 这些项目还包括快径认定、突破性疗法认定、加快批准、优先审评认定、热带病产品及抗生素项目。想要获得更多信息，可参考《行业指南原则：严重疾病药物和制剂的加急审批程序》http://www.fda.gov/download/Drugs/Guidance Compliance Regulatory Information/Guidances/UCM358031.pdf、FDA 指南草案《发展中国家被忽视的热带病：开发治疗和预防药物》http://www.fda.gov/downloads/Drugs/Guidance Compliance Regulatory Information/Guidances/UCM269221.pdf、FDA 指南草案《热带病优先审评券》http://www.fda.gov/downloads/Drugs/Guidances/UCM080599.pdf，及《FDA 安全及创新法案》、《公法》112-144，Ⅷ主题——《抗生素开发激励法案》。

7. 这是法定的定义：（1）"人类药物申请"一词是指（A）根据 355（b）款提交的新药的批准，或（B）根据 42 条 262（a）款提交生物制品许可，这一条款不包括补充申请，不包括对全血或运输血液的申请，不包括 1992 年 9 月 1 日以前许可的局部应用的牛血液产品，过敏性提取物产品或体外诊断等物制品，仅用于进一步生产用途的申请也不包括申请或补充申请的国家或联邦政府提交的未经商业分配的药物。如（B）项所述，此项包括申请许可用于静脉注射或输入单剂量注射的大体积生物制品。详见《联邦食品药品化

妆品法案》735（1）节（美国《联邦法规汇编》第21主题379g（1）款
21 U.S.C. 379g（1））

8. 因为505（b）（2）节新药上市申请是按照505（b）（1）节的规定上交的，
所有按照505(b)(1)节规定上交的新药上市申请都包括505(b)（2）节申请。

9. 本文件中所有的"我们"指的都是"FDA"。

10. 我们对"从出生到18岁"的解释是，包括所有小于19岁的个体（比如
从0–18岁）。FDA对美国《联邦法规汇编》第21主题第201款57(c)（9）
（iv）段的解释里把儿科年龄范围描述成0–16岁，这和我们的理解是一致
的，我们把儿科年龄范围理解成包括17岁以下的所有个体(比如从1–16岁）。

11. 参见美国《联邦法规汇编》第21主题第201款57（c）（9）（iv）段。

12. "罕见分组"要求证明由于药物的一种或多种性质分组以外的药物使用
将会不合适。见《美国法典》第21主题316.3（b）（13）节;《美国法典》
第21主题316.20（b）（6）节。基于以下两种论证中任意一种，药物就能被
界定为"罕见儿科疾病药物"：（i）非罕见疾病或病情的"罕见分组"，如
果该分组患病人数少于20万，且超过50%的患者处于0–18岁；或（ii）
患病年龄范围的罕见分组，如果该药物适用的疾病或病情主要影响的群体不
处于0–18岁，但由于药物的一种或多种性质该药物将主要运用于0–18岁的
人群。参见Q8第（9）条。

13. 参见脚注7。

14. 想要获得更多关于优先审评的信息，可以参考《行业指南原则：严重
疾病药物和制剂的加急审批程序》，见http://www.fda.gov/downloads/Drugs/

Guidance Compliance Regulatory Information/Guidances/UCM358301.pdf。

15. 参见脚注 8。

16. 注意券的授予时间是有限制的：如果申请是在 2012 年 10 月 7 日（2012 年的《处方药使用者付费法案》实行后 90 天）以前上交给 FDA 的，申请人不会被授予优先审评券。自 FDA 按照 529（b）（5）节里的项目授予第三张优先审评券起一年过后，将不再发行优先审评券。

17. 参见《ICH 及 FDA 指南》"E11 儿科人群中进行医药产品临床研究的指南"，第 II.A 节。

18. 美国《联邦法规汇编》第 21 主题 50.52 条和 50.53 条；参见《ICH 及 FDA 指南》"E11 儿科人群中进行医药产品临床研究的指南"，注脚 17，第 II.C 节。

19. 美国《联邦法规汇编》第 21 主题 314.50（d）（5）（iv）段；美国《联邦法规汇编》第 21 主题 601.2 条；美国《联邦法规汇编》第 21 主题 379h 款。

20.《美国法典》第 21 主题 379h 款。

21. 详见 http://www.fda.gov/downloads/Drugs/Guidance Compliance Regulatory Information/Guidances/UCM079298.pdf。

22.《美国法典》第 21 主题 360bb 条。

23.《美国法典》第 21 主题 356 条。

24. 有关罕用药指定的更多信息，见《美国联邦》第 21 主题 316 条，及 http://www.fda.gov/ForIndustry/DevelopingProductsforRareDiseasesConditions/Howt oapplyforOrphanProductDesignation/default.htm。

25. 这些好处包括与 FDA 更顺畅的会晤，从 FDA 获得关于药物发展计划、临床数据搜集的书面信件，在收到完整申请前对上市申请进行滚动式审查和加速审批的可能。更多关于快速设计和加速审批的信息，见 FDA 指南《Expedited Programs for Serious Conditions—Drugs and Biologics》，可由以下网址获取：http://www.fda.gov/downloads/drugs/guidancecomplianceregulatoryinfor mation/guidances/ucm358301.pdf 或 http://www.fda.gov/forconsumers/byaudience/ forpatientadvocates/speedingaccesstoimportantnewtherapies/ucm128291.htm。

26. FDA 对这句话 "not later than 60 days after the request is submitted," 进行了解释，意思是 FDA 必须在收到申请的 60 天之内做出答复。

27. 参见 529（d）（3）节。

28. 在 Q29 的回复中进行了解释，FDA 期待儿科罕见病比一般罕见病设计申请书更低水平的支撑数据，因为这是两种十分不同的系统。儿科罕见病用药对疾病或与疾病的关系的作用机制经体外数据支持可能已经是充分的，而对于大部分普通罕见病用药，这种水平的数据一般是不充分的。

29. 参见美国《联邦法规汇编》第 21 主题 316.20 条。

30. 交叉引用已经提交过的罕见病设计申请书信息时，若这些信息已经过时，例如，在提交罕见病设计申请书时间与提交儿科罕见病设计申请书时间之间疾病患病率评价发生了改变，可能是不合适的。

31. 第 529（d）（3）（A）小节和（B）小节。

32. 如果很显然与问题有关的是在申请时可获得的信息在提交申请时没有提供给 FDA 或者被 FDA 所知晓，FDA 保留对患病率进行再评价的权利。

33. 虽然法令并未要求申请人提交这些申请书以获取儿科罕见病优先审评券，但我们强烈鼓励申请人提交。提交这些申请书同时吸引 FDA 和其他申请人的兴趣，可以帮助 FDA 获取必要的信息来评价优先券资格并避免忽略有资格的申请。当申请人未提交优先申请，但 FDA 发现其有资格获得优先审评资格时，FDA 旨在通知此申请人并且要求此申请人在 60 天内提交支持数据，包括在美国 0–18 岁人群中的患病率。（在 Q8 第（7）-（8）的支持文件中有描述）。

34. 如在 Q34 的回答，OOPD 会与 CDER 和 CBER 共同协商评价患病率。CBER 和 CDER 的评审部门会评价申请是否达到加速审评的资格要求。

35. 529（a）（1）条中说明"优先审评"意味着 FDA 评审行动应在收到申请信的 6 个月内进行，申请信应该与《美国食品药品监督管理的政策和程序手册》描述的和 PDUFA（2012）第 101（b）款中描述的信件中确定的目标一致。与 PDUFA 相关的目标信授权 FDA 审批 90% 的 6 个月周期的优先设计，包括规定含新化学成分的新药申请的 6 个月和 10 个月周期的评价和新生物制品证书申请在申请书入档的 60 天内启动评审。见 http://www.fda.gov/downloads/forindustry/userfees/prescriptiondruguserfee/ucm270412.pdf。

36. 更多关于加速审评的信息，可在 FDA 指南《Expedited Programs for Serious Conditions – Drugs and Biologics》中获取，见 http://www.fda.gov/downloads/Drugs/GuidanceComplianceRegulatoryInformation/Guidances/UCM358301.pdf 或 http://www.fda.gov/ForConsumers/ByAudience/ForPatientAdvocates/SpeedingAccesstoImportantNewTherapies/ucm128291.htm#priorityreview。

37. 参见注释 8。

38. 参见注释 8。

39. 已经通过的 2015 财年的通知中说明通过合适的语言许可费用搜集后会提出付费要求。

40. 参见注释 35。

41.《美国法典》第 21 主题 360bb 条。

42. 参见美国《联邦法规汇编》第 21 主题 316.25（a）（2）节。

43. http://www.fda.gov/Drugs/DevelopmentApprovalProcess/DevelopmentResources/ucm375479.htm。

行业及评审人员指南：合并人用处方药品和生物制品标签的儿科信息[1]

美国卫生及公共服务部

美国食品药品管理局

药品审评与研究中心

生物制品审评与研究中心

2013 年 12 月

药品审评质量管理规范

本行业指南草案完成后将代表当前美国食品药品管理局（FDA 或其机构）在这一问题上的观点。本指南不为任何个人设定权利，对 FDA 或公众亦不产生约束。相关主体可以在满足相应法规条例要求的情况下选择其他替代方案。商讨替代方案时，可以与本指南相关的 FDA 工作人员联系，相关名单请见标题页。

I.引言

这份指南旨在辅助申请人及 FDA 的评审人员依据修正标签内容和格式要求的最终法则决定儿科信息在人用处方药品和生物制品标签中的合适位置及内容（71 FR 3922，2006 年 1 月 24 日）。[2]

这份指南没有对标签中的儿科信息的格式提供建议。对格式要求的描述在修正对人用处方药品和生物制品标签内容和格式要求的最终法则中（71 FR 3922，2006 年 1 月 24 日）。[3]

这份指南的目的是帮助确保所有儿科人用药品和生物制品的有用信息（无论是积极的、消极的，还是不确定的）一直都被放在标签中合适的部分从而使信息条理清楚，方便医疗服务提供者获得。

这份指南为以下方面提供了建议：

- 当有效数据支持某儿科适应证时，儿科信息在人用处方药品及生物制品标签中的位置及内容

- 当有效数据不支持某儿科适应证时，儿科信息在人用处方药品及生物制品标签中的位置及内容（即否定的或不确定的数据）

这份指南不适用于非处方药的标签。[4]

FDA 的指南不制定法律强制性责任，而是阐述了该机构当前针对该议题的观点，该指南内容仅作为建议，除非指南中引用了具体法规条例要求。指南中所用的词"应当"指某事仅作为建议而非硬性要求。尽管指南文件并未从法律层面约束 FDA，但是评审人员只有在有正当理由和监管竞合的时候才会弃用指南文件。

Ⅱ. 背景

A. FDA 儿科标签行动的历史

直到 20 世纪 90 年代早期，大多数药物标签包含少量的或不包含告知这些药物在儿科人群中安全性及有效性的儿科用药信息。1994 年，FDA 是最早改善药物标签中儿科用药信息的机构之一，它通过颁布修正标签中*儿科使用*分部分（59 FR 64242，1994 年 12 月 13 日）的要求后的最终法则实现改善的。这一规章在促进从新的临床试验以及从以前发表的儿科研究和病例报告中纳入儿科信息以提供儿科标签中的剂量和监测信息，并且它要求药品制造商调查现有数据并决定那些数据是否足以支持药物标签中额外的儿科用药信息。1998 年 12 月 2 日（63 FR 66632），FDA 颁布了最终法则"要求制造商在儿科患者中使用新的药品及生物制品的安全性及有效性的规章"（《儿科法则》）。这份《儿科法则》被法院责令推迟到 2002 年 10 月 17 日。

《食品药品管理现代化法案》主题 Ⅰ 111 条，于 1997 年 11 月 21 日颁布，创建了《联邦食品药品和化妆品法案》（《FD&C Act》）505A 条，此条包含了获批准药物的儿科研究的经济激励，包括在已有的市场独占权和药品专利保护的基础上再增加 6 个月的儿科市场独占权，只要研究在相当大的程度上响应儿科书面要求，即使提交的数据是不确定的或不能支持标签的变化也能获得此激励。这份计划到 2002 年 1 月 1 日期满，但在 2002 年 1 月 4 日，它被《最佳儿童药品法案》（21 U.S.C. 355a）重新授权。《最佳儿童药品法案》重新授权并修正了《联邦食品药品和化妆品法案》中 505A 条中的儿科市场独占权激励计划并且在申请人或已批准申请持有人拒绝主动开展的情况下创造了新的为儿科研究提供资金的机制。[5] 2007 年通过的《食品药品管理法修正案》（FDAAA）主题 V，于 2007 年 9 月 27 日被签署为法律（21 U.S.C. 355a），重新授权了《最佳儿童药品法案》《联邦食品药品和化妆品法案》505A 条。《最佳儿童药品法案》于 2012 与《FDA 安全及创新法案》（FDASIA）的一些章节被确定为永久有效。

《儿科研究公平法案》，最初于 2003 年 12 月 3 日颁布（《公法》108–155），将儿科法则中的许多内容编成法典，并且建立了对某些用于儿科患者的药品和生物制品的研究的要求。《儿科研究公平法案》（《联邦食品药品和化妆品法案》505B 条，21 U.S.C. 355c），在 2007 年 9 月 27 日（21 U.S.C. 355c）被《食品药品管理法修正案》重新授权，作为主题 VI，并且于 2012 年和《FDA 安全及创新法案》的一些章节被确定为永久有效，要求某些药品和生物制品须开展儿科研究。特别是，《儿科研究公平法案》要求《联邦食品药品和化妆品法案》505 条以及《公共卫生服务法案》（PHSA）规定的针对新活性成分、新的适应证、新的剂型、新剂量或是新的给药途径的申请（或补充申请）应当包含儿科评估，除非申请人已经获得了（《联邦食品药品和化妆品法案》505B 条的）豁免或延期。

《儿科研究公平法案》同样授权给 FDA 要求先前批准上市的《联邦食品药品和化妆品法案》505 条规定的药品以及根据《公共卫生服务法案》351 条规定许可生物制品申请的持有人，且其没有为上述指定的变化寻求批准的，需根据具体情况（《联邦食品药品和化妆品法案》505B（b）款）提交儿科评估。儿科评估"应该包含使用对要求有评估的每一年龄阶段合适的规划收集的数据，其应该准确地（ⅰ）为在所有相关的儿科分组人群中声称的适应证评估药品或生物制品的安全性及有效性；（ⅱ）支持对每一儿科分组人群的给药和管理，其药品或生物制品安全而有效"（《联邦食品药品和化妆品法案》505（B）（a）（2）节）。

《最佳儿童药品法案》和《儿科研究公平法案》的目的都是在药品标签中提供儿科信息从而鼓励治疗儿科患者时要合理使用药物。

B. 儿科年龄分类

药品审评与研究中心以及生物制品审评与研究中心通常将儿科研究定义在以下几个方面：[6]

- 婴儿：出生至 1 个月

- 幼儿：1 个月到 2 岁

- 儿童：2–12 岁

- 青少年：12–17 岁以下

ICH 工业指南 E11 *儿科人群中医药产品的临床调查*把早产婴儿包含在儿科人群年龄阶层中，并在其他分类中使用不同的期间及年龄范围。

- 早产新生婴儿

- 足月新生儿：0–27 天

- 婴儿和刚学步的儿童：28 天 –23 个月

- 儿童：2–11 岁

- 青少年：12 到 16–18 岁（取决于宗教）

年龄分类的使用取决于适应证以及被研究的药物，并且如果有对可替代的方法（例如，坦纳氏期）的有效且科学的基本原理，其可能会被修改。

C.《最佳儿童药品法案》和《儿科研究公平法案》研究和豁免的数据

对于响应《最佳儿童药品法案》规定的书面要求[7]而提交的数据以及响应《儿科研究公平法案》研究要求而提交的评估，必须在标签中说明发现是积极的、消极的，还是不确定的（《联邦食品药品和化妆品法案》505A（j）款以及505B（g）（2）节）。这些儿科数据应该根据第Ⅲ条规定，即人用处方药和生物制品标签中儿科数据的放置在标签中。

由于有证据表明药物在儿科人群或儿科分组人群中无效或不安全使《儿科研究公平法案》中儿科研究被 FDA 完全或部分豁免后，安全性考虑及有效性缺失必须在标签中说明（《联邦食品药品和化妆品法案》（21 U.S.C. 355（c））中 505B（a）（4）（D）小节及505B（b）（2）（D）小节）。

D. 外推法

根据《儿科研究公平法案》（《联邦食品药品和化妆品法案》505B（a）（2）（B）小节）规定，如果病程和药物影响在成人和儿科患者中足够相似，儿科人群的有效性也许能从成人数据中外推得出。因此，如果与成人相比，疾病过程和药物的效益类似，则当药物被证明了对成人有效时，可以被认为其对儿科人群有效。能够证明疾病过程在成人和儿科人群中相似的考虑包含病理生理学、疾病自然史以及儿科人群中目标器官的成熟情况。得出药物的效益在成人和儿科患者中相似的结论时要考虑的因素包括儿科人群的作用机制以及受体和酶系统的成熟情况等。关于是否及何时从成人有效性外推儿科有效性的决定要具体情况具体分析。

根据《儿科研究公平法案》规定从成人到儿科人群的数据的外推法通常仅指代有效性而不指代安全性或剂量。因为不成熟或是不断处于发育变化的儿科患者可能或多或少倾向于药物毒性，所以药物的安全性通常应该直接在儿科患者身上研究。除此之外，儿科人群中的药代动力学往往不能依据成人的情况推测。因此，可行的药代动力学研究，或药效研究或有效性临床试验应该被实施用于确定合适的儿科给药。支持外推效力决定的科学数据应该在药物研制的早期阶段与合适的审评部门人员讨论，并且这些数据文件应该和草案及／或最终研究报告一起提交。

《儿科研究公平法案》进一步提供了从一个儿科年龄阶层到另一个儿科年龄阶层的外推法。它申明："如果数据可以从一个年龄阶层外推到另一个年龄阶层，则不需要在每个儿科年龄阶层都进行研究"（《联邦食品药品和化妆品法案》505B（a）（2）（B）（ii）段）。是否在不止一个年龄阶层进行儿科研究取决于每个年龄阶层期望的治疗效益和使用情况，还取决于有效性数据能否从一个年龄阶层外推到另一个年龄阶层。有了成人数据的使用，可能会用为相关儿科年龄阶层定义给药和安全性的数据来对外推法进行补充。某些情况下（例如，有一些预防性的疫苗），从一个年龄阶层向另一个年龄阶层外推安全性和有效性可能是合适的。关于是否及何时在两个年龄阶层之间外推的决定要视具体情况而定。

E. 用于做决定的儿科数据分类

用于决定药物是否批准用于儿科适应证的儿科数据通常有两大主要的分类：①足以支持对儿科人群（或一个或几个相关儿科分组人群）的安全性和有效性；②不足以支持对儿科人群（或一个或几个相关儿科分组人群）的安全性和有效性。儿科分组人群是一群特殊说明的儿科患者，通常以年龄（21 CFR 201.57（c）（9）（ⅳ）），生理期如青春期或相关疾病进行分组。儿科标签决定树状图可以帮助促进做出决定（参见附录：儿科数据及标签决定树状图）。

1. 大量有效性证据及充足的支持安全性的证据

《联邦食品药品和化妆品法案》505（d）款将大量有效性证据定义为"包含充足且控制良好的调查，包括临床调查的证据，由有资格的专家通过科学训练和经验来评价相关药物的有效性，基于此使得这些专家可以公正且负责任地推断药物将有其所声称的有效性，或在说明书或推荐说明书中规定，推荐或建议的用法下具有有效性。"[8] 支持儿科人群安全性的证据通常应该在每个被研究的儿科年龄阶层中被评估（《联邦食品药品和化妆品法案》505B（a）（2）（B）（ⅰ）段）。

在儿科人群或一个或多个相关儿科分组人群中使用药物，（儿科适应证）可以通过以下方式被现有数据支持：

- **仅对儿科人群（一个或多个相关儿科分组人群）的研究：** 所有可使用的药物数据都是从一个或多个儿科研究中获得的，要么因为所研究的适应证对儿科人群而言是独特的，要么就是因为药物只在儿科人群中被研究。研究提供大量有效性的数据，比如对给药－范围及给药－反应的研究或是充足且控制良好的研究并且有大量数据是从控制的和非控制的研究或其他来源中获得的，用以充分地评估安全性。

- **对成人和儿科人群（一个或多个相关儿科分组人群）的研究：** 基于在每一人群中实施的充足且控制良好的临床疗效试验，药物被表明同时适用于成人和儿科人群。对于特定的适应证，从每一人群中获得的数据支持在另一人群中使用，由此可以得出两个人群中都有大量有效性数据及充足的安全性数据的结论。

- **有对儿科人群数据支持的成人研究允许对儿科人群进行有效性的外推，或在儿科人群中的研究允许对其他儿科人群有效性的外推：** 一种药物被表明同时适用于成人和儿科人群，但儿科人群中的有效性是由成人数据或另一儿科人群数据外推（见下方）而得的。也就是说，大量有效性数据是基于充足且控制良好的成人（或其他儿科患者）的临床试验，以及特定的儿科人群中的额外的支持性数据，往往包含药代动力学及药效学数据。总而言之，安全性不能被外推且需要在每一被研究的儿科人群中被评估。[9]

在需要除药代动力学数据以外数据的情况下，在儿科人群中显示药理作用的数据可被用作支持儿科适应证，即使该作用在其他数据缺失的情况下无法作为批准的依据，在这种情况下如果特定终点对成人可获得以及该药理学作用在成人身上出现则该药理学作用数据可以支持儿科人群的批准，例如儿科人群不能进行药物批准所需的成人心力衰竭或肺动脉高压等运动试验。则与成人相似的血流动力学效应可能用于支持儿科人群的批准。

当效力研究在儿科人群中不符合伦理或不可行时（例如，对暴露在致命的或永久导致残疾的生物的、化学的、放射性的或原子核的物质中的反抗措施），从动物中获得的充足且控制良好的数据可能会被用来提供大量有效性的数据（见动物效力规则（21 CFR 314 部分，Ⅰ分部分））。[10] 需要在儿科人群中进行安全性评估。

2. 不足以证明安全性和有效性的证据

本类别中，现有数据不支持对儿科人群（儿科适应证）使用药物或没有任何现有数据。以下是本类别中的两个案例。

- **对儿科人群的研究，但有效性和/或安全性尚未建立**

——由于药物对研究中的儿科病患无效或临床疗效数据不具决定性，有效性未能建立。

儿科药代动力学研究旨在支持成人数据有效性的外推，然而，由于剂量选择的不足，结果显示不能从成人数据实现有效性的外推。

——由于药品对儿科人群不安全、安全性数据不具决定性或在儿科人群中存在特殊的安全问题，因此安全性未能建立。

- 儿科人群中没有任何现有研究，并且不能将成人有效性数据向儿科人群进行外推

Ⅲ. 人用处方药和生物制品标签中的儿科数据放置

《联邦食品药品和化妆品法案》的 505A（j）款和 505B（g）（2）节要求应《最佳儿童药品法案》的书面要求而提交的数据及应《儿科研究公平法案》研究要求提交的评估在标签中注明研究结果是积极的、消极的或不确定的。

《儿科使用》分部分应向医疗服务提供者提供清晰易懂的有用信息并注明对儿科人群使用这一药物的已知和未知事项（例如，如果已进行研究或尚未进行，需解释现有证据不支持儿科批准的原因）并必须重点标注出对儿科人群用药与成人人群用药在有效性和安全性方面的任何差异（21 CFR 201.57（c）（9）（ⅳ）（B））。

如果合适，《儿科使用》部分总结的所有数据应在其他说明书部分进行更细致的讨论（21 CFR 201.57（c）（9）（ⅳ）（B））。当儿科数据在标签的某一部分进行总结，又在其他部分进行了更细致的探讨时应使用适当的标签交叉引用。

现有数据证实了儿科适应证的情况下，儿科信息必须按规定要求标注在标签上（21 CFR 201.57（c）（9）（ⅳ））。更多建议详见Ⅲ.A，"证实儿科适应证安全性和有效性的充足证据"部分。

现有数据不能证实儿科适应证的情况下,《儿科使用》必须包含一份声明，来解释安全性和有效性尚未在相关儿科人群中建立（21 CFR 201.57（c）（9）（iv）（F）。此种情况下，与未获批准使用相关的儿科信息（包括临床试验的描述、剂量和药代动力学信息）总体上应仅出现在《儿科使用》的"特定使用人群"部分，避免给人留下该药品已通过儿科使用批准的印象（参见Ⅲ.B，"不足以证明儿科适应证安全性和有效性的证据"部分）。如果已发现儿科病患可能发生的特定风险，此风险信息必须标注在《儿科使用》部分，如果条件允许，还应标注在禁忌部分或警告和注意事项部分。此种情况下,《儿科使用》部分必须根据规定要求参考警告和注意事项部分的风险信息。（21 CFR 201.57（c）（9）（iv）（B），（E）及（F））。

如按照《儿科研究公平法案》要求的研究由于药物无效或不安全证据被废弃，安全性或有效性问题必须在标签上注明。(《联邦食品药品和化妆品法案》505B（a）（4）（D）小节及505B（b）（2）（D）小节）。

A. 证实儿科适应证安全性和有效性的充足证据

数据证实可以在儿科人群中用某种药物治疗特定适应证的情况下，儿科使用信息必须标注在标签的相关部分，如可行，应按照以下规定标准（21 CFR 201.57（c）（9）（iv）（B）、（E）及（D））。以下项目符号列表中包含的信息旨在完整描述美国《联邦法规汇编》第21主题201.57（c）款（21 CFR 201.57（c）中包含的信息。在人用处方药和生物制品的处方信息中，处方信息的特别标注、特定人群使用、儿科使用部分均应包含任何临床反应重要差异或在儿科人群中使用此药品的简略总结。

- **适应证和使用**：所有适应证都应标明，包括在成人和儿科人群中相同的适应证以及任何与在成人中批准有所不同的儿科适应证。如果现有证据的适应证只能够证明该药物对某些儿科人群选定组的安全性和有效性，标签的这一部分应具体说明其年龄。

- **剂量与管理**：对于批准在儿科人群中使用的药物，其所有适应证都应包含适当的儿科剂量信息。如果临时制备处方是适宜的儿科剂型，则应提供药剂师或病患临时制备指南。

- **禁忌**：应说明不宜使用该药物的儿科年龄组，因为使用该药物的风险超过了潜在收益。

- **警告和注意事项**：应包含所有临床研究或上市后数据得出的相关儿科不良反应数据细节。应特别关注重点标注的儿科病患新型不良反应或与成人不同频率、不同严重程度（更严重或更轻）的不良反应。《儿科使用》部分应包含这些不良反应的总结。

- **特定人群使用，儿科使用**：《儿科使用》部分应向医疗服务提供者提供清晰易懂的有用信息并注明对儿科人群使用这一药物的已知和未知事项。这一部分还必须强调儿科人群与成人人群在有效性或安全性方面的任何差异。如果所有支持药品批准的现有数据仅来自于儿科研究，这一信息必须按照规定要求被标注在标签上（21 CFR 201.57（c）（9）（iv）），并且仅应在《儿科使用》部分标注简洁概述，而非冗余信息。

——如果基于足够且控制良好的儿科研究批准了针对儿科适应证的使用，应描述或简要总结一下信息：

- 被研究的儿科病人数量和每一指定儿科年龄组中的病人数量。

- 如果该药物同样批准用于相同的成人适应证，应有任何关于儿科适应证基础的描述（如证实有效性或外推的数据）。

- 任何对儿科适应证或儿科使用的限制。

- 特异性监测的必要。

- 在任何儿科人群亚群中使用该药物可能出现的特殊风险（如新生儿）。

- 儿童和成人对该药物反应的任何重要差异（如药效学 / 药物动力学数据）。

- 任何该药物儿科安全有效使用的相关信息。

——如果基于足够且控制良好的成人研究和支持儿科使用的其他数据批准了针对儿科适应证的使用（或根据更年轻或年长的儿科病患数据），必须包含以下描述或是其他足够传达要求信息的合适选择：

"（药物名称）的安全性和有效性已在年龄组 ＿＿＿ 至 ＿＿＿ 中建立（标注任何限制，如没有 2 岁以下儿科病患的数据，或只适用于某些被批准的成人适应证）。根据对成人足够且控制良好的（药物名称）研究和其他数据得出的证据，证实了（药物名称）可以在这些年龄组中使用。（插入准确描述所提交数据的文字，以支持在儿科人群中找到的关于有效性的实质证据）。"

（21 CFR 201.57（c）（9）（iv）（D）（1））

另外，上述描述中总结的数据必须在标签的合适部分进行进一步仔细讨论。任何儿童和成人反应间的重要差异、特异性监测的必要、剂量调整和任何其他与该药物在儿科病患中使用的安全性和有效性相关的信息都必须在《儿科使用》部分中简略引用（21 CFR 201.57（c）（9）（iv）（D）（2）），并应在标签的合适部分包含更加详细的讨论。

- **临床药理学、药效学和药代动力学**：应提供关于药效学、药代动力学和在《儿科使用》部分中总结的药效学数据更详细的讨论。应包含相关儿科用药代动力学和/或药效学研究数据和剂量反应信息。

- **临床研究**：应提供对《儿科使用》部分中总结的儿科临床数据更详细的讨论。

- **患者资讯信息**：如条件允许，应提供安全有效使用该药物的必要信息，以便处方医师向儿科病患或护理者传达。

当儿科数据在标签的某一部分进行总结，又在其他部分进行了更细致的探讨时应使用适当的标签交叉引用。

B. 不足以证明儿科适应证安全性和有效性的证据

如确定证据不足以证明儿科适应证，所有与未批准使用有关的相关儿科信息应仅标注在《儿科使用》的特定人群使用部分，除非法律规定可以不表明批准的儿科适应证。如之前所说，任何符合

《最佳儿童药品法案》的书面要求或《儿科研究公平法案》评估要求(《联邦食品药品和化妆品法案》的 505A(j)款和 505B(g)(2)节)的消极的或尚不确定的研究都必须在这一部分中进行描述，任何安全性问题或与成人人群相对应的儿科人群安全性差异也应描述。在缺乏在有效性数据的情况下，若药代动力学数据反映出了与剂量相关的安全性问题，则只能包含在本部分（例如，药物清除低导致更高暴露 ）。此外，如果确定了儿科病患的特定风险，此风险信息必须标注在《儿科使用》部分，如果条件允许，还应标注在禁忌部分警告和注意事项部分。此种情况下,《儿科使用》部分必须根据规定要求参考警告和注意事项部分的风险信息。(21 CFR 201.57 (c)(9)(ⅳ)(E))。

语境语言或许适宜阐明《儿科使用》部分中包含的特定儿科信息并不代表 FDA 批准这一使用。以下事例解释了不足以证明批准的儿科信息应如何出现在《儿科使用》部分。

- 不存在足够证据来证明在特定儿科人群中的适应证，或该药物尚未在特定儿科人群中进行研究的情况下，必须进行适当声明（ 21 CFR 201.57 (c)(9)(ⅳ)(E))。例如，"尚未建立针对____岁以下儿科病患的安全性和有效性。"应提供这一声明的根据（如说明研究尚未实施或提供现有证据解释不支持该药物在这些儿科病患中批准使用的原因 ）。

- 不存在足够证据来证明在儿科人群中的新型使用方法（新适应证 ），或药物尚未在儿科人群中进行其他被标注的成人适应证研究的情况下，必须提供适当声明（ 21 CFR 201.57 (c)(9)(ⅳ)(E))。例如，"除 XXX 外的儿科病患适应证安全性和有效性尚未建立"。应提供这一声明的根据（如说明研究尚未实施或提供现有证据解释不支持该药物新型使用方法的原因）。

- 不存在足够证据来证明在任何儿科人群中的适应证，或该药物尚未在任何儿科人群中进行研究的情况下，须进行以下声明（或其他合理选择）（21 CFR 201.57（c）（9）（ⅳ）（F））："尚未建立针对儿科病患的有效性和安全性。"应提供这一声明的根据（如说明研究尚未实施或提供现有证据解释不支持该药物在这些儿科病患中批准使用的原因）。

- 如存在在特定儿科人群中使用该药物的风险，此风险信息必须标注在《儿科使用》部分，如果条件允许，还应标注在禁忌部分或警告和注意事项部分，并在《儿科使用》部分提及（21 CFR 201.57（c）（9）（ⅳ））。

C. 非活性成分

如果药物包含一种或更多造成儿科人群安全性风险（毒性作用）增加的非活性成分，标签中必须包含对这种风险的具体注释。风险具体注释必须标注在禁忌部分（21 CFR 201.57（c）（5）和／或警告和注意事项部分（21 CFR 201.57（c）（6），并在《儿科使用》部分进行简要总结（21 CFR 201.57（c）（9）（ⅳ））。

D. 幼龄动物数据

如果已进行幼龄动物模型的非临床毒理学研究以证明临床儿科试验，应在《儿科使用》部分注明这些研究。应简要描述幼龄动物数据总结，包括在该研究和相关研究终点使用的人体暴露剂量当量。

注释

1. 这份指南由 FDA 中的药品审评与研究中心（CDER）以及生物制品审评与研究中心（CBER）的新药办公室编写。

2. 鉴于这项指南的目的，药品及生物制品的指代包括《联邦食品药物与化妆品法》（21 U.S.C. 355）505 条同意的药品以及《公共卫生服务法案》（PHSA）（42 U.S.C. 262）351 条批准的作为药品的生物制品。

3. 见工业指南拟稿人用处方药品和生物制品的标签——增补新的内容和形式要求。这份指南完成后将代表 FDA 目前对此论题的观点。若需要最新版本的指南，浏览 FDA 药物指南网站 http://www.fda.gov/Drugs/GuidanceComplianceRegulatoryInformation/Guidances/default.htm。

4. 见工业指南标注非处方药人类药物制品——问题和答案。我们会定期更新指南。为保证你获得最新版本的指南，请查看 FDA 药品指南网站 http://www.fda.gov/Drugs/GuidanceComplianceRegulatoryInformation/Guidances/default.htm。

5.《最佳儿童药品法案》中，申请人这一术语指的是在新药申请被批准前提交了调查的新药申请或新药申请的一个整体。获批准的申请持有人这一术语指的是持有获得批准的新药申请，以销售含有所涉及药物的药品的公司（21 U.S.C. 355a（b）、（c）及（d））上市的公司。

6. 参见美国《联邦法规汇编》第 21 主题 201.57（c）（9）（iv）段（21 CFR 201.57（c）（9）（iv））。

7. 书面要求是 FDA 中一种特殊的文献，通常由合适的办公室主任或授权委托人签署，要求提交特定研究的来决定药物活性成分使用是否能在儿科人群中提供有意义且健康的益处。书面要求详细说明了研究中 FDA 希望申请人或申请持有人为赢得儿科市场独占权而包含的内容。FDA 可以应感兴趣的人要求或自发颁布一份书面要求。针对已获批准的申请的申请人或持有人颁布的书面要求不要求接受者实施书面要求中说明的儿科研究。接受者自己决定是否实施研究以及可能获得儿科市场独占权。

8. 对于根据《公共卫生服务法案》PHSA（42 U.S.C. 262）中 351 条规定批准的生物制品，许可证被颁布，说明了制品符合标准用以保证"持久的安全、纯净以及效能。"效能长久以来被认为包括有效性（21 CFR 600.3（s））。大量有效性的证据被需要用以支持一种适应证（21 CFR 201.27（c）（2）（v））；证据的质量在工业指南为人类药品及生物制品提供有效性的临床证据中有说明。

行业指南：儿科用预防性
艾滋病疫苗研制

美国卫生及公共服务部

美国食品药品管理局

生物制品审评与研究中心

2006 年 5 月

本行业指南草案完成后将代表当前美国食品药品管理局（FDA 或其机构）在这一问题上的观点。本指南不为任何个人设定权利，对 FDA 或公众亦不产生约束。相关主体可以在满足相应法规条例要求的情况下选择其他替代方案。商讨替代方案时，可以与本指南相关的 FDA 工作人员联系，相关名单请见标题页。

I. 引言

在这份指南中 FDA 给申请人提供建议以考虑用数据来支持：①根据美国（U.S.）新药临床研究申请（IND）规定，启动对预防性艾滋病疫苗的儿科研究；②儿科用预防性艾滋病疫苗的许可。我们同样提供建议给予这些儿科研究相关的调查者和伦理审查委员会（IRBs）。[1]

总之，FDA 的指南文件不制定法律强制性责任，而是阐述了该机构当前针对该议题的观点，该指南内容仅作为建议，除非指南中引用了具体法规条例要求。指南中所用的词"应当"指某事仅作为建议而非硬性要求。

II.范围

这份指南指导申请人和研究者了解对儿科人群实施临床研究的特殊考虑的规则、法规以及其他指南。这些文件适用于研制以及许可儿科人群预防性艾滋病疫苗。

这份指南特别提出了关于研制美国健康儿科人群预防性艾滋病疫苗的问题。因为在这些人群中艾滋病感染流行率较低,因此这些儿科研究项目引发的风险也应该相应地较低。具有全球范围公共卫生意义的艾滋病的垂直传播以及母婴传播预防的研究将在美国实施得很困难,因为美国人群中艾滋病通过这些接触路径传播的普遍性不高。[2]

在美国,安全而高效的艾滋病疫苗有可能将被用于预防艾滋病通过性和血液接触传播;同时,儿科人群中通过此类传播感染最危险的是青少年。同时,用以支持美国人使用而实施的临床研究可能会将目标放在儿科年龄阶层上并且成为这份指南的重点。

III.背景

美国疫苗的研制从成人到儿童呈现阶梯模式逐渐发展。发展的道路导致了过去十年大量儿科疫苗被许可,包括防治百日咳、水痘、甲型肝炎、肺炎球菌、流行性感冒以及脑膜炎球菌的疫苗。发展道路同样适用于艾滋病疫苗。然而,此次研制安全高效的用于包括儿科人群在内的所有目标人群的艾滋病疫苗的最大挑战就是需要额外的科学知识。例如，迄今为止，没有艾滋病疫苗的探索性研究证实可以预防艾滋病感染，并且关于预防机体感染艾滋病的免疫反应还未被鉴定。

联邦法、FDA 规章以及 FDA 指南包含了科学实施针对儿科人群研究的有益信息，以及人体受试者保护的问题，包括提供给儿科人群的特殊保护。特别是《儿科研究公平法案（2003）》[3] 提出儿科用药和生物制品的研发。除此之外，我们将指南发布在 Clinical Investigation of Medicinal Products in the Pediatric Population（ICH E11）用以帮助儿科产品的研制（Ref.1）。

儿科规章和立法

《儿科研究公平法案》规定，所有根据《联邦食品药品和化妆品法案》（the Act）505 条（21 U.S.C. 355）规定，或根据《公共卫生服务法》（PHSA）351 条（42 U.S.C. 262）规定为新活性成分、新适应证、新剂型、新剂量，或是新的给药途径而提交的申请（或补充申请）必须包含儿科评估，除非申请人已经获得了 FDA 的豁免或延期。我们于 2005 年 9 月（Ref.2）草拟了实施《儿科研究公平法案》的指南。正如那份文件所说，我们鼓励在疫苗研制过程中尽早把儿科研制计划提交给 FDA。

鉴于目前研制预防性艾滋病疫苗的发展阶段以及缺乏对艾滋病免疫的认识，在考虑儿科人群中对受试者开展艾滋病疫苗研究的时间安排、设计和实施时，科学性和伦理方面的问题就显得十分重要。根据美国卫生及公共服务部规程规定，儿童被认为是易受伤害的人群并要求额外研究的保护。[4] 特别是，21 CFR 50 部分，D 子部分，"临床调查中对儿童的额外保护措施"给伦理审查委员会审查儿童临床研究时提供了范例。[5] 这些规章包含了征求父母或监护人同意，以及获得儿童同意参与临床研究的规定。[6] FDA儿科道德工作小组概括了 1999 年 11 月 15 日儿科咨询委员会会议讨论的关于健康儿童临床研究的道德问题。结论公布在 http://www.fda.gov/cder/pediatric/ethicsstatement.htm。

申请人和研究者应该将《儿科研究公平法案》的要求、上述适用于儿科人群研究的实施规章以及 FDA 提出的儿科用药品及生物制品研究问题的指南熟记于心。

IV . 支持探索性预防性艾滋病疫苗的儿科研究数据

A. 临床前 / 非临床研究

对诸如生殖毒性、遗传毒性，或致癌性研究的要求，以及与初始儿科研究相关研究的时间安排等问题，应当具体问题具体分析，并且相关分析会基于先前动物及人体疫苗研究中获得的数据。[7] 我们鼓励申请人从 FDA 的 IND 前会议（pre–IND meeting）或其他早期关于合适的非临床研究的交流信息中导入相关数据信息以支持儿科研究。

B. 成人数据的用量及类型

需要支持儿科研究开展的成人数据的用量及类型将取决于：

- 生成的成人安全性和免疫原性数据的说服力。

- 所了解的调查疫苗的信息，就其与性质良好的疫苗或是新载体或是生产方法关系而言。

- 与文献记载的保护免疫反应的关系。

艾滋病疫苗儿科临床研究开始之前已有成人安全性和活性数据十分重要。这些成人数据将会为儿科人群选择合适的初始剂量和进度安排提供基础。成人安全性数据应从对事前安全性评估的仔细监管中获得。申请人应该在开始儿科研究之前对至少一份成人研究评估其临床化学及血液学参数。[8] 疫苗的安全性概述、辅助使用以及目标年龄人群免疫反应的成熟度都是重要的因素，影响着儿科人群用药的最佳剂量和进度安排。申请人应当提供包含儿科协议的新药临床研究申请中的成人数据。[9]

C. 额外考虑

1. 儿科年龄阶层的选择

申请人应该在选择研究的儿科年龄阶层时考虑到艾滋病传播方式以及艾滋病感染风险，并且应该在新药临床研究申请中（Ref. 1）为年龄阶层的选择提供理论依据。希望使用年龄界限来定义青少年年龄阶层的申请人应该解释所选择的年龄段，并将影响青春期的多样化因素考虑在内。从年龄最大到年龄最小逐步的评估预测是为了保护人体受试者。[10]

2. 安全性数据

儿科研究中的安全性数据应该被严格收集，使用预先测定的不良事件（AE）分割合适年龄（Ref. 1）范围。[11] 在每一研究中都应该计算局部和系统的反应原性以及其他不良事件，包括严重而出乎意料的美国《联邦法规汇编》第 21 主题 312.32 条（21 CFR

312.32）定义的药物不良事件。这种预期收集的安全性数据应该基于调查疫苗的特点（例如，DNA 疫苗、病毒活载体疫苗、佐剂疫苗）以及应该特别计算成人研究定义的不良事件。[12] 参与疫苗研究中的儿科研究应该被密切注意，以防发现严重而出乎意料的不良事件以及新的医学上重要疾病的产生。通常情况下，可在最后一次给药后至少 6 个月完成。

3. 血液抽样 / 化验

我们建议，针对安全性实验评估以及免疫原性评估的血液抽样应被最小化以降低静脉穿刺的痛苦（Ref. 1）。用于测量对艾滋病疫苗免疫反应的化验应该先在成人中开展研究再用于评估儿科免疫反应。为达到测试少量血液的目的，这些化验需要改进。

4. 特别注意

成人人群中艾滋病疫苗的实施引起了一些注意，比如潜在的增加危险性行为以及出现假阳性艾滋病检测结果的可能。在成人中，关于假阳性艾滋病检测可能需要注意的方面包括工作地点和其他环境中的歧视或是没有捐献血液的能力。为了处理此类问题，对成人降低性风险的一体化教育以及有效的避孕措施的文件材料的研究用以防止给孕妇接种疫苗。假阳性艾滋病检测导致对儿科项目的潜在影响要求适合年龄的讨论始终贯穿研究中，并且父母或监护人应该参与其中。[13] 申请人、研究者以及伦理审查委员会应该考虑到在研制、审查以及实施儿科临床研究时类似这些的问题。

可被成人采用的预防艾滋病研究知情同意书形式和程序，可以作为处理此类儿科人群问题的初始模式。我们建议在设计和实施青少年研究时加入时青少年行为和发展方向有专业知识的临床医生。

Ⅴ. 支持授予儿科用预防性艾滋病疫苗许可证的数据

如果已经获得了成人用艾滋病疫苗的上市许可，儿科用预防性艾滋病疫苗许可申请可以作为生物制品上市许可申请或是补充申请。申请人应该用准确的安全性和有效性数据来支持此类生物制品上市许可申请或是补充申请。[14] FDA 于 1998 年 5 月发布工业指南：给人用药品和生物制品提供有效性的临床证据"[15] 包括在生物制品上市许可申请中提供有效性证据或补充说明有效性的建议。[16]

A. 使用成人有效数据

当成人和儿童的疾病以及治疗反应在相当程度上相似时，成人有效数据可以被用于外推儿科人群。[17] 成人数据的推断可能是对阻止通过性传播或血液传播（如静脉注射等）的预防性 HIV 疫苗的有效评估。此类情况下，以儿童免疫原性和安全性数据为支撑的预防成人新型艾滋病感染的疗效可能足以支持该预防性艾滋病疫苗在儿科使用。

B. 包含临床产出的儿科有效性研究

包含临床产出的儿科疗效研究，例如，文献记录的艾滋病感染，同样可以被用于提供有效性数据来支持得到许可。由于美国儿科人群中艾滋病感染的概率低，此类研究可能会在美国之外艾滋病感染率高的地区实施。用于支持在美国上市的海外研究需要符合药物临床试验质量管理规范（GCP）。药物临床试验质量管理规范是用于设计、实施、记录以及报道的征集人体临床研究受试者开展临床研究的一种国际伦理和科学质量标准。[18] 如果海外研究已经实施，我们建议与 FDA 进行早期讨论，以确保这些海外数据可以被接受用来支持美国儿科用疫苗的上市，毕竟美国的感染率普遍较低并且最常见传播路径和非美国儿科人群不同。

希望向 FDA 提交在海外人群中获得的儿科有效性数据的申请人还应该实施临床桥接研究，将类似的儿科用途外推至美国人群中。[19] 在这些临床桥接研究中，基于预测保护原理的免疫反应的鉴别。跨区域艾滋病病毒流行类型和艾滋病病毒 Ⅱ 型的数据外推也是需要解决的问题。

注释

1. 国会的报告以及农业和农村发展，FDA，以及相关机构拨款法案，2006，《公法》109-97（2005 年 11 月 10 日颁布），催促 FDA 在 6 个月内颁布指南，用于处理"获得 FDA 批准在儿科人群中测试艾滋病疫苗的最低要求以及获得 FDA 批准艾滋病疫苗的儿科适应证的最低要求"。政府报告 109-102 在 80-81（2005）同样可见参议院报告 109-92 在 153-154（2005）（包含几乎完全相同的语言）。这份指南反映了这些要求。

2. 如果此类研究根据美国 IND 规定在美国领土之外被实施，申请人，调查者以及伦理审查委员会适当地规定外必须遵循美国 IND 要求以及 FDA 规章中处理 INDS（美国《联邦法规汇编》第 21 主题 312 条），受试者的保护（美国《联邦法规汇编》第 21 主题 50 条），以及伦理审查委员会的实施（美国《联邦法规汇编》第 21 主题 56 条）的适用条款，以及地方规定。详见美国《联邦法规汇编》第 21 主题 312.120 条中 FDA 接受没有根据 IND 规定实施的外国临床研究的信息。

3.《儿科研究公平法案》(《公法》108–155)。

4. 详见美国《联邦法规汇编》第 21 主题 50 条、56 条、111 条和 46.111 条。

5. 还可参见于美国《联邦法规汇编》第 45 主题 46 部分，D 分部分。

6. 美国《联邦法规汇编》第 21 主题 50.55 条。

7. 详见美国《联邦法规汇编》第 21 主题 312 条。

8. 美国《联邦法规汇编》第 21 主题 312.23 条。

9. 详见美国《联邦法规汇编》第 21 主题 312.23 条。

10. 参见 http://www.fda.gov/cder/pediatric/ethics–statement.htm。

11. 同样可参见 FDA 工业指南拟稿：用于自愿参加预防性疫苗临床试验的健康成人记青少年毒性分级标度，2005 年 4 月（http://www.fda.gov/cber/gdlns/toxvac.pdf）。这份指南拟稿完成之后，将代表 FDA 目前对此论题的观点。

12. 美国《联邦法规汇编》第 21 主题 312.23 条。

13. 美国《联邦法规汇编》第 21 主题 50.25 及 50.55 条。

14.《公共卫生服务法案》(42 U.S.C. 262) 中 351 条;《美国食品药品和化妆品法案》(21 U.S.C. 355c (a)(2)(A)) 中 505B (a)(2)(A) 小节(《儿科

研究公平法案》作为补充）。

15. 参见 http://www.fda.gov/cber/gdlns/clineff.pdf。

16. 1998 年 5 月的指南，效力这个术语指的是足量且控制良好的临床研究的发现的成果或是实施此类研究的意图，有效性这个术语指的是基于临床效力和其他数据所作出的监管的决心。

17.《联邦食品药品和化妆品法案》（21 U.S.C. 355c（a）（2）（B）（i））中505B（a）（2）（B）（i）段（《儿科研究公平法案》作为补充）。

18. ICH;FDA 指南：E6 良好的临床实验：统一的指南方针（62 FR 25691–25709，1997 年 5 月 9 日）。还可参见 http://www.fda.gov/cder/guidance/959fnl.pdf。

19.ICH；FDA 工业指南：E5——可接受的外国临床数据的伦理因素——问题和答案，2004 年 6 月（http://www.fda.gov/cber/gdlns/iche5ethnic.pdf）。

行业指南：如何遵守《儿科研究公平法案》[1]

美国卫生及公众服务部

美国食品药品管理局

药品审评与研究中心

生物制品审评与研究中心

2005 年 9 月

程序性草案

本行业指南草案完成后将代表当前美国食品药品管理局（FDA 或其机构）在这一问题上的观点。本指南不为任何个人设定权利，对 FDA 或公众亦不产生约束。相关主体可以在满足相应法规条例要求的情况下选择其他替代方案。商讨替代方案时，可以与本指南相关的 FDA 工作人员联系，相关名单请见标题页。

Ⅰ. 引言

这份指南提供了一些如何理解《儿科研究公平法案》（《公法》108–155）中儿科研究要求的建议。《儿科研究公平法案》通过增加了 505B 条（21 U.S.C. 355B）修订了《联邦食品药品和化妆品法案》。《儿科研究公平法案》要求特定的药品和生物制品开展儿科研究。[2]《儿科研究公平法案》尤其要求新活性成分、新适应证、新剂型、新剂量和新给药途的药物在申请新药上市申请（NDAs）以及生物制品上市许可申请（BLAs）（或是补充申请）时包含儿科评估，除非申请人已经获得了豁免或延期（详见《联邦食品药品和化妆品法案》505B（a）款）。在特定情形下（详见505B（b）款），该法案还授权 FDA 可以要求先前已经批准上市药品和生物制品的申请持有人在没有寻求批准上述任一改变的情况下（（下文中"上市药品和生物制品"））提交儿科评估。

尽管《儿科研究公平法案》适用于新的申请（或补充申请）和已经上市药品和生物制品，这份指南将只针对505B（a）款规定的药品及生物制品的新药上市申请（NDAs）以及生物制品上市许可申请（BLAs）（或已获批准申请的补充申请）提供建议。505B（b）款中关于申请人没有寻求所列的改变且已经上市药品和生物制品的规定可能会在将来的指南里提出。

这份指南涉及儿科评估、[3] 儿科计划（详见 V.A 部分）、豁免和延期、合规问题以及儿科市场独占权条款。

FDA 的指南文件，包括这份指南，没有建立法律强制责任。除了指南中引用的特定的法规条例，指南仅描述了监管部门目前对这一问题的看法且应该仅被看作是建议。指南中所用的词"应当"指某事仅作为建议而非硬性要求。

II. 背景

2003 年 12 月 3 日，《儿科研究公平法案》被签署为法律。《儿科研究公平法案》是十几年来立法和监管机构第一次尝试处理药品标签信息中儿科用药信息缺失的问题。在《儿科研究公平法案》中，国会将许多《儿科法则》的内容编成法案，该法则是 FDA 于 1998 年 12 月 2 日（63 FR 66632）颁布的，且在 2002 年 10 月 17 日被法院要求推迟实施。[4]

《儿科法则》规定，1999 年 4 月 1 日及之后改变药物活性成分、适应证、剂型、剂量和给药途径并获得或寻求获得批准用于成人适应证的申请中应当包含儿科评估，除非相关请求得到了豁免或延期。设计《儿科法则》是为了和《联邦食品药品和化妆品法案》（21 U.S.C. 355a）中 505A 条的*儿科市场独占权*规定结合，签署为法律的动机是鼓励获得批准的申请人或持有人自愿完成 FDA 颁布的书面[5]要求中说明的儿科研究，从而获得额外 6 个月的市场独占权的资格。

2002 年 1 月 4 日，颁布了《最佳儿童药品法案》（BPCA）（《公法》107–109）。《最佳儿童药品法案》重新授权并修正了 505A 条的儿科市场独占权激励计划并且在申请人或已批准申请持有人拒绝主动开展的情况下创造了新的为儿科研究提供资金的机制。2002 年 4 月 24 日，FDA 颁布了拟定法规的预先通知（ANPRM）征求最合适的方法来更新《儿科法则》，此方法与《最佳儿童药品法案》创造的获得相关研究的其他机制相符合。

2002 年 10 月 17 日，美国哥伦比亚特区地方法院认为 FDA 颁布《儿科法则》时通过了它的法定权限，于是法院推迟了法则生效且禁止执行该法则（外科医生和内科医生协会，包括 v.FDA，226F. Supp. 2d 204（D.D.C.2002））。当法院于 2002 年 10 月禁止 FDA 执行《儿科法则》时，拟定法规的预先通知同样被淘汰了。

如上所述,《儿科研究公平法案》把被延缓的《儿科法则》的内容编入法典并试图填补由于《儿科法则》的推迟生效留下的空缺。

Ⅲ. 综述——《儿科研究公平法案》的要求

A.《儿科研究公平法案》法定要求

《儿科研究公平法案》要求新活性成分、新适应证、新剂型、新剂量和新给药途的药物在申请新药上市申请(NDAs)以及生物制品上市许可申请(BLAs)(或是补充申请)时,根据《联邦食品药品和化妆品法案》(21 U.S.C. 355)505条或《公共卫生服务法案》(PHSA)(42 U.S.C. 262)351条的规定应当包含儿科评估,除非申请人已经获得了豁免或延期(详见《联邦食品药品和化妆品法案》505B(a)款)。在特定情形下(详见505B(b)款),该法案还授权FDA可以要求先前已经批准上市药品和生物制品的申请持有人在没有寻求批准上述任一改变的情况下((下文中"上市药品和生物制品"))提交儿科评估。

总而言之,《儿科研究公平法案》只适用于那些治疗成人和儿科群体均会发生的疾病或病情的药品和生物制品。而那些只针对儿科人群适应证的药品只有在它们最初是被开发用于相关儿科人群亚组的情况下才会被要求满足《儿科研究公平法案》的要求。

B. 要求的范围

1. 受《儿科研究公平法案》影响的申请

因为《儿科研究公平法案》的4(b)款使立法有追溯效力,所有在 1999 年 4 月 1 日或之后提交的新活性成分、新适应证、新剂型、新剂量和新给药途径的药物的上市申请（包括《儿科法则》被推迟生效时获得批准的上市申请）均应该遵循《儿科研究公平法案》。《儿科研究公平法案》规定，相关得到批准的申请持有人，在先前的申请中没有包含儿科评估、豁免或延期的，必须提交相关儿科评估或请求豁免或延期（4（b）（2）（B）小节）。如果豁免请求被否定了并且 / 或者研究被延期了，FDA 会要求合适的研究作为上市后研究。（更多关于合适的延期日期，详见 Ⅳ.B 节以及附件 C。）

2. 罕用药

《儿科研究公平法案》声明："除非部长根据规定另有要求，本段内容不适用于已经依第 526 条被授予罕用药资格的药物。"[6] FDA 尚未颁布关于将《儿科研究公平法案》应用于罕用药适应证的规定。因此，在申请罕用药上市申请过程中不需要提交儿科评估，并且不需要申请豁免。然而，如果一个只有一种罕用药适应证的药品，为了申请应用于非罕用药适应证的同一种产品上市时，儿科评估仍然需要提交。

3.《美国食品药品和化妆品法案》505(j)款规定的仿制药（21 U.S.C. 355（j））

由于《儿科研究公平法案》只适用于新活性成分、新适应证、新剂型、新剂量和新给药途药物的申请（或是补充申请），并且因为根据《联邦食品药品和化妆品法案》505（j）款通过简略新药申请（ANDA）上市的药品并没有相关改变，因此《儿科研究公平法案》并不要求通过 ANDA 上市的仿制药开展儿科研究评估。

然而，根据《联邦食品药品和化妆品法案》505（j）（2）（C）小节规定，获得批准的适用性请愿书中涉及药物剂型、给药途径或组合物中新活性成分发生改变的，在申请中应当遵循《儿科研究公平法案》强制实行儿科评估的要求。如果根据《儿科研究公平法案》的规定，获得批准的适用性请愿书中提交的产品被要求开展临床研究并且豁免请求未被批准，则该申请不可以再适用简略新药申请。

由于《儿科研究公平法案》是有追溯效力的，因此如果适用性请愿书中提交的药品在剂型、给药途径或组合物中的活性成分发生了改变，那么相关药品在 1999 年 4 月 1 日（《儿科法则》生效时）当天或之后并在 2003 年 12 月 3 日（颁布《儿科研究公平法案》时）之前提交的已批准的或正在申请的 ANDAs 需要遵守《儿科研究公平法案》。尽管一些适用性请愿书中的 ANDAs 在 1999 年 4 月 1 日及之后并在 2003 年 12 月 3 日之前已经被提交，但在《儿科研究公平法案》生效时也不会被批准，《儿科研究公平法案》的追溯效力不会要求 FDA 撤回先前的审批。相反，如新药申请和生物制剂许可申请一样，已经获得批准或正在申请 ANDAs 的申请人，依照适用性请愿书于 1999 年 4 月 1 日到 2003 年 12 月 3 日之间提交申请的，必须提交批准后的儿科研究或申请儿科评估的豁免或延期（《联邦食品药品和化妆品法案》505B（a）（2）节）。如果在这段时间范围内基于适用性请愿书而提交或批准的药品的豁免请求被驳回了，FDA 会要求相关合适的研究作为上市后研究。

IV. 儿科评估

A. 什么是儿科评估？（《联邦食品药品和化妆品法案》505B（a）（2）节）

《儿科研究公平法案》规定，儿科评估包含根据评估要求对每个年龄组使用合适的处方，并从该儿科研究中收集评估需要的数据，以及其他数据足以用于评估：

- 在所有相关的儿科分组中评估药品或生物制品在声称的适应证上的安全性和有效性。

- 在明确药品或生物制品安全性和有效性的基础上，支持每个儿科分组的给药剂量和给药途径的确定。

B. 按照《儿科研究公平法案》规定，什么时候提交儿科评估

《儿科研究公平法案》规定，儿科评估必须在向监管部门提交新活性成分、新适应证、新剂型、新剂量或新的给药途径的申请时一并提交，除非评估的要求被延期或豁免。如果同意延期，这份儿科评估应在监管部门明确规定的时间之前（《联邦食品药品和化妆品法案》505B（a）（3）节）提交。

如上所述,《儿科研究公平法案》有追溯效力，并要求所有在1999年4月1日至今期间提交的申请均要进行儿科评估。为了处理因为2002年10月儿科法则的推迟生效及其他原因导致的在1999年4月1日至今期间批准的申请中儿科信息的潜在空缺,《儿科研究公平法案》提供了豁免或延期的可能以防止某些儿科

研究要求一直未被处理，并延长一些先前已经根据儿科法则获得延期的项目（详见《儿科研究公平法案》中附件 C 中延期日期的图表）。

如果先前根据《儿科法则》批准了申请儿科研究的豁免，那么该豁免将适用于《儿科研究公平法案》4（b）（2）（A）小节）。

C. 什么类型的数据作为儿科评估的一部分被提交？

根据《儿科研究公平法案》规定提交的数据将取决于申请的本质属性，所了解的儿科群体中的产品以及潜在疾病或治疗中的病症。《儿科研究公平法案》没有要求申请人对每个儿科病例实施单独的安全性和有效性研究。《儿科研究公平法案》声明：

如果疾病进程以及药物疗效在成人和儿科人群中足够相似，部长可以决定，儿科有效性能够从足量且控制良好的对成人的研究中外推，通常还可以有从儿科病患中获得的其他数据作为补充，如药代动力学研究。

（《联邦食品药品和化妆品法案》505B（a）（2）（B）（i）段。）

如果从成人有效性数据外推的数据不合适，可能仍需要足量且控制良好的对儿科人群的效力研究。额外的信息（比如给药及安全性数据）对支持儿科标签决定可能同样重要。

《儿科研究公平法案》进一步提供了，"如果从一个年龄阶层的数据可以外推另一个年龄阶层，则不需要每个年龄阶层都研究"（《联邦食品药品和化妆品法案》505B（a）（2）（B）（ii）段）。进行不止一个年龄阶层的儿科研究是否必要取决于每个年龄阶层的期望的治疗效益和用处，以及取决于一个年龄阶层的安全性和有效性数据是否可以用来外推其他的年龄阶层。如成人数据的用途，可以用数据补充外推用以定义相关年龄阶层的给药剂量和安全性。

申请人应该联系合适的审评部门，讨论需要的儿科研究的类型以完成儿科评估。

Ⅴ. 儿科计划及提交

A. 什么时候制定儿科计划

儿科计划是一项意向声明，概述了申请人计划实施的儿科研究（例如，药代动力学/药效学、安全性、有效性）。计划同样应该明确与年龄相适宜的处方。此外，计划还应处理申请人是否计划根据《儿科研究公平法案》规定请求豁免或延期，以及基于什么制定了这个计划。申请人被鼓励在药物研制过程中尽早向监管部门提交儿科计划并且在研制药品或生物制品过程中的关键点与监管部门讨论这些计划。

早期咨询和讨论治疗那些威胁生命或严重使人衰弱的疾病的药品尤其重要。对于这些药品，FDA 鼓励申请人在 IND 前会议上以及Ⅰ期临床试验结束后会议上讨论儿科计划。对于治疗威胁生命的疾病的药品，审评部门将在Ⅰ期临床试验结束后会议上围绕是否需要根据《儿科研究公平法案》开展儿科研究，相关申请是否会被延期直至被批准等问题作出最佳判断。总而言之，针对治疗威胁生命的或严重使人衰弱并缺乏足够治疗方法的儿科疾病的药品或生物制品的研究可以比其他药品的研究早一步进行。尽管缺乏相关的安全性和有效性信息，但这些药品在临床需求中的紧迫性可以证明早期实验的合理性。

不针对威胁生命的或严重使人衰弱疾病的药品的申请人被鼓励不迟于第Ⅱ期临床试验结束后会议提交和讨论儿科计划。支持任何有计划的儿科研究的豁免或延期请求的信息同样应该作为这次会议的背景而被提交。审评部门应该围绕下列问题提供最佳判断：①该药品即将被要求开展的儿科评估；②相关提交是否可以延期；③如果延期，研究将按时完成。除此之外，如果相关的话，FDA鼓励申请人开展一个讨论，以了解他们对于获得儿科市场独占权的意愿以及获得儿科市场独占权所需要的研究（详见Ⅷ主题中对《儿科研究公平法案》和儿科市场独占权的讨论）。

如果在关键的会议上决定了豁免或延期儿科研究，那么反映决定结果的会议纪要将提供给申请人作为他们的记录。或者给申请人单独发一封信来传达FDA对儿科评估的豁免或延期的决定。如果在会议上研究延期被批准了，大致的提交截止日期也会被包含在会议纪要或信函中。

B. 儿科计划涉及哪些年龄层

除非被豁免或延期，《儿科研究公平法案》要求在所有声称适应证的全部儿科群体中均需要进行儿科评估。正如Ⅵ主题讨论的那样，在以下情形下《儿科研究公平法案》授权FDA可以豁免评估：①此药品或生物制品不能代表一种比现有的治疗特定年龄阶层的儿科患者的方案益处更多的有意义的治疗方案；②不可能被用于大量儿科病患（《联邦食品药品和化妆品法案》505B（a）（4）（A）

（ⅲ）段）。因此，《儿科研究公平法案》要求儿科评估计算每个儿科人群中声称的适应证的安全性和有效性，在这些人群中药品或生物制品能代表比现有的儿科病患的治疗方案益处更多的有意义的治疗方案或是可能被用于大量[7]儿科病患。

《儿科研究公平法案》规定，药品或生物制品被认为能代表比现有的治疗方案益处更多的*有意义的*治疗方案，只要 FDA 认为"如果被批准，药品或生物制品将在治疗、诊断或是疾病的预防方面，与充分代表了在相关儿科人群中用处相同的已上市的产品相比具有重大进步"或"该药品或生物制品属于某一类药品或对于某一个适应证而言是一个被需要的额外选项"（《联邦食品药品和化妆品法案》505B（c）款）。证明其对已上市药品的改进可以体现在以下方面：①在治疗、预防或疾病诊断方面的有效性提高；②消除或大幅降低限制治疗的药物反应；③提高用药依从性；④目前已上市药品没有标明对新的亚组人群的安全性和有效性。

《最佳儿童药品法案》规定"儿科研究"或"研究"包括药物有可能被使用的所有的"儿科年龄阶层（包括合适情况下的婴儿）"的研究（《联邦食品药品和化妆品法案》505A（a）款）。为了满足《儿科研究公平法案》的要求，这取决于药品或生物制品的药理、不同年龄阶层的疾病症状以及衡量治疗反应的能力等因素，被研究的合适的年龄范围可能不一样。但是通常来说，儿科人群包括病人年龄为"刚出生到 16 岁，包括通常被称为婴儿、幼儿、儿童和青少年"（21 CFR 201.57（f）（9））。

婴儿和幼儿复杂的医学状态使得评价相关药物显得尤为重要，尤其是关于药物的使用。监管部门同样意识到婴幼儿的试验会引发特殊的伦理问题。如果此药物代表了重要的进步并且在这些年龄阶层中有望被用于批准的适应证的治疗，FDA 将根据《儿科研究公平法案》的规定要求在婴幼儿群体开展研究。但是，有可能对这些特定年龄层群体的部分豁免可能在特定的环境下是合适的，诸如："必要的研究不可能实施或高度不切实际"或当"存在有力的证据表明此药品或生物制品对此年龄阶层患者无效或不安全"时（《联邦食品药品和化妆品法案》505B（a）（4）（B）（ⅰ）段和（ⅱ）段）。

C. 申请人必须开发儿科处方吗?

《儿科研究公平法案》要求儿科评估"根据评估的需要对每个年龄层群体使用合适的处方"（《联邦食品药品和化妆品法案》505B（a）（2）（A）小节）。《儿科研究公平法案》规定，申请人必须提交请求以获得批准将儿科处方用于他们的儿科研究，且没能提交此类请求可能导致药品标签标识不当（《联邦食品药品和化妆品法案》505B（d）款）。FDA 将"请求批准儿科处方"解释为申请人为了开展其儿科研究，应当为先前未被批准的处方提交申请或增补申请。在适当情况下，申请人可能需要在儿科临床试验开始前开始开发儿科处方。

然而,《儿科研究公平法案》确实授权 FDA 可以批准豁免在一个或多个年龄阶层中使用儿科处方开展儿科研究，如果申请人证明了且 FDA 发现了以下情形:""申请人证明为配制适合该年龄组的儿科处方所做的一切尝试都失败了"（《联邦食品药品和化妆品法案》505B（a）（4）（B）（ⅳ）段）。这个例外仅限于儿科群体需要该处方（《联邦食品药品和化妆品法案》505B（a）（4）（C）小节）。FDA 相信，部分豁免的规定将适用于申请人能证明有异常的技术困难阻碍了儿科处方的开发的情况。特定情况下，监管部门可以寻找合适的外部专家的意见（例如，咨询委员会）来评定豁免是否应该被批准（更多豁免的信息详见Ⅵ.A 款和 B 款）。

D. 什么时候开始儿科研究

正如在 V.A 款中讨论的，如果足够的治疗方案无法更早地用于一些相对较轻的疾病治疗上，申请人可以启动治疗威胁生命疾病的药品或生物制品的儿科研究。医疗上对这些药品的需求可以会证明早期的儿科临床试验的合法性，即使这些试验相对缺乏安全性及有效性数据。某些情况下，治疗威胁生命疾病的药品或生物制品的儿科研究可能早在获得了初始成人安全性数据的第Ⅰ期或第Ⅱ期临床研究阶段就开始进行了。

监管部门意识到在某些情况下，科学和伦理的考虑会要求直到成人用的药品或生物制品获得批准后，儿科研究才应该开始——例如，药品没有显示出比其他有大量标识的同类药品更优的地方，治疗益处也可能很低，或是将新药用于儿科患者的风险直至药品上市后在成人中的安全性简述完全建立后才能得到认定。

监管部门建议对于治疗指数狭窄的药品，应当研究疾病在儿科人群中的性质，并且药物在什么情况下会被使用应当作为决定什么时候启动受影响的儿科患者群体研究的影响因素。例如，在药物研制过程中，在患有威胁生命的癌症的儿童身上进行治疗指数狭窄的抗肿瘤药物的研究可能要早于在患有急性肾盂肾炎感染的儿童身上进行新的氨基糖苷类抗生素的研究。后一种情况下，有几种治疗方案可供选择，因此被研究的药物很可能在成人用药被批准后再在儿童身上研究。

E. 什么信息必须被提交给 FDA

根据新药临床研究申请（IND）规定而实施的儿科用药研究应当遵守管理新药临床研究申请的规则，包括美国《联邦法规汇编》第 21 主题 312.23 条中对内容和格式的要求以及美国《联邦法规汇编》第 21 主题 312.32 条和 312.33 条中说明的分别对新药临床研究申请安全性和年度报告的要求。

- 当研究报告作为申请或申请增补的一部分被提交，其内容和格式必须满足相关的一般要求（详见美国《联邦法规汇编》第 21 主题 314.50 条中新药申请的要求以及美国《联邦法规汇编》第 21 主题 601.2 条生物制剂许可申请的要求）。

Ⅵ. 豁免及延期

A. 什么是"豁免"？

《儿科研究公平法案》授权 FDA 根据已经设立的标准豁免部分或全体儿科年龄组的儿科评估。FDA 可以主动或应申请人的要求授予全部或部分豁免。想要申请豁免，申请人需提供申请豁免的书面理由及证据。

B. 怎样申请豁免？

1. 全部豁免标准（《联邦食品药品和化妆品法案》505B（a）（4）（A）小节）

不论是 FDA 主动提出还是应申请人的要求，只要申请人证实且经

FDA 查明有下列几种情况中的一种或多种，FDA 就会全部豁免儿科评估：

（a）必需的研究不可能实现或者高度不可行（比如因为患者数目太少或患者的地理分布过于疏散）(《联邦食品药品和化妆品法案》505B（a）（4）（A）（i）段）。

另一个情况是由于疾病主要出现在成人群体中，针对某一适应证的药品或生物制品对儿科群体的适用性受到限制。当药品开发用于治疗这些疾病时 FDA 有可能授予研究豁免，不要求申请人提供额外的不可能实现或不可行的证据。请参考附件 A，豁免申请样表。

（b）有证据充分表明药品或生物制品在所有儿科群体中无效或不安全。(《联邦食品药品和化妆品法案》505B（a）（4）（A）（ii 段））。

在有证据证明药物对儿科群体不安全或无效而授予豁免的情况下，申请人必须将这一信息包含在该药品或生物制品的标签中。(《联邦食品药品和化妆品法案》505B（a）（4）（D）小节）。

（c）药品或生物制品（1）与现有治疗方案相比没有更显著的治疗效果且（2）不可能广泛用于儿科患者(《联邦食品药品和化妆品法案》505B（a）（4）（A）（iii）段）。

2. 部分豁免标准(《联邦食品药品和化妆品法案》505B（a）（4）（B）小节）。

不论是 FDA 主动提出还是申请人要求，只要申请人证明且经 FDA 查明有以下情况中的一种或多种，FDA 就会部分豁免某特定儿科年龄组的药品或生物制品儿科评估：

（a）必需的研究不可能实现或高度不可行（比如因为患者数目太少或患者的地理分布过于分散等原因）（《联邦食品药品和化妆品法案》505B（a）（4）（B）（i）段）。

（b）有证据充分表明药品或生物制品在儿科群体中无效或不安全。（《联邦食品药品和化妆品法案》505B（a）（4）（B）（ii）段）。在有证据证明药物对儿科群体不安全或无效而授予部分豁免的情况下，申请人必须将这一信息包含在该药品或生物制品的标签中。（《联邦食品药品和化妆品法案》505B（a）（4）（D）小节）。

（c）药品或生物制品（1）与已有治疗方案相比没有更显著的治疗效果且（2）不可能广泛用于儿科患者（《联邦食品药品和化妆品法案》505B（a）（4）（B）（iii）段）。

（d）申请人可以证明为配制适合该年龄组的儿科处方所做的一切尝试都失败了（《联邦食品药品和化妆品法案》505B（a）（4）（B）（iv）段）。如果在无法开发儿科处方的情况下授予了豁免，则该豁免仅涵盖需要该处方的儿科群体。（《联邦食品药品和化妆品法案》505B（a）（4）（C）小节）。

3. 豁免申请中需要的资料

第Ⅴ条中有规定，应该在药品开发之前同 FDA 就儿科计划、发起儿科研究等事宜进行讨论。如果申请人确信儿科研究的全部豁免或部分豁免能获得批准，FDA 强烈建议申请人选择合适的时间尽早申请豁免。本指南包含一份豁免申请样本，用于协助申请人准备充足的资料，以供 FDA 审查决定是否批准他们的豁免申请（附件 A）。但是，证实任何特定豁免所需的资料是按照具体情况而定的。

想要申请豁免，我们建议申请人提供：

• 产品名、申请人名字及适应证。

• 豁免申请中包含的年龄组。

• 申请豁免的法定理由，参考适用的法令权威（如附件 A 中 2（a）–（d）中的一条）。

• 证据证明申请满足豁免儿科评估的法定理由。

• 申请人认证。

4. 豁免决定

如果 FDA 判定豁免申请满足法规中列出的所有豁免标准，则 FDA 应对豁免申请予以批准。正如上文所说，"在有证据证明药物对儿科群体不安全或无效而授予部分或全部豁免的情况下，申请人必须将这一信息包含在药品或生物制品的标签中"（《联邦食品药品和化妆品法案》505B（a）（4）（D）小节）。

正如第 V 条所说，会议纪要将记录 2 期临床研究会议结束以前批准的儿科评估豁免。全部或部分豁免记录（会议纪要或来自 FDA 的信函）应该包含在提交的新药上市申请或生物制品上市许可申请的临床数据部分，并且按照第 8 项"儿科使用"部分及第 20 项"其他"的要求，填写在 FDA-365h 表中。在"其他"项下，申请人需要在新药上市申请或生物制品上市许可申请的上交材料中标注豁免记录的位置（卷数和页数）。

早在批准前的开发阶段（如 I 期临床试验会议或 II 期临床试验会议结束前）就做好的儿科评估豁免决定反映了 FDA 在那时的最佳判断。如果在批准以前 FDA 发现了新的科研信息，影响了先前做出豁免决定时所依据的豁免标准，FDA 应重新考虑之前的决定。一旦豁免决定在新药上市申请、生物制品上市许可申请或增补申请的批准函中发布，便成为最终决定。

C. 什么是延期？

延期承认儿科评估是有必要的，但允许申请人在上交新药上市申请、生物制品上市许可申请、新药上市增补申请或生物制品上市许可增补申请之后上交儿科评估。不论是主动提出，还是应申请人要求，FDA 可以把上交某些或全部儿科研究推迟到药品获得批准或成人用生物制品获得批准后的某一天。

D. 如何申请延期？

1. 延期标准（《联邦食品药品和化妆品法案》505B（a）（3）节）

如果发现以下情况中的一种或多种，FDA 可以推迟规定的儿科研究的上交时间：

- 在儿科研究完成以前，该药品或生物制品已经准备好批准成人使用。(《联邦食品药品和化妆品法案》505B（a）（3）（A）（i）段）。

- 需要推迟儿科研究直到搜集到其他安全性或有效性数据。(《联邦食品药品和化妆品法案》505B（a）（3）（A）（ii）段）。

- 存在其他恰当的延期理由（《联邦食品药品和化妆品法案》505B（a）（3）（A）（iii）段）（如儿科处方的开发还没有完成）。

此外，为了获得延期，申请人必须上交评估延期原因证明，提交对计划研究或现行研究的说明，提供证据证明正在进行研究或者会尽早恪尽职责地完成研究。(《联邦食品药品和化妆品法案》505B（a）（3）（B）（i）–（iii）段）。

2. 延期申请需要的资料

为了协助申请人提供充足的资料，以供 FDA 审查决定是否批准延期申请，FDA 提供了延期申请一览表样表（附件 B）：我们建议想申请延期的申请人提供：

- 产品名、申请人名字及适应证。

- 延期申请中包含的年龄组。

- 只申请部分年龄组的延期的情况下，不把整个儿科群体包含在延期申请的原因（如别的年龄组已经完成了研究不需要延期）。

- 申请延期的理由。

- 证明拟议药品满足儿科评估延期标准的证据。

- 对计划研究或现行研究的说明。

- 证明计划或现行研究进展顺利的证据。

- 预计的儿科评估提交时间（延迟日期）。

- 申请人认证。

3. 延期决定

延期决定及延迟日期需视情况而定。

在决定是否应该延迟上交儿科评估以及延迟多久时，应将下列内容纳入考量：

- 儿科患者对该药品或生物制品的需求。

- 发起儿科试验所需的足够的安全性数据的可获得性。

- 用于证明儿科标签的儿科数据类型和范围。

- 招募患者方面存在的实质性困难。

- 能证明儿科处方开发过程中遇到技术难题的证据。

正如第V.A款讨论的那样，会议纪要或是一封单独的信函会记录下Ⅱ期临床试验结束后会议以前批准的儿科评估延期。FDA有可能会在临近批准的时刻重新考虑在批准前的开发阶段就授予的延期，考虑时会把从该产品开发阶段中获得的新信息及新药上市申请和生物制品上市许可申请过程中审查到的信息纳入考量。根据年度状况报告及美国《联邦法规汇编》第21主题314.81（b）（2）（ⅶ）（a）款和（b）款以及美国《联邦法规汇编》第21主题601.70条中的规定要求进行上市后研究，这个上市后研究即为根据《儿科研究公平法案》推迟的儿科评估。

Ⅶ. 遵守《儿科研究公平法案》

如果申请人没有按照法定要求上交儿科评估或儿科处方批准申请，该药品或生物制品可能会因为这一失误被判定为标识不当药物，且FDA会对其采取相应的强制措施（《联邦食品药品和化妆品法案》第505B（d）（1）节）。按照《联邦食品药品和化妆品法案》第505（e）款，或《公共卫生服务法案》第351条生物制品许可的撤销规定，不能以上交儿科评估失败或申请豁免及延期失败为由撤销药物批准（《联邦食品药品和化妆品法案》505B（d）（2）节）。但是，如果依据这些规定药物被发现是标识不当药物，则FDA应对其发布禁令或进行扣押。[8]

VIII.《儿科研究公平法案》及儿科市场独占权

FDA 按照《联邦食品药品和化妆品法案》第 505A 条的规定，对依据《儿科研究公平法案》开展儿科研究的申请人提供获得儿科市场独占权的机会，这是 FDA 的一个政策。但是，根据这一政策，那些在书面申请发布以前就提交的研究，FDA 不会为其发布书面请求，也不会为其授予儿科市场独占权。因此，想获得儿科市场独占权的申请人应在按照《儿科研究公平法案》的要求在提交儿科研究之前，从 FDA 那得到研究的书面申请。(注意，针对上市药品及生物制品，在依据《儿科研究公平法案》要求进行研究之前，FDA 需发出书面申请(《联邦食品药品和化妆品法案》505B(b)(3)节)。想要获得儿科市场独占权，满足《儿科研究公平法案》规定的条件下进行的儿科研究，必须同时满足《联邦食品药品和化妆品法案》第 505A 条中对儿科市场独占权的所有规定。(见《联邦食品药品和化妆品法案》505A(d)款及505A(h)款)

另外，儿科市场独占权条款规定的研究范围和《儿科研究公平法案》中规定的要求有显著的差别。就《联邦食品药品和化妆品法案》中规定的儿科市场独占权而言，FDA 的权威由发布书面请求拓展为使用有效部分治疗所有出现在儿科群体中的适应证，无论该适应证是否已经在成人群体中得到批准或是正在寻求该适应证在成人群体中的批准(见 505A(a)款，该款仅涉及"与儿科患者的新药使用相关的内容")。另一方面，根据《儿科研究公平法案》，只有待审批申请中的适应证才需要儿科评估(505B(a)款中讨论了"用于治疗指定适应证的药品或生物制品的安全性和有效性")。想要深入了解儿科市场独占权获得资格，申请人可以查阅行业指南——《按照＜联邦食品药品及化

妆品法案》第 505A 条获取儿科市场独占权》[9]，或者咨询相关
审评部门。

注释

1. 这份指南是由美国食品药品管理局（FDA）中《儿科研究公平法案》工作小组编写的。

2. 为了这份指南的目的，提及的"药品"和"药品和生物制品"包括根据《联邦食品药品和化妆品法案》505 条（21 U.S.C .355）规定同意的药物，以及根据《公共卫生服务法案》（PHSA）351 条（42 U.S.C. 262）许可为药物的生物制品。

《缩减文书工作法公共责任申明》：根据 1995 颁布的《缩减文书工作法》，收集的信息应该展示鲜明的控制数据。指南拟稿包含了美国政府监管部门预算 0910-0001 日（2008 年 5 月 31 日期满）以及 1910-0433 日（2007 年 3 月 31 日期满）批准的收集到的数据。此外，要求完成信息收集的时间估计在 8 到 50 小时每次，包含准备和提交包含被要求的研究的申请或请求豁免此类研究的时间。

3. 为了这份指南的目的，"儿科评估"这一术语说明的是《儿科研究公平法案》中要求提交的资料，包括从要求的儿科临床研究中最初获得的数据，此数据足以评估安全性和有效性并支持对所有相关的儿科人群（《联邦食品药品和化妆品法案》505B（a）（1）节和（2）节）声称的适应证的给药和管理。通常来说，"儿科评估"和"儿科研究"可交换使用。

4.《儿科法则》在美国《联邦法规汇编》第 21 主题 314.55 条和 601.27 条中被编入法典，附加修正案在美国《联邦法规汇编》第 21 主题 201 条、312 条、

314 条和 601 条中。

5. FDA 根据《美国法典》第 21 主题 355a 条颁布了对儿科研究的书面请求。

6. 526 条被编入《美国法典》第 21 主题 360bb 条。

7.《儿科研究公平法案》没有定义 "大量数据"。过去，FDA 认为大致 5 万患者算是大量病人（详见，例如，1997 年 10 月 27 日，DHHS 公共会议关于 FDA 提议的规则以增加儿科用药品或生物制品的信息）。但是，监管部门决定药或生物制品将被用于大量儿科病人时会考虑本质属性及情况的严重性。

8. 参见《联邦食品药品和化妆品法案》302 条（21 U.S.C. 332），禁令程序；《联邦食品药品和化妆品法案》304 条（21 U.S.C. 334），没收。

9. 参见 http://www.fda.gov/cder/guidance/index.htm。

行业及 FDA 工作人员指南：儿科专家咨询团

美国卫生及公共服务部

美国食品药品管理局

器械与放射卫生中心

器械评估办公室

诊断器械评价与安全办公室

2003 年 6 月 3 日

引　言

公众意见

评价和建议可以在任何时候，向待审问题管理处、管理体制和政策司、人力资源和管理服务办公室、美国食品药品管理局（地址：5630 fisher Lane，Room 1061，（HFA–305），Rockville，MD，20852）提交。当提交意见时，请正确引用这份指导文件的标题。直到文件下次被修改或更新时，意见才可能会被采纳。

额外复印件

额外复印件可从网站 http://www. Fda.gov/cdrh/guidance/1208.pdf 下载，也可拨打音频电话 800-899-0381 或 301-827-0111 呼叫器械与放射卫生中心（CDRH）实际需求系统通过传真机获取这份文件。按 1 号键进入系统。在第二次语音提示时，按 1 号键选择文件。按井号键（#）进入文件序号（1208）。按照剩下的语音提示完成你的请求。

儿科专家咨询团

本指南体现了美国食品药品管理局（FDA）目前对于这一话题的思考认识。它无法创造或授予任何权利给任何人，也无法对 FDA 或公众产生约束。若有替代方法满足法律法规的要求，你可以使用这个替代方法。若你想讨论替代方法，请联系负责执行本指南的 FDA 工作人员。若你无法确定适合的 FDA 工作人员，请拨打列在本指南标题页上的电话号码。

引言

本指南的目的是描述内部办公程序，以确保审查上市前提交书或其他规范性文件的咨询团适当地接纳或咨询一个或多个儿科专家。这些上市前提交书可能包括上市前批准申请（PMA）或上市前通知许可（501（k））。这些规范性文件可能包括一般或特定器械指导文件。

包括本指南在内的 FDA 的指导文件无法建立法律强制执行责任，而是描述 FDA 目前对于这个话题的思考，除非有特定的管理或法规要求的引证，它应该仅被视为建议。对于"应该"一词在 FDA 指南中的使用，应理解为建议或推荐做某事，而不是要求做某事。

最不繁重的方法

我们相信我们应该在所有医疗器械管理领域上都会考虑最不繁重的方法。本指南反映了我们对相关科学和法律要求的仔细审查和我们所相信的最不繁重的遵循这些要求的方法。但是如果你认为有更轻松的替代方法，请联系我们，我们将考虑你的想法。你可以给列在指南前言的联系人或 CDRH 调查官发送书面意见。包括联系方式在内的全面的 CDRH 调查官信息可以在网站 http://www.fda.gov/cdrh/ombudsman/ 上找到。

背景

2002 年 10 月 26 日，《医疗器械使用者付费和现代化法案（2002）》（MDUFMA）被签署成为法律。MDUFMA 补充了《联邦食品药品和化妆品法案》（the act）的上市前批准申请部分的第 515（c）款的部分内容："若情况允许，部长应该保证这样的团队接纳或咨询一个或多个儿科专家。"MDUFMA 有许多条款意在提高安全有效的儿科器械的开发程度和保护处于使用这些器械的临床实验阶段的脆弱的患者群体，而这就是其中之一。本指南为实行新的条款将把程序实行到位。我们目前仍在制定中的辅助指导文件将解决其他相关的 MDUFMA 的条款。

儿童人群

为了达到本指南的目的，我们把儿童群体定义成下图所示。

儿童群体	大概的年龄范围
新生儿	出生至 1 个月
婴幼儿	1 个月至 2 个月
儿童	2 至 12 岁
青少年	12 至 21 岁

虽然用来定义儿童群体的年龄上限视不同的专家有所改变，但把青少年的年龄上限设为 21 岁是符合在许多著名来源中找到的定义的。器械及放射卫生中心（CDRH）相信这个年龄范围通常来说是适用于儿童群体的医疗器械使用方面的，但是也认识到会有需要根据不同的器械类型以不同的年龄段定义儿童群体的情况。

需要儿科专家的情况

虽然 MDUFMA 补充了法令的上市前批准这一节，但在情况允许的情况下 CDRH 将邀请儿科专家加入咨询团，共同商讨各种上市前意见书（也就是 PMA、产品开发方案（PDP）、505（k）、人道用途器材的免除（HDE）、重新申请和临床研究器材的免除（IDE））。当我们询问咨询团对于其他文件（比如特定器械指导文件、重新分类请愿书）的建议时，我们也会邀请儿科专家加入咨询团。因此，咨询团的执行秘书在咨询过团队负责人和部门管理后，应该安排儿科专家参于下列任何意见书和文件的审议的咨询中：

- 有已标记的适应证以供在儿童群体治疗中参考，或者器械有合理的可能性可被用于治疗儿童群体的已标记的适应证。

- 在有儿童群体参与的研究中有研究数据。

- 从成人群体中获得的数据有合理的可能性可以被申请人运用到接下来的儿科适应证的研究中。

- 需要咨询团投入到供儿童群体的器械使用的研究设计和 / 或协定制订之中。

- 咨询团有合理的可能性可以讨论儿童群体的器械的潜在使用方式。

咨询团的准备情况

医疗器械咨询委员会有一位特殊政府雇员的干部（SGEs）和一位已被任命为 18 个咨询团成员之一的儿科专家。除此之外，CDRH 还可以利用药品审评与研究中心（CDER）和生物制品审评与和研究中心（CBER）咨询委员会里的儿科专家。主任办公室、器械评估办公室（ODE）或体外诊断器械评价与安全办公室（OIVD）将通过包括联系儿科专业协会、现任 SGEs 和行业利益相关者等外展方式聘请有儿科专长的个人加入咨询团或作为顾问。

儿科专家的任命

对于拥有儿科专长而被聘请的 SGEs，他们与所有的 SGEs 一样都需要相关中心的委员会管理者根据在《FDA 咨询委员会的政策和指导手册》所描述的政策和程序完成文书工作。（虽然目前此手册正在被修改，但过去的版本可在美国技术情报服务处（NTIS）获取（联系方式：5285 Port Royal RD., Springfield, VA 22161, 703-487-4650（订单号 PB94-158854)))。

团队负责人责任

通过与审查部门和 ODE/OIVD 管理以及申请人和咨询团成员的商讨，审查负责人将决定在委员会审议中对儿科专家意见的需求程度。如果负责人认定需要一定的儿科专家意见，他或她要给将要审查上市前提交书或规范性文件的咨询团执行秘书提出建议。

执行秘书责任

执行秘书要确保咨询团审议时有儿科专家意见可参考。

质量控制措施

儿科专家的参与情况将作为 ODE/OIVD 绩效积分卡在测量"咨询团准备情况指标"时的重要监管内容。

参考文献

1. Berhman RE, Kliegman R, Arvin AM, Nelson WE. Nelson Textbook Pediatrics, 15th Ed. Philadelphia: W.B. Saunders Company; 1996.

2. Rudolph AM, Rudolph's Pediatrics, 21st Ed. New York: McGraw-Hill; 2002.

3. Avery MD, First LR. Pediatric Medicine, 2nd ED. Baltimore: Williams & Wilkins; 1994.

行业指南：儿童医药产品的 E11 临床研究[1]

美国卫生及公共服务部

美国食品药品管理局

药品审评与研究中心

生物制品审评与研究中心

人用药品注册技术要求国际协调会议

2000 年 12 月

本指南代表了美国食品药品管理局对本专题的当前想法。指南并不创造或授予任何人以任何权利，也并不对 FDA 或者公众形成强制效力。如果有方法可以满足适用的法令法规的要求，那么可使用该方法来替代。

I. 引言（1）

A. 指南的目的（1.1）

当前用于治疗儿童疾病的医药产品的数量有限。本指南旨在鼓励和促进当前国际上的儿童医药产品的发展。本指南提供了儿童药品发展的关键问题以及儿童医药产品安全性、有效性、伦理性研究方法的纲要。

B. 背景（1.2）

其他含有相关信息的影响儿科研究的 ICH 文件包括：

E2：临床安全性数据管理。

E3：临床试验报告的结构与内容。

E4：支撑药物注册的剂量 – 反应信息。

E5：影响国外临床数据可接受性的种族因素。

E6：良好药品临床试验规范：统一规范。

E8：临床试验的综合考量。

E9：临床试验的统计原则。

E10：临床试验对照组的选择。

M3：药物人类临床试验实施的非临床安全性研究。

Q1：稳定性试验。

Q2：分析程序的验证。

Q3：杂质检测。

C. 指南的范围（1.3）

本指南提及的特定的临床研究问题包括：

1. 实施儿童医药产品项目的注意事项。

2. 在医药产品开发过程中实施儿科研究的时间安排。

3. 研究类型（药代动力学、药代动力学 / 药效动力学（PK/PD）、药物有效性、安全性）。

4. 年龄分类。

5. 儿科临床调研的伦理学。

本指南不包括所有内容，其他的 ICH 指南以及地方管理部门和儿科协会的文件亦提供的附加细节。

D. 一般原则（1.4）

儿科患者应该给以在儿童群体中的使用已得到适当评估的药品。治疗儿科患者安全有效的药物疗法需要在不同年龄段合理使用药品信息的不断及时更新及这些药品儿童剂型的开发。化学剂型和儿科研究设计的进步将促进儿童医药产品的开发。

若开发的是治疗成人疾病或病情的药品，那么药物开发项目通常应该包括儿科患者群体，并且应该说明此药品可预期应用于儿童群体。获得儿童医药产品的药效信息是一重要目标。然而，这应该在不影响参与临床研究的儿科患者的健康的情况下实现。责任由公司、监管当局、健康专家和社会共同承担。

II. 指南（2）

A. 实施儿童医药产品发展项目的注意事项（2.1）

除非某一特定的儿童医药产品的使用明显不合适，否则应该生成儿童医药产品合理使用的数据。实施与成人研究有关的临床研究的时间安排在第II（C）小节有讨论，此安排可受地方公共卫生和医疗需求的影响。时间安排和临床项目方法的合理性需要在早期向监管当局仔细说明，之后需要在医药产品发展过程中进行定期说明。儿科发展项目不应该耽误完成成人研究和提供成人医药产品。

推进儿科医药产品开发项目的决定以及项目的本质需要考虑许多因素，包括：

- 儿童群体中要治疗的疾病的患病率。

- 要治疗的疾病的严重程度。

- 儿童群体疾病可选择的治疗方法的可用性和适用性，包括治疗方法的药效和不良反应描述（包括任何儿科独有的安全性问题）。

- 此医药产品是新药还是一类具有已知性质的化合物。

- 此医药产品是否有儿童独有的适应证。

- 开发儿科特定临床终点的需求。

- 有可能用此医药产品治疗的儿童患者的年龄跨度。

- 此医药产品的独有的儿科（开发）安全性考量，包括任何非临床安全性问题。

- 开发儿童制剂的潜在需求。

在这些因素中，最重要的是医药产品在治疗这些严重的或威胁生命的疾病中存在潜在的重大进展。这一情况表明应相对紧急和早期实施儿科研究。

支撑儿科临床项目的非临床安全性研究内容在 ICH 的 M3 中有讨论。需要注意的是，儿科研究最相关的安全性数据通常来源于成人的治疗表现。通常使用的是重复剂量毒性研究、生殖毒性研究和遗传毒性试验。应该根据具体情况、基于发育毒理学进行幼年动物研究。

B. 儿童制剂（2.2）

儿童制剂需要设定精确的剂量、提高患者的服药依从性。对于口服药来说，不同类型的制剂、口味、颜色可能在一个地区比另一个地区更为人们所接受。不同年龄段的儿科患者需要或愿意使用不同的制剂，如液剂、混悬剂和咀嚼片。不同制剂包含的不同药物浓度也被不同患者所需要。还应该考虑开发可选择的传送系统。

对于注射剂来说，应该开发合适的药物浓度以达到精确的、安全的剂量服用。对于以单剂量形式供应的医药产品来说，应该考虑剂量合适的单剂量包装。

一些辅料的毒性可能对于不同年龄段的儿童来说是不同的，对于儿童和成人来说也是不同的（例如，苯甲醇对早产新生儿是有毒的）。根据药物的活性成分和辅料，医药产品在新生儿中的适当使用可能需要新的制剂或者现有制剂的稀溶液。关于制剂辅料和验证程序可接受性的国际协调将有助于确保为所有的儿童群体提供合适的制剂。

C. 研究的时间安排（2.3）

在临床开发中，儿科研究的时间安排将取决于医药产品、治疗疾病的类型、安全考量、药效和可选择治疗的安全性。因为儿童制剂的开发是困难的且耗时的，所以在开发早期医药产品时就应该考虑开发这些制剂。

1. 治疗主要影响或仅仅影响儿科患者疾病的医药产品（2.3.1）

在这些情况下，除了通常在成人群体中获得初始安全性和耐受性数据之外，整个开发项目将在儿童群体中实施。一些产品可能甚至在起始阶段仅仅在儿童群体中进行适当的研究（例如，当成人群体的研究几乎没有可用的信息或产生不适当的风险时）。例如，治疗早产新生儿呼吸窘迫综合征的表面活性剂和治疗儿童群体独有的代谢或遗传疾病的疗法。

2. 旨在治疗成人和儿童皆可患的、当前并无治疗手段或者治疗手

段有限的、严重的或者威胁生命的疾病的医药产品（2.3.2）

医药产品在治疗这些严重的或威胁生命的疾病中存在潜在的重大进展，这表明了相对紧急和早期实施儿科研究的必要性。在这些情况下，医药产品在儿童群体中的开发应该在早期就开始，接着进行初始安全性数据的评估和潜在效益的合理证明。儿科研究结果应该作为上市申请数据的一部分。在这一方法不可行的情况下，数据缺失应该作详细说明。

3. 旨在治疗其他疾病或病情的医药产品（2.3.3）

在这些情况下，尽管医药产品将被用于治疗儿童患者，但并没有前面提及的药品那么紧急，儿科研究通常应该在临床开发后期开始。若出现了安全问题，则在该药上市后被成人患者大量使用后才开始研究。公司应该为儿科研究制定明确的计划、陈述时间安排的原因。这些医药产品在儿童群体中的试验通常到阶段Ⅱ或阶段Ⅲ才开始。因此大多数情况下，在提交申请的时候只会提供有限的儿科数据，但更多的数据会在上市后提供。许多新化学药品的开发因为药效不佳或者难以接受的副作用在成人研究阶段Ⅱ和阶段Ⅲ期间或者阶段之后就终止了。因此，在临床试验早期实施儿科研究，让儿童服用没有益处的化合物是没有必要的。

如果是不严重的疾病，且医药产品在儿童群体中体现了主要的治疗进展，那么研究应该在药品开发早期开始，且儿科数据应该提交在申请中。数据缺失应该作详细说明。因此，仔细衡量利弊和治疗需要来决定开始儿科研究的时间是很重要的。

D. 研究类型（2.4）

ICH E4、E5、E6 和 E10 列出的原则同样适用于儿科研究。研究几个特定的儿科问题是没有意义的。如果一个医药产品在一个地区针对儿童群体进行研究，那么应该考虑影响外推其他地区数据的内在的因素（例如，药物遗传）和外在的因素（例如，饮食）。[2]

如果一个医药产品因为与针对成人进行研究并用于成人的药品有相同的适应证而用于儿童，同时成人患者和儿童患者的病情相当，且治疗的效果也可能相当，那么根据成人的药效数据外推儿童药效数据也许可行。在一些情况下，针对所有年龄段儿童患者进行的药代动力学研究很可能研制出医药产品，而安全性研究，通过给以能产生和成人体内相似的血药浓度的儿科剂量，可提供关于药品使用的足够的信息。如果采用这个方法，成人药代动力学研究数据可以用于设计儿科研究。

如果一个医药产品因为与针对年纪较长的儿童患者进行研究的药品有相同的适应证而用于年纪较小的儿童患者，同时他们的病情相似，治疗效果很可能相当，根据年纪较长儿童患者的药效外推年纪较小的儿童患者的药效也许可行。在一些情况下，针对相关年龄段儿童患者进行的药代动力学研究很可能研发出医药产品，而安全性研究可足以为儿童药品使用提供足够的信息。

基于药代动力学的研究方法很可能不足以研发出血药浓度和药效无关的，或者在成人和儿童群体中浓度 - 反应关系不一样的医药产品。在这些情况下，医药产品的临床或药代动力学的药效研究通常是受到期待的。

如果儿童患者的病程或治疗效果和成人相似，但不清楚合适的血药浓度，那么可使用和临床疗效相关的药效动力学研究方法来达到预期的效果，并确定能达到药效的剂量和浓度。这些研究可增强医药产品在儿童患者中的使用可带来理想的治疗效果的信心。因此，PK/PD 研究方法联合安全性及其他研究可避免进行临床疗效的研究。

在药代动力学研究方法不适用的情况下，如局部活性产品，可基于囊括药理效应效量法和（或）合适的选择性评估的研究，根据一个病患群体的药效外推另一个群体的药效。当地的耐受性研究也许是合适的。判定血药浓度和全身效应对评估药品安全性来说很重要。

当寻求治疗儿童患者的医药产品的新适应证时，或者当成人患者的病程和治疗效果很可能不同于儿童患者时，建议进行儿童群体的临床药效研究。

1. 药代动力学（2.4.1）

药代动力学研究通常应该用于帮助开发制剂和判定有助于剂量推荐的不同年龄群药代动力学参数。通常应该在成人群体中对儿童制剂和成人的口服制剂的相关相对生物利用度进行比较。医药产品根据儿童患者的不同年龄选择不同剂量，这一明确的药代动力学研究应该在儿童群体中进行研究。

儿童群体的药代动力学研究通常应该在患病群体中进行。和在正常受试者中进行的研究相比，这可能存在更大的受试者差异，但它的数据将更好地反映临床应用情况。

对运用线性药代动力学研究治疗成人的医药产品来说，在儿童群体中进行的单次给药药代动力学研究可为剂量选择提供足够的信息。如果有指征的话，这就可以通过多次给药临床研究的稀疏采样得到证实。成人体内药物的任何非线性的吸收、分布和排泄以及单次给药和多次给药在药效持久性上的任何不同可表明在儿童群体中进行稳定状态研究的必要性。成人药代动力学参数知识有助于实施这些方法。了解医药产品（肾脏和新陈代谢）的清除通道以及了解这些过程与年龄相关的变化对设计儿科研究经常有所帮助。

大多数治疗儿童群体的医药产品的剂量建议通常基于儿童体重按每千克计算的剂量至最大成人剂量。尽管剂量优先基于人体的表面积，但临床经验表明体重或身高测量误差（尤其是较小的儿童和婴儿）以及根据身高和体重计算人体表面积产生误差是很平常的。对有些药物治疗来说（例如，治疗指数低的抗肿瘤药物），根据人体表面积确定剂量可能是必要的，但是此外应该确保合适的剂量计算。

促进药代动力学研究的实际考量

儿科研究应该减少抽血量。血量应该在协议中说明。伦理审查委员会 / 独立伦理审查委员会（IRBs/IECs）可复审并规定用于临床研究的最大抽血量（通常以每千克毫升数或总血量的百分比为单位）。以下几种方法都可以用作减少抽血量和（或）静脉穿刺数量。

- 进行母体药物和代谢产物的敏感性试验以减少每个样品所需的血量。

- 在实验室中进行处理少量血液的药代动力学分析和实验安全性研究（血细胞计数、临床化学）。

- 收集可能同时用于药代动力学分析的常规血样和临床血样。

- 如第 II.E.5 节所述，使用留置导管以减少痛苦。

- 基于最佳采样理论，使用群体药代动力学和稀疏采样技术以减少从每位患者身上获得的样品数量。技术包括：①稀疏采样方法，每位患者在预定次数内只能进行 2-4 次观察以求出总人口的曲线下区域面积；②群体药代动力学分析使用源于成人数据建模的最有用的采样时间点。

2. 药效（2.4.2）

在 ICH E6、E9 和 E10 中详细描述了通常用于儿科药效研究的研究设计原则、统计方法原则以及对照组选择原则。然而，某些特点是儿科研究独有的。根据成人患者药效研究外推儿童患者的药效或者根据年长儿童患者的药效研究外推年幼儿童患者的药效，这一方法在第 II.D 节有所讨论。如果要进行药效研究，那么公司可能想要为特定年纪群体和发育中的部分群体开发、验证和应用不同的临床终点。主观症状，如疼痛的测试需要根据不同年龄的患者使用不同的评估手段。患有慢性疾病的儿童患者对同一医药产品的反应可能在患者中有所不同，不仅因为病程和慢性影响不同，也因为患者的病情发展阶段不同。早产新生儿和足月新生儿患的许多疾病是他们所独有的，或者有独特的症状，无法通过外推年长儿童患者的药效得知，此类疾病需要新的方法来获取疗效评价。

3. 安全性（2.4.3）

讨论 E2 话题的 ICH 指南和 ICH E6 描述了不良事件报告，可用于儿科研究。不良事件报告应该使用适合年龄的、正常的实验值和临床检测。儿童无意使用医药产品（误食）可能有机会获取安全性和药代动力学信息，并且增强对和剂量相关的副作用的理解。

医药产品可能影响身体和认知的发育和发展，不同的儿童患者可能有不同的不良反应症状。因为正在发展的人体系统对药物的反应可能不同于成熟的成人器官，儿童患者出现的一些不良反应和药物相互作用在成人研究中可能不存在。此外，不良反应可能不是在生长和发育的动态过程中出现，而是在之后的成长和成熟阶段出现。患者不论处于接受慢性治疗阶段还是处于治疗后阶段，都可能需要长期的研究或监测数据来判定药物对骨骼、行为、认知、性和免疫系统的成熟和发展的影响。

4. 上市后信息（2.4.4）

通常儿童数据库在得到批准的时候就是受限的。因此，上市后的药物监测就尤为重要。在一些情况下，长期的跟踪研究对于判定某些药物对儿童患者生长和发育的影响来说可能很重要。上市后的监测和／或长期的跟踪研究可能为儿童群体中的部分群体提供安全性信息和／或药效信息，或者为整个儿童群体提供信息。

E. 儿童患者的年龄分类

任何儿童患者的年龄分类在某种程度上都是任意的，但是如下的一种分类，它为在儿童患者中设计研究提供了基础。如何通过年龄对研究和数据进行分层这一决定应该考虑到发育生物学和发育药理学。因此，有必要使用灵活的方法以确保研究反映了儿科用药理学的前沿知识。研究哪段年龄的患者应该是合理的且和医药产品相对应的。

如果医药产品的清除通道可以很好地建立并且个体通道可以理解，那么基于清除通道中的任何一个重大改变的突破点，可以选择基于年龄分类的药代动力学评估。有时候，根据广的年龄范围收集数据，把年龄的影响当成连续的协变量进行研究，这可能更加合适。至于药效，不同的临床终点可能根据不同患者的不同年龄而建立，年龄群可能和以下呈现的分类并不一致。将儿童群体分成许多不同的年龄群可能不会增加需要的患者数量。在长期的研究中，儿童患者可能从一个年龄段转成另外一个年龄段；研究设计和统计计划应该前瞻性地考虑在同一年龄段改变患者的数量。

以下是一种可能的分类。然而，根据这一年龄分类，在发育问题上（例如，身体上、认知上和心理上）有相当大的重叠。年龄是以整年月日定义的。

• 早产新生儿。

• 足月新生儿（0–27 天）。

• 婴幼儿（28 天至 23 个月）。

• 儿童（2–11 岁）。

● 青少年（12–16 岁或 12–18 岁（取决于不同地区））。

1. 早产新生儿（2.5.1）

因为早产新生儿人群的独有的病理生理学和治疗应答，治疗早产新生儿的医药产品研究面临着特别的挑战。由于研究早产新生儿的复杂性和牵扯其中的道德考量，所以需要运用新生儿学专家和新生儿药学专家的专业知识谨慎地拟定协议。只有在极少的情况下，才有可能从对成人或从年龄大些的儿科患者的研究中外推药物对早产新生儿的药效。

早产新生儿并非统一具有相同特征的一类患者。一个怀孕 25 周、500g 的新生儿与一个怀孕 30 周、重达 1500g 的新生儿是不一样的。对于出生体重低的婴儿，也要区分他们是否发育未全或是否发育迟缓。应考虑的关于这些患者的重要特征包括：

（1）出生胎龄和出生年龄（调整年龄）；

（2）肾脏和肝脏的清除机制的不完全发育；

（3）蛋白质结合和置换问题（特别是胆红素）；

（4）医药产品对中枢神经系统（CNS）的渗透；

（5）新生儿独有的疾病状况（比如，新生儿的呼吸窘迫综合征、动脉导管未开、原发性肺动脉高压）；

（6）早产新生儿独有的敏感性（比如，坏死性小肠结肠炎、脑室出血、早产儿视网膜病变）；

（7）导致不同长期给药方案的所有生理学和药理学过程上的迅速易变的成熟；

（8）医药产品和其他化学物质的透皮肤吸收。

应考虑的研究设计因素有：

（1）体重和年龄（出生时和出生后）的分层；

（2）微量血液样本（一个 500g 的婴儿有 40ml 的血液）；

（3）在指定中心的少数患者和不同中心的不同护理方式；

（4）评估结果的困难。

2. 足月新生儿（0-27 天）（2.5.2）

虽然足月新生儿在生长发育上比早产新生儿更成熟，但是上述讨论的许多生理学和药理学上的原则也适用于足月新生儿。医药产品分配量可能和年龄大些的儿科患者有所不同，因为其不同的身体水分和脂含量和高体表面积 / 体重比率。由于血 - 脑屏障仍未充分发育成熟，医药产品和内源物质（比如，胆红素）可能进入中枢神经系统，并产生毒性。与年龄大些的儿科患者相比，口腔摄入医药产品可能会更难以预测。由于肝脏和肾脏的清除机制不成熟且在迅速变化中，出生后第一周后剂量可能需要调整。许多对医药产品毒副作用敏感性增强的例子是由于这些患者有限的身体清除能力产生的（比如，氯霉素灰婴综合征）。而另一方面，与年龄大些的患者相比，足月新生儿对某些类型的副作用（比如，氨基糖苷类药物肾中毒）却没有那么敏感。

3. 婴儿和幼儿（28 天到 23 个月）（2.5.3）

这是中枢神经系统快速成熟、免疫系统发育和全身成长的时期。口腔吸收变得更加可靠。肝脏和肾脏的清除通道继续快速成熟。到了 1–2 岁，在毫克每千克的水平上对许多药物的清除能力可超过成人水平。成熟的发展模式依靠于特定的清除通道。个体间经常有较大的成熟差异。

4. 儿童（2–11 岁）（2.5.4）

大多数的药物（肝脏和肾脏的）清除通道已成熟，清除能力通常超过成人的能力。对于药物清除能力的变化可能依靠于特定的代谢通道的成熟。

在临床试验方案中应决定好特定的策略以查明药用产品对于生长发育的影响。儿童迎来几个重要的精神动作发育的转折点，而中枢神经系统（CNS）兴奋药物会对这种发育造成不利影响。上学和增强的意识及运动技能可能会影响儿童参与某些类型的药效研究的能力。对药用产品对儿童的影响测定有用的因素包括骨骼发育、增重情况、学校出勤情况和学校表现。患者的征募应该确保在儿童这一范围内的每个年龄阶段都有足够的代表人数，因为确保足够的年轻患者人数对评估很重要。通常，在这一分类里按年龄分层是不必要的，但是根据药代动力终点和 / 或疗效终点来划分患者是合适的。

青春期的来临十分不确定，但女生较早，通常 9 岁开始就开始进入青春期。青春期能显著影响代谢药物的酶活性，有些药用产品在毫克每千克水平上的剂量需求会减少（比如，茶碱）。在某些情况下，通过研究青春期前和后的儿科患者我们能特定地评估青春期对药用产品的影响。在其他情况下，我们能有效地记录青春期发育的坦那氏期或是获取青春期的生物标志物和检验任何青春期变化的潜在影响数据。

5. 青少年（12 到 16–18 岁）（视区域而定））（2.5.5）

这是性成熟的阶段。药用产品可能会阻碍性激素的活动并阻碍发育。在某些研究中，妊娠试验和性行为及避孕剂使用的审查是恰当的。

这也是快速发育和持续的神经认知发育的阶段。会延缓或加速青春期来临的药用产品和疾病会对青春期快速发育产生深远影响，通过改变发育模式可能会影响最终身高。不断进化的认知和情感变化可能对临床研究的结果有潜在影响。

许多疾病可能也会受到青春期激素变化的影响（比如，治疗糖尿病时胰岛素抗性增加、临近初潮期的反复痉挛、偏头痛发作的频率及严重程度的改变和哮喘恶化）。因此，激素变化也影响临床研究的结果。

在这一年龄段内，青少年要承担照顾自身健康和接受药物治疗的责任。不遵从（治疗）是特殊问题，特别当药用产品（比如，甾体药物）会影响外貌时。在临床研究中遵从检查很重要。对于医生没有开具的药物、酒精和烟草的娱乐性使用需要特别考虑。

年龄上限视地区不同有所区别。虽然不遵从（治疗）可能会导致问题的发生，但可以让年龄大些的青少年参与成年人研究。由于一些青少年独有的问题，考虑在精通照顾这类特殊群体的看护中心研究这类患者是恰当的。

F. 小儿疾病的伦理问题（2.6）

儿童群体代表着一类脆弱的群体。因此，需要特殊措施来保护儿科研究参与者的权利，使他们免遭不应有的风险。这一节的目的就是提供确保儿科研究能合乎伦理地进行的框架。

为了给参与到临床研究中的人以及其他的儿童群体带来福祉，临床研究必须设计恰当，确保所获得数据的质量和可解释性。除此之外，排除在 ICH E6 会议上讨论过的特殊情境下，临床研究的参与者应该从临床研究中获利。

1. 伦理审查委员会 / 独立伦理委员会（IRB/IEC）（2.6.1）

伦理审查委员会和独立伦理委员会履行好职责和责任，正如 ICH E6 会议上所详述的一样，是能保护好研究参与者的关键。当涉及儿童人群的协议接受审查时，应该有 IRB/IEC 所咨询的精于小儿伦理、临床及心理问题的专家团的把控。

2. 招募（2.6.2）

研究参与者的招募应该建立在没有以不正当的方式诱惑研究参与

者的父母或是法定监护人的条件下。

儿科临床研究内容中会覆盖补偿费和最低生活费用。任何补偿应该接受 IRB/IEC 的审查。

研究在儿童人群中开展时，若没有正当的限制招募的理由，则应该尝试将代表着这个地区的人口统计数据的患有所研究疾病的个体包括在内。

3. 同意与赞同（2.6.3）

规定上，儿科研究在法律上没有提供知情同意的能力。因此，儿科研究参与者要依靠他们的父母或法定监护人来承担参与临床研究的责任。充分的知情同意应根据地区法律或法规从法定监护人授权获得。应该在最大程度上用能被他们理解的语言和措辞告知所有的参与者研究内容。情况允许下，参与者本人应该同意参与这项研究（具有同意能力的年龄由伦理审查委员会和独立伦理委员会决定或与当地法律条款一致）。智力成熟的参与者应该亲自给分别设计的书面同意书或是书面知情同意书签上名字和日期。在任何情况下，参与者应该知晓自己拥有拒绝参加研究或随时从研究中退出的权利。需要关注那些有十分痛苦的表现但又不能清楚表达的病人。虽然需要尊重参与者想要退出研究的意向，但是在严重的或危及生命的疾病治疗研究中也会有这样的情况发生：根据研究员和父母或法定监护人的意见，儿科研究参与者中途退出研究会损害其自身的生命健康。在这种情况下，有父母或法定监护人的同意就足够强制让参与者继续接受研究。脱离父母独自生活的未成年人或成熟的（根据地方法律的定义）未成年人可以做出自主的同意。

能从较不脆弱的有自主决定能力的群体中获取的信息就不应该从更易受伤的群体或是无法给出个体同意的群体中获取。对残疾人士或收容机构里的儿童人群的研究仅限于研究主要发生在该群体或该群体专有的疾病或病变，或者是这些儿科患者的疾病和病变会改变药用产品的性质或药效能力。

4. 风险最小化（2.6.4）

无论哪一项研究在证明某种治疗是否有价值方面有多重要，参与者都可能由于参与研究而受伤，即使整个社会都从研究中获利。研究员应竭尽全力预测和减少已知风险。研究员应在开展临床研究之前充分意识到药用产品所有相关的临床前毒性和临床毒性。为了最小化儿科临床研究的风险，开展研究的人员应该接受过良好训练且在研究儿童人群（包括评估和管理儿童不良事件）方面经验丰富。

在设计研究时，遵循良好的研究设计原则，尽一切努力最小化参与者人数和步骤数。研究应设立确保当察觉到意外危险时实验能迅速终止的机制。

5. 不适最小化（2.6.5）

重复性的侵入性手术可能会给儿童带来疼痛或惊吓。若研究由具有丰富的治疗儿科患者经验的研究员设计开展，不适可以得到最小化。

协议和调查应该为儿童群体作特定的设计（而不是简单地修改成人协议而来），并要如第 II.F.1 节所描述的那样得到 IRB 或 IEC 的批准。

确保临床研究中参与者积极经历及不适和不快最小化的现实考量
包括下面几点：

- 精于和儿童人群打交道和解决其适龄需求（包括掌握执行儿科
  手术的技能）的研究人员。

- 有家具、游乐设备、活动和食物的适龄的物理环境。

- 在参与者通常接受治疗的类似于医院或诊所这样熟悉的场所进
  行研究。

- 最小化手术带来的不适的措施，比如①放置静脉导管时使用
  局部麻醉；②用内置导管来采集血样，而非反复的静脉穿刺；
  ③采集常规临床样本的同时采集协议制定的血液样本。

伦理审查委员会和独立伦理委员会应该考虑到为了得到协议规定
的血液样本能接受的静脉穿刺的次数，并且确保对处理内置导管
由于久置失效有清楚的认识。除第Ⅱ.F.3节所述的情况，参与者
拒绝进一步临床研究实验的权利一直会被尊重。

注释

1. 本指南是在 ICH 的支持下起草的。

2. 在 ICH E5 关于影响国外数据接受度的种族因素指南中，可能导致同一药
品对不同人群产生不同的药物反应的因素分为内在种族因素和外在种族因素
两类。在本指南中提到的类别为独立的内在因素和外在因素。

行业指南：回应书面请求的儿科肿瘤学研究[1]

美国卫生及公共服务部

美国食品药品管理局

药品审评与研究中心

生物制品审评与研究中心

2000 年 6 月

临床医学

I. 引言

本指南意在协助打算回应来自美国食品药品管理局（FDA）的关于对癌症儿童有潜在健康益处的药物的儿科研究书面请求的申请人。本指南尤其关注计划对无法预先发现的特定肿瘤学适应证进行儿科研究（即整体的儿科发展研究）的申请人。[2] 本指南将讨论① FDA 在其肿瘤学研究书面请求中所需要的各种信息；②儿科肿瘤学研究协议的典型内容；③为得到儿科独占权资格而回应书面申请时的提交研究基本要求。

本指南是 FDA 倡议的"产生新知识来协助执业医生更好照顾癌症儿童和帮助儿科患者在早期就接触到新兴新药"的一部分。

Ⅱ. 儿科独占权的法律规定

《食品药品管理现代化法案（1997）》（即《现代化法案》）的第111 条在 1997 年 11 月 21 日被总统克林顿签署为法律，并在此基础上拟定了《联邦食品药品和化妆品法案》的第 505（A）小节（21 U.S.C. 355a）。如果回应书面请求时申请提交了研究药物在儿童群体中的使用的调查报告，第 505A 条准许上市申请有 6 个月额外的市场独占权。根据《联邦食品药品和化妆品法案》505A（a）款或 505A（c）款，法规准许 FDA 颁布儿科研究书面请求。书面请求是 FDA 请求申请人提交某研究时的文件。研究将被设计成为提供关于药物对儿童群体健康的益处的信息。

Ⅲ. 在儿童身上的抗肿瘤药研究有什么特殊

用于儿童的抗肿瘤药物应受到特别考虑。与成人恶性肿瘤相比，儿童肿瘤只困扰小部分的患者。因为大多数的儿科患者作为临床研究协议中的参与者接受癌症治疗，参加肿瘤试验已经成为了儿科肿瘤学的*医护标准*。癌症儿童通常由作为国家儿科合作研究小组成员的儿科肿瘤学专家在专业中心治疗。这些小组其中一个重要目标就是开发改进过的新疗法，鼓励早期接触新药是达成该目标的一种途径。

不幸的是，已知的和潜在的儿童和成人肿瘤在生物学上的不同导致从药物对成人的临床效果外推药物对儿童的临床效果十分困难。因此，通常不可能依赖于从成人的肿瘤药研究中搜集到的药代动力学和安全性数据来指导此类药物在儿童身上的使用。为了鼓励申请人在儿童群体中研究新的癌症药物，FDA 提供以下信息和建议给收到了 FDA 发出的肿瘤产品儿科研究的书面请求的申请人。

1. 在大多数情况下，由于缺少可行的治疗大多数儿童癌症不应期的疗法，FDA 期望使用弹性管理方法来批准儿科用药物的使用。批准可以根据肿瘤大小的影响或其他在美国《联邦法规汇编》21 章第 314 节分部分 H（药物的）和美国《联邦法规汇编》21 章第 601 节分部分 E（生物制品的）规定的能够预测临床获益的替代指标。美国联邦法案 21 章第 312 节分部分 E 规定了可以弹性地适用安全性和有效性的法律规定，因此可以在美国《联邦法规汇编》21 章第 312 节分部分 E 所容忍的小数量患者研究中证明可接受水平上的安全性。

2. 儿童肿瘤药儿科研究的书面请求会作为药物的总体开发方案其中的内容被颁布。在适当情况下，特定的疾病将成为研究目标；否则，将计划对不同的肿瘤类型如脑瘤、实体瘤或血液瘤进行研究。

3. 因为儿科肿瘤药物通常根据临床 II 期的研究被批准[3]，也就是说，儿科肿瘤药物临床 III 期的研究基本上是在批准后的状态下开展，所以临床 III 期的研究不需要书面请求作为授予儿科独占权的前提。

4. 计划儿科协议时，申请人应该与儿科合作研究小组一起讨论协议设计。这些小组有能帮助申请人优化研究设计和招募患者的经验、专长和资源。

Ⅳ. 典型的书面请求需要什么

为了帮助计划开展儿科肿瘤研究的申请人，FDA 提供以下关于典型儿科肿瘤研究书面请求的信息。申请人也应该参考《联邦食品药品和化妆品法案》（1999 年 9 月）的第 505A 节下的*获得儿科独占权的资格*的 FDA 业界指南。指南具体讨论了书面请求的内容、请求的回应和如何获得儿科独占权。儿科肿瘤研究的书面请求样本可登录网站 http://www.fda.gov/cder/pediatric 查看。

A. 临床 Ⅰ 期和 Ⅱ 期的研究

因为许多肿瘤药物具有很高的毒性，而且从成人试验外推药物对儿童的药效和安全性十分困难，所以预测哪个药物对儿科患者毒性太大，哪个药物值得更深入的研究就变得极其困难。通常，基于通过临床 Ⅱ 期的多数产品足够证明其安全性的设想以及基于治疗这些适应证的药物需要根据替代指标（生物制品的分部分 H 或 E）或特殊病变（分部分 E）得到批准资格的设想，儿科肿瘤研究的书面请求将需要 Ⅰ 期和 Ⅱ 期的研究。

若申请人提交的 Ⅰ 期的研究报告表明药物有***不可接受的***毒性以致不再需要进一步的 Ⅱ 期的研究且 FDA 赞同这些研究发现，那么通常 FDA 将认为书面请求的条款已经被满足，不需要进一步的儿科研究。在这种情况下，药品对儿童的毒性信息将会被纳入将来药品（若药品已经在成人上通过，或将会在不久通过成人使用）的标签上（详见第 Ⅵ 节的讨论）。若 Ⅰ 期的研究表明药物有可接受程度的安全性，那么通常需要 Ⅱ 期的研究来满足例行的儿科肿瘤研究书面请求的条款。

B. 使用无效替代终点的研究

书面请求可能要求使用目前无效的替代终点进行研究。正如其他类似的开发项目一样，若根据无效替代终点得出的数据支持治疗特定适应证或多种适应证的药品的批准，那么药品（和适应证）将根据美国《联邦法规汇编》21 章 314 节分部分 H 或 21 章 601 节分部分 E 得到批准。在这种情况下，申请人必须进一步开展在上述法规中要求的研究。但是，不要求在儿科独占权可以被授予之前必须完成上述进一步研究。

C. 研究基本原则和内容

FDA 建议一个完整的儿科肿瘤药物开发项目的基本原则和内容应该贯彻于每项研究中。

Ⅴ. 典型的协议是怎么样的

下面的列表列举了 FDA 相信的需要包括在典型的儿科肿瘤研究协议中的内容。列表按研究阶段顺序进行整理。

1. 临床Ⅰ期的研究

临床Ⅰ期的儿科肿瘤研究协议应该包含以下特征：

- 基于成人剂量或临床前数据的初始剂量的基本原则。

- 由患了有望成为进一步研究目标的疾病的患者组成的目标研究人群。儿科肿瘤临床Ⅰ期的研究通常招募 18–25 名患者。

- 搜集药代动力学数据的计划。

- 条件允许的话，定义出最大耐受剂量、剂量限制性毒性和生物活性剂量。

- 适合的毒性中止规定。

- 基于升级计划、定群规模和中止规定的统计计划。

2. 临床Ⅱ期的研究

临床Ⅱ期的儿科肿瘤研究协议应该包含以下特征：

- 建议剂量的基本原则。

- 由患了有望成为进一步研究目标的疾病的患者组成的目标研究人群。

- 能使患者获益的药品活性决定原则。有些情况下用单一药物设计研究是不可行或不道德的。在这些情况下，将选择用药物组合设计的初步研究来证明药物对患者的益处。举一个对照设计的例子，将药品加入标准治疗方案中并与纯标准治疗方案进行对比。

- 基于安全性或缺乏活性的适合的中止规定。

- 基于人群规模、疗效标准和中止规定的统计计划。情况允许的话，制订出基于登记的初始患者定群规模（也许14–15人）和先于二次招募的结果分析的临床 II 期设计。

临床 II 期的研究应该基于和儿科肿瘤专家的商讨将一系列的潜在适应证考虑进去。

3. 临床 III 期研究

因为肿瘤学药物的批准通常发生在 E 或 H 小部分下的 II 期结束时，临床 III 期研究的信息大体上就不会包含在书面请求上并且不会要求得到儿科独占权。然而，因为临床 III 期儿科肿瘤研究针对患有恶性肿瘤儿童，是有批准后标准性照顾的，我们已经提供了临床 III 期儿科肿瘤学研究中那些与合作方联系时作为标准照顾的普遍特征。

- 靶点研究人群可能有基于优先产品经验的一些临床优势。

- 一个研究设计会显示产品的临床效益，即使与其他产品联合使用。与单独的标准规则 相比，一个产品被加至标准规则的例子可作为增加的产品设计 。

- 基于安全性、缺乏活性或确定活性的合适停止规则。

- 基于人口数量、反应标准以及停止规则的预期统计计划。

一旦申请人通过执行儿科研究并向机构提交这些研究来执行书面请求，FDA 就必须决定该产品是否有 6 个月市场独占权。

Ⅵ . 申请人是否具备享有独占权的资格

一旦申请人同 FDA 递交了回复实施儿科研究的书面申请，那么
FDA 必须对该产品是否符合 6 个月的市场独占权做出决定。

A. 研究必须满足什么样的要求?

在 505A 部分下，机构必须决定儿科肿瘤学研究:

1. 是根据并符合书面请求实施的。

2. 是根据并符合成文的书面协议，[4] 或者是非成文书面协议但是
大众接受的科学原则。

3. 是根据 FDA 文档要求报道的。

B. 若儿科研究在Ⅰ期后不进行了会怎样?

在 505A 部分下，要获得儿科独占权，申请人必须将儿科研究文
件报给市场申请（已被批准的或已提交的），这些研究有专利或
其他市场独占权（或其他潜在的市场独占权）可通过获得儿科独
占权而延长期限。

当某一药物被鉴定在Ⅰ期到Ⅱ期都是有毒的（或在Ⅱ期结束批准
证明时或Ⅲ期测试时并未显示充足有效性），并且在儿科测试被
停止时，没有申请递交到儿科研究被批准处，当批准成人适应证
时，还是应授予独占权。在这种情况下，优先完成成人适应证研
究并根据 FDA 文件要求递交申请。此时申请人也许会向 FDA 要

求建议来决定儿科研究的进一步工作是否有需要来满足书面请求。若申请人提出这样的要求，就应该向相应的 IND（新药临床研究申请）递交它的儿科研究报告，并提交特定请求来获得建议。FDA 会决定此研究是否满足书面请求并且是否是根据大众接受的科学原则（或书面协议）实施的，以及将同样告知申请人。然而，该建议不能替代儿科独占权决定。

只有当研究被递交至已有申请人，或作为 FDA 归档要求的上市申请一部分时，才会产生最终的儿科独占权。在所有情况中，若被授予了儿科独占权，独占权与专利保护信息都将列在包含相同活性成分的《橙皮书》中，及已批准的新药申请研究中。[5] 对于未获批准药物实施的研究，一旦获批时，儿科独家经营权会与任何列在《通过等效性评估获得批准的药物（橙皮书）》的独占权或专利保护相关。[6]

注释

1. 本指南是 FDA 药品审评与研究中心下属的肿瘤药部门起草的。本指南代表了此机构对儿科肿瘤研究书面要求的形式和内容的最新思考。它对公众或 FDA 无任何约束权。如果其他的途径可以满足有关法律、规范的要求，也可使用。

2. 更多关于审核儿科独占权的一般性讨论，见 FDA 的指南：Qualifying for Pediatric Exclusivity Under Section 505A of the Federal Food, Drug, and Cosmetic Act。

3. 见 21 CFR 312.82（b）。

4. 书面要求在机构的指南 Qualifying for Pediatric Exclusivity Under Section 505A of the Federal Food, Drug, and Cosmetic Act（September 1999）中有详细探讨。

5. 见《联邦食品药品和化妆品法案》505A 的（a）和（c）。

6. 关于哪个儿科独占权可以申请的详细探讨，见 Qualifying for Pediatric Exclusivity Under Section 505A of the Federal Food, Drug, and Cosmetic Act（September 1999）。

行业指南：儿科用药增补——内容和格式[1]

药品审评与研究中心

生物制品审评与研究中心

1996 年 5 月

I. 引言

在 1994 年 12 月 13 日发表在《联邦公报》上的最终法规中，FDA 修正了"儿科使用"分节关于人用处方药标注的内容，完善了药品或生物制品在儿科群体中的使用信息 [21 CFR 201.57 (f)(9)]。因此，许多申请持有人提出要根据 21 CFR 314.70 或 601.12 变更他们的标签。本法案讨论了这些儿科用药增补的内容和格式。根据这条法规，FDA 有可能根据充分且控制严格的成人研究，及其他能证明药物儿科用途的信息批准某一药物的儿科使用。在这种情况下，想要将该药物的成人疗效数据外推到儿科群体，FDA 需先推断出该疾病的病程、此种药物的疗效在成人和儿科群体中十分相似。FDA 鼓励赞助人们协同合作，证明用于同种疾病或失调的同类药物的成人疗效数据可以外推到儿科群体。

II. 内容及格式

下列信息应按照顺序依次出现在增补中。

A. 标签

1. 修正后标签草案。

2. 有修改标记的现用标签副本，清楚地展现所有的增删内容，并注明证明资料包含在申请的哪个位置。

B. 标签是根据哪些法规段落修正的（如 201.57 节（f）（9）（ii 到 viii），以及选择该段的理由。

C. 如果标签变更是根据 201.57（f）（9）（iv）进行的，这一段法规内容为 FDA 提供了依据，使得 FDA 能够推断出该疾病的病程、此种药物的疗效（不论好坏）在儿科和成人群体中非常相似，从而允许把成人疗效数据外推到儿科群体。[2]

这个依据应包含以下内容：

1. 该疾病在成年患者及小儿患者中的已知病程，以及该病程在成年患者及小儿患者中的相似性与差异性。

2. 成年患者与小儿患者中药效（不论好坏）的预计异同，其中应包括关键参考资料。

D. 为之提交儿科数据的年龄段（如新生儿、婴儿、儿童、青少年）

• 新生儿——出生到 1 个月。

• 婴儿——1 个月到 2 岁。

- 儿童——2–12 岁。

- 青少年——12–16 岁。

E. 每个年龄段上交的该类儿科数据（如药物代谢动力学 / 药效学、疗效、安全性）鉴定。这些信息应该填在下页的表格 1 中上交。在上交了相应数据的方框处画上核选标记。

F. 已上交的儿科标签说明证明资料的总结，一份包含风险 / 效益评估的儿科安全性数据综合总结。安全性数据总结中应包含所有与成人群体安全性数据存在差异的数据，并对此进行讨论。

表格 1

数据类型	年龄段 *			
	新生儿 ** （出生到 1 个月）	婴儿 （1 个月 到 2 岁）	儿童 （2–12 岁）	青少年 （12–16 岁）
药物代谢动力学 / 药效学				
——原始数据				
——文献				
临床疗效				
——原始数据				
——文献				
临床研究中的安全性 / 不良反应				

续　表

数据类型	年龄段 *			
	新生儿 ** （出生到 1 个月）	婴儿 （1 个月 到 2 岁）	儿童 （2–12 岁）	青少年 （12–16 岁）
——原始数据				
——文献				
来源于轶事报道				
——药品监督网页 /3500′s				
——文献				

　*和最终法规（59 FR 64242）的序文中界定的一样

　**早产儿——如果上交任何关于早产儿的数据（如药代动力学），应该对本项进行标记，且明确早产儿的体重组及胎龄。

Ⅲ. 数据展示

使用《新药上市申请临床、数据部分内容格式指南》中列出的表格，分类（如疗效、药物代谢动力学 / 药效学、安全性）对数据进行展示、分析及总结；从出版文献中获得的资料也包括在内。

在展示这些数据时应注意以下几点：

A. 提供数据来源。上交的材料应该写明是如何检索医疗文献的（如 Medline），检索的时间段（如 1990 年到现在）以及进行检索的日期。上交的材料中还应包括相关文献的副本。

B. 提供《新药上市申请临床、数据部分内容格式指南》17 页、18 页上列出的总结表格。

C. 如果可以的话，应该按照 Ⅱ 项 D 条划定的不同年龄段对数据进行分析。

D. 安全性数据中应包括药物暴露程度、药物暴露时间及不良反应。如果药物是儿科慢性药，则还应上交长期安全性数据，如生长发育数据，尤其是与神经系统发育、性成熟、营养状况等相关的数据。

E. 上交的材料应包括对使用配方及给药方式（如和苹果酱、婴儿食品混用）描述。申请材料应说明已上市的配方是否适合儿科使用、是否有必要开发新的配方。上交的材料中应说明是否会开发儿科配方，以及新配方的增补专利号（如果知道的话）。

F. 对那些已经表明会对儿科群体产生毒害的赋形剂应该进行鉴定，如导致早产的苯甲醇。

Ⅳ. 参考资料

Proposed rule，57 Federal Register 47423，October 16，1992.

Final rule，59 Federal Register 64240，December 13，1994.

注释

1. 本指南是由药品审评与研究中心（CDER）的医疗政策协调委员会（MPCC）

儿科小组委员会和美国食品药品管理局（FDA）的生物制品审评与研究中心（CBER）共同撰写的。虽然本指南不为也不对任何人提供和授予任何权利，对 FDA 和行业没有约束力，但是代表了 FDA 目前对于儿科用药增补的看法。

2. FDA 承认一个药品是否能依据 §201.57（f）（9）（iv）被判定为可供"儿科使用"，可能会比较简单，在有些情况下这种评定成了医学判断，就会比较复杂。总之，比起推断急性短暂疾病或状况用药在成人及儿科群体中病程和药效相似，推断长期使用的药物或者用于治疗自然史长且多变的疾病的药物在成人及儿科群体中病程和药效相似更简单。在作出这种推断时，FDA 应考虑在同种或其他疾病中使用该药物或同类药物的经历、成人及儿科群体中该疾病的病理生理学及自然史知识程度、生理学知识、药物代谢及作用机制知识等因素。

尽管儿科群体在处理药物时有着和别的群体相似的生理学进程及机制，但存在重大差异的情况下，如产生了不同代谢物时，还是应该对相关年龄分组进行特定的研究。新生儿，鉴于其生理机能独特且诊断具有特殊挑战性，是最需要临床有效性、安全性数据的儿科群体。

针对某些特例——如布洛芬，一种非甾体抗炎镇痛药；昂丹司琼，治疗癌症化疗引起的恶心呕吐；叠氮胸苷，抗艾滋病药——FDA 已经推断疾病的病程及该药物的药效在成人和儿科群体中是相似的。

行业指南：儿科用药 非临床安全性评价[1]

美国卫生及公共服务部

美国食品药品管理局

药品审评与研究中心

2006 年 2 月

药理毒理学

> 该指南代表美国食品药品管理局（FDA）对此话题的当前想法。该指南并未向任何个人授予任何权利，并且未约束 FDA 或大众。你可以使用满足应用标准和规则要求的可替换的途径。如果你想商讨可替换的途径，就要与负责增补该指南的 FDA 员工联系。如果你不能确定合适的 FDA 员工，那么就拨打该指南书名页下相应的号码。

Ⅰ. 引言

该份文件提供了根据治疗儿科病人非临床疗法的安全性评估的动物研究指南。该指南论述了几种基于幼年期动物的健康状况，可能对毒性在儿科病人身上具有意义非凡的预测性，并对非临床测试有建议性的作用。

该指南的范围适用于那些在儿科临床试验中不能适当地、符合伦理地、安全地被评估的安全性问题。特别是那些特定地不可逆转的严重的不良反应。该指南也在与临床发展相关阶段的幼年期动物的时间选择和功效上做出建议。也支持申请人与合适的审查部门商讨，对于某一特定药物，幼年期动物研究是否有必要，并在研究实施前，商讨草案设计。

FDA 的指南文件，包括该指南，都并未确立合法强制性的责任。该指南描述了政府机构对此话题的当前想法，且只应当被视作建议，除非引用特定的法规或法定的要求。"应当"一词在政府机构指南中意味着建议而不是要求。

II. 背景

在美国上市且应用在儿科病人上的很多疗法，其标签上缺乏在该人群中使用时的充足信息。美国儿科研究院进行的一场研究显示，在《医师桌面参考手册》中列出的大部分药物缺乏在儿科使用中的安全有效的信息（1995 药物委员会，美国儿科研究院）。然而，最近的儿科立法，包括《儿童最佳药品法案》（BPCA 2002）以及《儿科研究公平法案》（PREA 2003）已经提供了一个机制，将所需的儿科安全性有效性信息包含在药物产品的标签中。

药物的研发计划用到临床成人研究的安全性数据，成年动物的非临床性研究来支持在儿科病人身上使用该药物。假定儿科病人会呈现相似的疾病进程，并对于有意的疗法干涉会做出相似的反应。然而，很显然，这些研究也许不会总是评测在针对儿科年龄组研发进程中可能的药物反应。与成人疗法相比，儿科病人的进程性发展会不同程度地影响药代动力学和药效学的结果 。有些副作用在临床试验或在上市后常规的监督中难以发现。数据包含儿科临床开始鉴定有效药物的无效剂量和过量用药，以及非必要接触无效疗法和儿科异常副作用。幼年期动物研究也许有助于鉴定在生殖评估中未被充分评估及在儿科临床试验中未被充分及安全的检测过的产后继发毒性。

Ⅲ. 幼年期动物需要的一般考虑

初生进化以及使用幼年期动物研究的一致性的相关考虑将在该部分被讨论。

A. 在成熟和非成熟系统间的药物安全性概况的差别

一些疗法在儿科病人和成年病人上显示不同的安全性概况。在成熟和非成熟系统间的固有差别引进可能存在的药物毒性，或在成熟系统中观察不到的毒性。几个因素导致这些潜在差异。产后生长和发展会影响药物沉积和活性。例子包括：在代谢中的发展改变（包括Ⅲ期酶活性的成熟速率）、本体构成（例如，水油分离）、受体表达和运行、生长率以及器官功能性。这些发展过程易受药物修饰和毁坏影响。

尽管一些年龄依赖的影响可以很大程度根据发展中药物代谢途径的改变被预测，但也有很多不能。有一些例子显示药物在儿童和成人之间显示存在毒性差异。这些例子包括以下内容：

• **对乙酰氨基酚**——急性的对乙酰氨基酚毒性是一个关于细胞生殖成熟如何影响药物毒性的经典例子。相较成人而言，孩子不太易受急性对乙酰氨基酚的影响，因为孩子体内具有较高速率的谷胱甘肽转变以及活性更高的硫酸盐化。因此，与成人相比，具有更强地对过量服用对乙酰氨基酚的代谢及去毒性能力。(1996 出版)。

- **丙戊酸**——与对乙酰氨基酚相比，幼小的孩子们对待丙戊酸呈现出不同程度致命性的肝毒性。

- **氯霉素**——氯霉素与新生儿的死亡率相关，因为相较药物在成人体内半衰期（4h），儿童半衰期（26h）时间更长。

- **吸入性皮质类固醇激素**——研究发现吸入性皮质类固醇激素可降低儿童的生长速度，这是成年人的一个无关终点。

- **阿司匹林**——由于存在引发不常见于成人的并发症——瑞士综合征的风险，阿司匹林不能用来治疗患有流感或水痘感染的儿童。

- **拉莫三嗪**——当使用拉莫三嗪治疗孩子时，有很大程度的危险性会引发史蒂芬强生症候群综合征。

B. 幼年期动物研究的功效

在某些情况下，成人临床数据可以提供关于儿童的研究设计和剂量选择的有用信息。非临床性发展的毒性研究一般专注于产前发展，这些研究只含有有限的产后发展评估。用于多剂量毒性研究的动物通常处于青春期。在某些情况下，由这些研究得出的数据会向没有额外动物研究的儿科临床试验提供充足信息，尤其是，如果原本使用的受试对象就包含青春期少年而没有幼年期儿童或婴儿。由于大多幼年期动物展现出与儿科病人相似的发展特征，因此他们被认为是在该人群中用来评估药效的合适模型。政府机构相信由幼年期动物研究得出的数据能评估出儿科群体中潜在的药物毒性，并能提供不能从成年动物毒理学研究得出的信息，或从成年人得出的安全信息。

经历过重大产后生长的器官系统被认为有很大危险性获得药物毒性。因此，评估产后生长的毒性是初步考虑的问题。很多器官系统的结构和功能特征在孩子和成人之间都存在很大的差异，这是由于产后成熟期生长和发育的不同。包括以下例子：

• 脑髓，青春期神经发育继续。

• 肾脏，成人级别功能在此首次达到大约一岁。

• 肺，大多数肺泡成熟发生在生命的前两年。

• 免疫系统，成人级别的 lgG 和 lgA 抗体反应，分别直到大约 5 岁和 12 岁才能获得。

• 生殖系统，直到青春期发育才完全。

• 骨骼系统，直到成年期 25–30 岁才发育完全。

• 胃肠系统，会直接影响药物的生物多样性、清除和生物转化，该系统大约一年成熟。

幼年期动物的研究在预测儿童年龄相关毒性方面有用，就像下面的例子：

- 苯巴比妥对儿童认知行为的影响可以被该药在啮齿目动物神经系统的作用中所预测。

- 对于六氯酚对人类新生儿神经毒性的易受影响性已经在研究大鼠和猴子时被固定模型。

- 基于动物研究能预测，婴儿不断上升的对维拉帕米诱发心血管并发症的敏感度显示了发育不全的心脏对钙通道阻滞的敏感度。

- 幼年孩子中，使用茶碱治疗而引发不断上涨的中风危险性，由在发育中的啮齿目动物的惊厥前作用研究预测。

动物中显示药物所致的产后生长毒性的例子包括以下内容：

- 产后早期接触甲基苯丙胺，会造成成年大鼠神经行为损害。

- 哌醋甲酯在幼年大鼠生长与内分泌功能上的影响。

- 给新生鼠使用 NMDA 受体拮抗剂治疗细胞凋亡神经退行性疾病。

- 大鼠断奶前因氨己烯酸引发髓鞘形成不断下降和轴突损害。

- 大鼠在幼年期长期暴露在氟西汀之下，导致含血清素的神经支配长期改变。

- 未成熟动物使用氟喹诺酮治疗带来的软骨毒性。

尽管这些发现对人类的意义是未知的，但仍有迹象表明其中某些作用与成长期孩子有关，尤其是与哌醋甲酯和氟喹诺酮有关的。

Ⅳ. 幼年期动物药学评价的一般考虑

A. 非临床安全性评价的范围

儿科疗法非临床安全性评估应该首先专注在未在之前的非临床和临床研究上被研究或鉴定的生长和发育上的潜在效果。幼年期动物测试在评估发育成人和非成熟动物之间敏感性的差异以及年龄特定毒性时是有用的。尽管毒性评定最初应该关注活性部分，测试临床配方中的非活性成分也是一样重要，尤其是当药物的药效学或分布被非活性成分改变或当出现非特征性辅料时。测试辅料其他的建议在工业指南《药物辅料安全性评估非临床研究》中可以找到。[2] 毒性评定应该包含当地和系统评估药效在儿科人群中产后生长和发育。应该考虑与被提议的人群相关的药物的已知药效和毒性成分。通过幼年期动物研究或通过修饰研究设计（例如，Ⅲ段再生毒性研究修饰，包括有类似发育阶段的动物，将它们作为关注的儿科人群），任何产后发育的担忧都能被解决。当某一已知目标器官毒性发生在已经历过重大发育的成人组织时，幼年期动物研究就更加相关。非临床安全性研究程度和时间修饰依赖于某一特定产品可获得的安全性信息。例如，支持给成人使用已批准药物的某一新的儿科适应证的需要信息也许不同于儿科使用新的分子实体的需要信息，是因为在后来人群中的产后发育安全问题。在"个案审评"的药审部门，这些被关注的问题被认为是特殊的临床适应证。

B. 关于临床测试幼年期动物周期

ICH 中 M3 指南《进行人类临床药物使用的非临床安全性研究》中可获得给非临床毒性研究周期的专门建议。在此给幼年期动物提出的建议会协助鉴定产后发育的毒性，这些毒性在用成熟动物进行综合毒性研究时未得到充分评定，而且可能在儿科临床试验中也未得到充分和安全鉴定。

1. 儿科受试者长期接触

大多数儿科受试者的临床研究并未长期接触某一疗法，因为他们大部分持续时间很短（少于 6 个月）。当试验的目的是检测药物代谢动力学而不是药效时，这个结论就更为真实。因此，在产后发育时期的长期接触通常不会在儿科临床试验中进行。若该药物被指定为长期使用，那么就该在上市前做出药物在动物身上的长期发育效果的某些评估。然而，在那些情况下，当儿科临床研究确实与长期接触相关时我们建议在开始长期临床研究前进行幼年期动物的研究。当设计了幼年期动物研究后，药物设计的儿科人群年龄就显得尤为重要。新生儿、婴儿、儿童都处于不同的发育阶段，并且需要合适的非临床数据来支持在指定的儿科人群中使用的药物。

2. 儿科受试者短期接触

基于适应证和药物的使用、安全考虑以及暴露的受试者数目，也许需要与临床研究相联系的幼年期动物研究，即使该试验是为短期接触设计的。因为幼年期动物研究可鉴定出潜在的危险，并且这些危险与人类安全有关，也许在进行临床研究前完成幼年期动物研究更有利，以便将监测和临床试验设计结合以限制人类风险。

3. 缺乏足够临床数据支持儿科研究的开展

一般而言，在成人群体中有了相当多的经验后，临床试验中才会纳入儿科受试者。由于只有极少的成人和儿科经验，当临床数据或经验值不足时，不管临床试验是否与长期接触有关，在儿科临床试验开始前都需要已完成幼年期动物研究。类似地，当有报告关于在儿科病人上使用缺乏标签具有副作用产品以及缺乏评估药物和副作用之间关系的数据时，在儿科临床试验开始前需要已完成的幼年期动物研究。幼年期动物研究周期与临床测试疗法相关，并且审查部门会考虑一些特例，如严重的或有生命威胁的状况。

C.关于幼年期动物考虑的相关议题

这些因素在考虑决定幼年期动物研究的适当性和设计方面很重要：①计划或可能使用的儿童药；②关于儿童群体和幼年期动物的生长和发育期的剂量周期；③在成熟和非成熟生理体系间的药理学和毒理学的潜在不同；④任何与儿童群体相关的动物暂时发育的不同。我们也建议，在幼年期动物研究设计中应包含与鉴定目标器官毒性相关的重点。综合来说，幼年期相较于相对平缓的成年期会经历更多的动态发展。尽管最大的顾虑是慢性长期疗法，参与治疗的儿科人群的经历应该被发展敏感期持续历程相关所考虑。例如，新生儿相对短暂的药物接触时间与幼儿期一段更长时间的药物接触相比，也许会包含一段更加实质的发育。这对于合理设计幼年期动物毒理学研究很重要，能使用最少的动物鉴定出潜在的儿科安全问题。无论何时可行，我们建议设计一个初始研究，用来处理多种潜在的儿科端点关注问题。在所有情况下，当标准非临床研究或临床试验不能得到充足信息时，使用幼年期动物的研究就是合适的。接下来的议题是关于评估幼年期动物毒性的专门研究。

1. 指定人群发育阶段

需要考虑指定人群年龄阶段以及产后发育阶段。需要处理的状况也许会影响种类、范围以及适合测试的周期。在非临床研究上选择合适的终点解决特定儿科人群疾病是重要的。

关于特定年龄段的儿科人群建议在 ICH 指南《儿科人群药物产品临床研究》中被讨论。

2. 评估数据决定幼年期动物研究何时被使用

当考虑幼年期动物研究需要时，可获得的数据评估是很重要的。当可获得临床或非临床数据不足以支持儿科疗法合理安全性时，幼年期动物毒性研究是合适的。被用在标准毒性测试中的啮齿类和非啮齿类动物年龄差是众所周知的。因为成熟期的过程延长，这些年龄差尤其会影响神经系统毒性终点评估。使用成年动物的标准毒性研究不能评估所有相关的终点，尤其是非成熟期的动物。在其他情况下，幼年期的动物研究既没有有效信息性，也非必要的。例如，当以下情况时：①来源于一个种类的相似疗法的数据已经鉴定特定的危险，并且额外的数据并不能改变这一点；②在临床使用中，并未观察到充足的临床数据和值得顾虑的副作用；③由于有毒性的目标器官在指定儿科人群功能上是成熟的，并且含功能不成熟器官的年幼孩子不会使用该药，那么在成年和儿科病人上，目标器官毒性在敏感度上不会有差异，幼年期动物研究不是必要的。

大多数为儿科病人设计的药物在成年人身上已经建立了药效和安全性。一些数据同样能从 12 岁或更大的儿科病人处获得。对于一些药物的临床优势将从儿童处获得。例如，在吸入性皮质固醇类药物（FDA 叙述论文，鼻内或吸入性皮质固醇类药物，对孩子生长有压迫性，1998）。对于已经历大范围临床测试被批准的药物，大量的药理学以及毒理学临床数据也会显示出来。毒理学研究大体上包含综合毒性研究生殖毒性、基因毒性、致癌性，还有特殊毒性，若可获得，还包括幼年期动物研究。药物对目标器官的毒性，无论是在人类还是动物身上，都应该被鉴定出来。一个总的数据评估应该让科学家：①判断非临床信息的充足性；②鉴定对指定人群潜在安全性的一些问题；③鉴定任何能在幼年期动物测试中被解决的数据间隙。

3. 当决定临床使用持续性时考虑其发展窗口

基于观察到胚胎发展在器官形成期对干扰极为敏感，儿科病人和幼年期动物经历重大发展的产后组织对特定药物引发的毒性，较成熟器官而言，更加敏感。经历相当大的产后生长和发育的器官系统被认为包含以下几类：神经、生殖、肺部、肾脏、骨骼、胃肠道、肝胆和免疫系统。在儿童期不同阶段，产后发育速率也不同，长期治疗的定义在人群中也是不断改变的。指定的几周疗法在青春期早期通常不会被认为是长期的，但涉及婴儿在一些发展持续期时就被认为是相当长的发展期。

4. 暴露周期

当涉及快速产后生长和发育时期时，使用指定药物的周期就显得重要。若该药物是为经历全部生长和发育阶段的孩子设计的，对于评估经历相应生长阶段的动物模型就是重要的。器官系统在特定种类的特定时间成熟。在该指南末尾Ⅶ部分，会有在神经、生殖、骨骼、肺部、免疫、肾脏、心脏以及代谢系统上不同发展阶段，人－动物的对比。这也可以用来评估不同动物模型的特定系统发育的合适治疗阶段。相较人类而言，动物发育是加速的，这可以促进使用急速长期暴露的界限分明终点进行的长期药效评估。（例如，评估生殖或神经功能）。

5. 研究模型选择

除了基于指定的儿科人类使用的模型考虑和终点评估，成人身上用于鉴定毒理学和药理学的目标器官需要特殊的考虑。被鉴定为在成人身上有特定药物毒性靶点以及经历重大产后发育后使用幼年期动物进行研究都是很重要的，即使人类最初产后发展阶段与指定的治疗阶段不一致。这是基于对发展是一个连续性的事件的发现。此外，疗法的目标组织也许能被其他组织或器官系统调节。在这种情况下，建议检测相关组织在发育阶段的药效。

Ⅴ. 幼年期动物设计毒理学研究的一般因素

A. 研究类型

检测方法可以是全面扫描测试以提供危险鉴别或设计特殊鉴别人们关注的问题。我们建议选择一个合适的、科学的研究设计。非成熟动物的剂量和处理方法影响能被系统地评估。支持儿科疗法安全的在幼年期动物身上实施的研究，要么是设计来解决特定安全问题的草案，要么是基于药品修饰产前或产后发育研究的草案。已搜集的幼年期动物草案被设计成解决基于已知药物成分，产品类别或其他信息的特定问题。在某些例子中，经修饰的重复剂量毒性研究能为潜在危险提供一个更全面的筛选。然而，我们建议在这样研究的初期，治疗过程中，以及为解决特定问题而进行的终点评估时，要修改动物年龄。标准 ICH 研究的修改是为了处理 C–F[3] 发展阶段的问题，包括确保幼年期动物在产后阶段得到充足的接触，以及评估特定儿科人群的发展终点。通常不包含标准重复剂量毒性研究的评估也是可以的。除了要确保药物的充分接触，组织病理学检测还有对于特定生长参数的作用，以及功能性非成熟组织都是重要的。这些经过修饰的剂量一开始要使用更为幼小的动物进行实验，并且直到特定儿科人群发育阶段已经完成时截止。从该研究中得到的信息能与相同种类的成人数据相比，来评估该影响是否针对特定幼年期动物。

B. 动物

1. 种类

幼年期动物测试种类要适合毒性终点评估，尤其是指定的儿科人群。一般而言，鼠和犬是啮齿目和非啮齿目种类的选择。然而，在一些情况下，其他种类也可能更适合。例如，药物在一个完全不同于人类的某一生物种类中代谢，不如选择可替代的种类（如小猪、猪、猴子）可能更适合测试。当决定合适的种类时，鼓励申请人考虑某些因素，如以下：

- 治疗药剂的药理学、药效学以及毒理学。

- 幼年期动物和成年期病人主要器官相关的发育状态。

- 被选种类对特定毒性的敏感性。

一个幼年期动物实验也许就足够能评估在成人和动物身上的毒性终点。尽管其他方式也能使用，但预期该评估通常在围产期和产后发育的啮齿目动物上获得。

2. 年龄

开始给予剂量的动物年龄应由产后发育参数决定。进行研究的动物发育阶段应与指定的儿科人群相对应。

3. 性别和样品尺寸

我们建议下面的研究包括雄性和雌性动物。充足的动物数量用来显示测试物质的存在或缺失是很重要的。当决定样品尺寸时，考虑生物药效的维度也很重要。尤其是使用筛选研究解决来鉴定问题，修饰标准设计，组成或去除设计都将影响要进行充分评估的动物数量。

C. 暴露

1. 给药途径和剂型

当进行非临床研究时，要使用指定的临床给药途径和剂型，[4] 除非有可替代的给药途径和剂型能提供更大的接触面积以及充分接触后有更小的侵略性。若某一药物是设计成临床使用的，那么就适合通过多条给药途径进行药效评估。不同给药途径在该范围下的组织和局部暴露时引发产后毒性的作用结果不同，申请人要考虑通过多渠道进行测试。当指定的临床给药途径是静脉注射时，该途径应该是效果充分的。既然最初研究的目标是鉴定潜在的危险，那么给药途径造成的暴露或分散时的小改变是不重要的。

由于副作用有时候与成年人和幼年期动物之间的代谢差异有关，毒动学研究能提供有效信息协助研究整理与分析。根据指导方针，要制作评估母体药物分布和幼年期动物体内重大代谢档案。（查看 ICH 工业指南 S3A 毒动学：毒理学研究中组织曝光评估）。

2. 暴露频率和持续性

给药频率要与指定临床用药有关。然而，在有些情况下，与参与临床给药的频率相似的剂量使用频率不可行，因为考虑到动物模型使用的技术问题。当考虑到变量如代谢差异和动力学差异时，可以改变频率。

动物治疗的持续时间要至少包含筛选物种相关产后重大发展时期。当研究的目的是为了评估潜在的长期效果时，剂量持续时间要提升至与指定使用疗法相关的程度。在评定特定利害问题时，有一个方法就是在决定性研究之后要紧跟着考虑明确暴露和最初耐受性剂量范围研究。设计无治疗期是为了评估可能存在的需考虑的副作用反转性。研究中包含的恢复期在区别敏锐的中间药效学和明显的发育毒性学是有用的，且该信息会影响潜在的人类风险评估。基于已解决的相关问题，能够充分推测器官成熟期推迟的毒性或在幼年期动物成长为成人后必然持续的毒性。

3. 剂量选择

有可能时，为幼年期动物的副作用确定一个明确的剂量反应关系是重要的。高剂量要产生可鉴定的毒性（试验性的或普遍性的）。中间剂量要产生一些毒性，这样剂量反应关系才能显示存在。低剂量要产生很小或无毒性，以及有可能的话鉴定出无明显损害作用水平（NOAEL）。我们建议评估和适当修饰中间以及低剂量与那些在测试物种上能产生预计药效学的剂量间的关系。

D. 毒理学终点和监测周期

在幼年期动物研究时监测毒理学终点的选择，对于测试一种药物在幼年期动物生长和发育上的效果是重要的。在特定器官系统（如骨骼、肾脏、肺、神经、免疫、心血管和生殖系统）的整个产后生长和发育期间设计实验测定药效是适合的。研究包含整个生长测量（例如，体重、每个时间段生长速率、胫骨长度）、临床观察、器官重量测量、大体和显微镜测试、性成熟评估（交配，多产）以及神经行为测试。更多为特例评估设定的特定测量方案可以基于药学或毒理学靶点的知识。临床病理学测定同样有用，但被分析包含充足样品的条件有技术性限制，尤其在啮齿目动物方面。对于发育神经毒性评估，应使用完备确立的方式来检测关键中枢神经系统（CNS）功能，包括个体发生学反射评估、感觉运动功能、移动活性、反应性、学习和记忆力。存在毒性设计修饰或基于幼年期动物实验研究应基于被解决问题使用。

这对于确定毒理终点和药物暴露期（如给药前、突发给药后、血液浓度高峰期）有帮助。区别长期药效和短期快速药效，适合在每日给药前测量某一终点。同样，在测定引发药物效果是否可逆时，增加恢复组动物是有帮助的。关注的问题越特定，研究设计的方法就越直接。如果不能获得信息，使用普遍的筛选方法是有用的。

Ⅵ. 在风险管理中应用幼年期动物试验数据的一般考虑

A. 临床试验中的应用

设计非临床毒理研究来支持鉴定针对治疗群体危险性的儿科临床受试者的安全性是重要的。这些研究能提供有在限制副作用风险下的有效信息和鉴定合适的临床监测方面。在非临床毒理研究中，一旦发现副作用时，这些发现就有了用于多种研究的可能。在非临床研究中，被鉴定出不良反应的生物指标，对临床试验中监测受试者有用。在某些案例中，临床试验中生物标记不能被鉴定或安全使用时，非临床药效学数据可能有用，因为给定的不良反应与可以外推至临床使用的特定等级的组织暴露期有关。临床上使用血药浓度监测可以使不良反应发生概率降至最低。若在幼年期动物身上进行的毒理研究也可能在儿科病人身上完成，就不能在临床被监测，也不会考虑包含在可暴露期内，更不可能在临床试验中，在儿科病人身上安全使用。对于给定的药物疗法进行风险－效益评估是重要的。

B. 产品批准用途

幼年期动物模型身上进行的非临床毒理研究显示出的副作用，在标注儿科产品，确定儿科用药物使用批准时，要获得申请人的上市后承诺。延时的或不可逆转的不良反应也许可以在动物实验中鉴定出来，但由于儿科临床试验没有充足持续期来显示不良反应，而无法鉴定得到。不良反应的生物标记可能在非临床研究中能被鉴别，而在临床试验无法观察到，此时不良反应的信息同样要显示在产品标签上。基于这些不良反应的本质和严重程度，以及与指定使用的利弊关系，申请人会进行一项长期跟踪人类健康的研究作为上市后承诺。若这些反应是延时的或不可逆转的，申请人也会进行一项长期跟踪性研究，研究甚至会跟踪急性药物暴露期。即使临床试验并未显示不良反应，药物的使用也受到非临床发现的严重适应证而限制。这种情况下，产品标签要包含在非临床实验中观察到的相关不良反应的信息、在非临床研究中长期药物暴露期并且在临床对照性试验中的相关不良反应信息。这种情况下，产品标签必须反映这些信息。幼年期动物研究在鉴定特定年龄组药物使用安全性问题上同样有用。最后，基于风险 – 效益评估分析，这些非临床发现最终以提醒在儿科使用方面的特别警告的形式出现在产品标签中。

Ⅶ. 人与动物发育期比较

表 1–8 显示了本指南中考虑的，比较人 – 动物时间发育周期的信息。当决定设计最佳儿科动物研究来解决儿科人群风险时，这些比较信息是有效的。根据固有的可获得性和检测到的不同终点，不管是人还是动物数据都呈现出精确的发育时间线。基于科学的本质，这些表格只保存了一个大致的起点。

表1 神经系统

发育事件	发育期			
	人（年）	灵长类动物（周）	狗（周）	大鼠（天）
谷氨酸受体[1]（最大结合量）	1-2，皮质减少至成人 2-16			28，减少至成年 >28
单胺系统[2]	2-4，达到最大受体浓度			21-30，成年水平
眼优势性[3]	0-3			21-35
小脑持续外发层[3]	0.6-2			0-21
髓鞘形成快速阶段结束[4]	2			25-30
认知发展的延迟反应学习[5]	1-2	9-36	12-16	10-35

1. Ikonomidou et al. 1999

2. Rice and Barone 2000

3. Sidhu et al. 1997; Kimmel and Buelke-Sam 1994

4. Radde 1985

5. Wood et al. 2004

表2 生殖系统

发育事件	发育期				
	人（年）	猕猴（年）	狗（天）	小鼠（天）	大鼠（天）
青春期[1]	11-12	2.5-3	180-240	35-45	40-60

1. DeSesso and Harris 1995; Marty et al. 2003; Beckman and Feuston 2003; Lewis et al. 2002

表3 骨骼系统

发育事件	发育期					
2° 骨化中心的融合[1]	人（年）	猴（年）	狗（年）	兔（周）	大鼠（周）	小鼠（周）
股骨远端骨垢	14–19	3–6	0.7–0.9	32	15–162	12–13

1. Zoetis 2003

表4 呼吸系统1

发育事件	发育期（天）		
肺泡生成[2,3,4]	人	大鼠	小鼠
开始	出生	1–4	1–2
完成	730	28	28

1. The stages of lung development（glandular, canalicular, saccular, alveolar）at birth varieswith the species. Human lungs have few alveoli and are considered in the alveolar stage atbirth. Rodent lungs are less developed and considered in the saccular stage withoutalveoli at birth（Zoetis and Hurtt 2003）.

2. Burri 1997

3. Merkus et al. 1996

4. Tschanz and Burri 1997

表5 免疫系统

发育事件	发育期（天）	
	人	鼠
B 细胞发育[1]	出生	出生
T 细胞发育[1]	出生	出生
NK 细胞发育[1]	出生	21

续 表

发育事件	发育期（天）	
T 细胞依赖的抗体反应 [1]	0	14 41-56 成年水平
非 T 细胞依赖的抗体反应 [1]	45-90	0 14-21 成年水平
成年水平 IgG[1]	1825	42-56

1. Holladay and Smialowicz 2000

表 6a　肾功能

发育事件	发育期（天）	
	人	大鼠
肾小球 / 肾 [1,2]	出生	8-14
成年肾小球滤过率和肾小管分泌 [1,2]	45-180	15-21

1. Snodgrass 1992

2. Travis 1991

表 6b　肾的生理结构

发育事件	发育期（周）					
	人	狗	兔	大鼠	小鼠	猪
肾生长完成 [1]	出生 -35	2	2-3	4-6	出生	3

1. Zoetis 2003

表 7　新陈代谢

第 I/II 阶段新陈代谢的发育调节			
	酶活性的调节		
酶	人（年）	大鼠（天）	兔（天）
CYP2D6[1, 2]	0–3	NA*	NA*
CYP2E1[2, 3, 4]	0–1	4–17，断奶后下降 雄性＞雌性	14–35 2X 的成年量 @35
CYP1A2[1, 5, 6, 7]	0.5 1（＞成年水平）	7–100 低水平	21–60
CYP2C8[1, 2]	<1	NA*	NA*
CYP2C9[1, 2]	<0.5 0.5（＞成年水平）	NA*	NA*
CYP3A4[2]	0–2	NA*	NA*
Acetylation[1, 2]	1（35% 成年水平）	NA*	NA*
Methylation[1, 2]	<1 （50% 成年水平）	NA*	NA*
Glucuronidation[1, 2]	0（＞成年水平） 12		NA*
Sulfation[1, 2]	0	NA*	NA*

* NA = not available

1. Kearns and Reed 1989

2. Leeder and Kerns 1997

3. Waxman, Morrissey, Le Balnc 1989

4. Peng, Porter, Ding, Coon 1991

5. Ding, Peng, Coon 1992

6. Imaoka, Fujita, Funai 1991

7. Pineau, Daujat, Pichard, Girard, Angevain 1991

表 8　心脏 [1]

心指数	发育期（接近成年水平）		
	人（年）	狗	大鼠（周）
心电活动（ECG）	5–7	NA*	3–8
心输出量和血流动力学	出生 138 bpm； 成年 85bpm. <2 年：比成年小的心室容积，每搏指数，射血分数 出生 BP 62/40; 2 个月 85/47； 0.5–8 年舒张的 58–62	从 1 周到 0.5 年，BP 增加，HR 下降	早起 HR 增加，然后维持成年水平 高 CO，低 PVR 新生儿收缩时 BP 是 10 周时成年水平的 2 倍
心肌细胞	出生时二倍体细胞数量是成年时的 60%（多倍体是 40%）	NA*	二倍体细胞数量基本不变
冠动脉	30 年时直径是 1 年时的 2 倍。毛细血管出生后就再生，且密度随年龄增长而减少	毛细血管出生后就再生，且密度随年龄增长而减少	毛细血管出生后就再生，在一个月时动脉发育成熟
心脏的神经调节	神经数量增加，在儿童时期达到成年的密度和分布	2–4 月间持续发育	肾上腺素能神经分布 3 周完成，神经密度 5 周完成。 胆碱能神经出生时发育完成

* NA = not available

1. Hew and Keller 2003

参考文献

1. Beckman, DA and M Feuston, 2003, Landmarks in the Development of the Female Reproductive System, Birth Defects Research, (part B) , 68: 137–143.

2. Belay, ED, JS Bresee, RC Holman, AS Khan, A Shahriari et al., 1999, Reye's Syndrome in the United States from 1981 through 1997, N Engl J Med, 340: 1377–1382.

3. Boucek Jr., RJ, M Shelton, M Artman, PS Mushlin, VA Starnes et al., 1984, Comparative Effects of Verapamil, Nifedipine, and Diltiazem on Contractile Function in the Isolated Immature and Adult Rabbit Heart, Pediatric Res, 18: 948–952.

4. Burri, P, 1997, Structural Aspects of Prenatal and Postnatal Development and Growth of the Lung, Lung Growth and Development, Ed. JA McNoald, Marcel Dekker, Inc., New York, p. 1–35.

5. Chang, H, MH Chung, and JH Kim, 1996, Pefloxacin–Induced Arthropathy in an Adolescent with Brain Abscess, Scand J Infect Dis, 28: 641–643.

6. Committee on Drugs, 1995, American Academy of Pediatrics, Guidelines for the Ethical Conduct of Studies to Evaluate Drugs in Pediatric Populations, Pediatrics, 95 (2): 286–294.

7. Croche, AF, RS Lipman, JE Overall, and W Hung, 1979, The Effects of Stimulant Medication on the Growth of Hyperkinetic Children, Pediatrics, 63 (6): 847–50.

8. DeSesso, JM and SB Harris, 1995, Principles Underlying Developmental Toxicity,

Toxicology Risk Assessment, Eds. A Fan and LW Cgabg, Marcel Dekker, New York.

9. Diaz, J, RJ Schain, and BG Bailey, 1977, Phenobarbital–Induced Brain Growth Retardation in Artificially Reared Rat Pups, Biol Neonate, 32: 77–82.

10. Ding, X, HM Peng, and MF Coon, 1992, Cytochromes P450 NMa, NMb (2G1) and LM4 (1A2) are Differentially Expressed During Development in Rabbit Olfactory Mucosa and Liver, Mol Pharmacol, 42 (N6): 1027–1032.

11. Division of Pulmonary Drug Products, 1998, Class Labeling for Intranasal and Oral Inhaled Corticosteroids Containing Drug Products Regarding the Potential for Growth Suppression in Children, Center for Drug Evaluation and Research, the Food and Drug Administration, http: //www.fda.gov/cder/news/cs–label.htm.

12. Dreifuss, FE, N Santilli, DH Langer, KP Sweeney, KA Moline et al., 1987, Valproic Acid Hepatic Fatalities: A Retrospective Review, Neurology, 37: 379–385.

13. Farwell, JR, YJ Lee, DG Hirtz, SI Sulzbacher, JH Ellenberg et al., 1990, Phenobarbital for Febrile Seizures — Effects on Intelligence and on Seizure Recurrence, N Engl J Med, 322: 364–369.

14. FDA Talk Paper, November 9, 1998, Class Labeling for Intranasal and Orally Inhaled Corticosteroid Containing Drug Products Regarding the Potential for Growth Suppression in Children.

15. FDAMA, 1997, Pub. L., 105–115, 21 U.S.C.

16. FDAMA, January 3, 2001, Pub. S.1789, Best Pharmaceuticals for Children Act.

17. Fonseca, NM, AB Sell, and EA Carlini, 1976, Differential Behavioral Responses of Male and Female Adult Rats Treated with Five Psychotropic Drugs in the Neonatal Stage, Psychopharmacologia, 46: 253–268.

18. Greely, GH and JS Kizer, 1980, The Effects of Chronic Methylphenidate Treatment on Growth and Endocrine Function in the Developing Rat, J Pharmacol Exp Ther, 215: 545–551.

19. Guberman, AH, FM Besag, MJ Brodie, JM Dooley, MS Duchowny et al., 1999, Lamotrigine Associated Rash: Risk/Benefit Considerations in Adults and Children, Epilepsia, 40: 985–991.

20. Hew, KW and KA Keller, 2003, Postnatal Anatomical and Functional Development of the Heart: A Species Comparison, Birth Defects Research, (part B) , 68: 309–320.

21. Holladay, SD and R Smialowicz, 2000, Development of the Murine and Human Immune System: Different Effects of Immunotoxicants Depend on Time of Exposure, Environ Health Perspect, 108: 463–473.

22. Hong, J, J Pan, Z Dong, SM Ning, and CS Yang, 1987, Regulation of N–Nitrosodimethylamine Demethylase in Rat Liver and Kidney, Cancer Res, 47 (N11): 5948–5953.

23. Ikonomidou, C, F Bosch, M Miksa, P Bittigau, J Vockler, K Dikranian et al., 1999, Blockade of NMDA Receptors and Apoptotic Neurodegeneration in the

Developing Brain, Science, 283: 70–74.

24. Imaoka, S, S Fujita, and Y Funae, 1991, Age Dependent Expression of Cytochrome P450s in Rat Liver, Biochem Biophys Acta, 1097 (N3): 187–192.

25. Insel, PA, 1996, Analgesic–Antipyretic and Antiinflammatory Agents, Goodman & Gilman's The Pharmacological Basis of Therapeutics, 9th ed., Ed. JG Hardman, LE Limbird, PB Molinoff, RW Ruddon, and AG Gilman, McGraw–Hill, New York, p.632.

26. Kapusnik–Uner, JE, MA Sande, and HF Chambers, 1996, Antimicrobial Agents, Goodman &Gilman's The Pharmacological Basis of Therapeutics, 9th ed., Ed. JG Hardman, LE Limbird, PB Molinoff, RW Ruddon, and AG Gilman, McGraw–Hill, New York, p. 1124–1153.

27. Kearns, LK and MD Reed, 1989, Clinical Pharmacokinetics in Infants and Children. A Reappraisal, Clin Pharmacokin, 17 (supp 1): 29–67.

28. Kimmel, CA, RJ Kavlock, and EZ Francis, 1992, Animal Models for Assessing Developmental Toxicity, Similarities and Differences Between Children and Adults, Implications for Risk Assessment, Ed. PS Guzelian, CJ Henry, and SS Olin, ILSI press, Washington DC.

29. Kimmel, CA and J Buelke–Sam, 1994, Target Organ Toxicology Series, Ed. Taylor and Frances, Raven Press.

30. Langston, C, K Kida, M Reed, and WM Thurlbeck, 1984, Human Lung Growth in Late Gestation and in the Neonate, The American Review of Respiratory Disease,

129: 607–613.

31. Lauffman, RE, 1994, Scientific Issues in Biomedical Research, In: Children as Research Subjects, Ed. MA Grodin and LH Glantz, Oxford University Press, Oxford, England, p. 1–17.

32. Le Loet X, C Fessard, C Noblet, LA Sait, and N Moore, 1991, Severe Polyarthropathy in an Adolescent Treated with Pefloxacin, J. Rheumatology, 18: 1941–1942.

33. Leeder, JS and GL Kearns, 1997, Pharmacogenetics in Pediatrics: Implications for Practice, New Frontiers in Pediatric Drug Therapy, Pediatric Clinics of North America, 44 (1): 55–77.

34. Lewis, EM, JF Barnett Jr., L Freshwater, AM Hoberman, and MS Christian, 2002, Sexual Maturation Data for CRL Sprague–Dawley Rats: Criteria and Confounding Factors, Drug and Chemical Toxicology, 25 (4): 437–458.

35. Lovejoy, FH, 1982, Fatal Benzyl Alcohol Poisoning in Neonatal Intensive Care Units, Am J Dis Child, 136: 974–975.

36. Mares, P, H Kubova, and SJ Czuczwar, 1994, Aminophylline Exhibits Convulsant Action in Rats During Ontogenesis, Brain Development, 16 (4): 296–300.

37. Marty, MS, R Chapin, L Parks, and B Thorsrud, 2003, Development and Maturation of the Male Reproductive System, Birth Defects Research, (part B), 68: 125–136.

38. Mattes, JA and R Gittelman, 1983, Growth of Hyperactive Children on Maintenance Regimen of Methylphenidate, Arch Gen Psychiatry, 40: 317–321.

39. Merkus PJFM et al., 1996, Human Lung Growth: A Review, Pediatric Pulmonol, 21: 383–397.

40. Miyawaki, T, N Moriya, T Nagaoki, and N Taniguchi, 1981, Maturation of B–Cell Differentiation Ability and T–Cell Regulatory Function in Infancy and Childhood, Immunol Rev, 57: 61–87.

41. Peng, HM, TD Porter, XX Ding, and MJ Coon, 1991, Differences in the Developmental Expression of Rabbit Cytochromes P450 2E1 and 2E2, Mol Pharmacol, 40 (N1): 58–62.

42. Pineau, T, M Daujat, L Pichard, F Girard, J Angevain et al., 1991, Developmental Expression of Rabbit Cytochrome P450 CYP1A1, CYP1A2, CYP3A6 Genes, Effect of Weaning and Rifampicin, Cur J Biochem, 197 (N1): 145–153.

43. Pizzi, WJ, EC Rode, and JE Barnhart, 1987, Differential Effects of Methylphenidate on the Growth of Neonatal and Adolescent Rats, Neurotox Teratol, 9: 107–111.

44. Radde, IC, 1985, Mechanism of Drug Absorption and Their Development, Textbook of Pediatric Clinical Pharmacology, Ed. SM Macleod and IC Radde, PSG Publishing Co., Littleton, MA. p.17–43.

45. Rice, D and S Barone Jr., 2000, Critical Periods of Vulnerability for the Developing Nervous System: Evidence from Humans and Animal Models, Environ

Health Persp, 108 (Suppl. 3) 511–533.

46. Rodier, PM, IR Cohen, and J Buelke–Sam, 1994, Developmental Neurotoxicology, Developmental Toxicology, 2nd ed., Ed. CA Kimmel and J Buelke– Sam, Raven Press, New York.

47. Sidhu, RS, MR Del Bigio, UI Tuor, and SS Seshia, 1997, Low–Dose Vigabatrin (gamma–vinyl GABA) –Induced Damage in the Immature Rat Brain, Exp Neurol, 144: 400–405.

48. Skovranek, J, B Ostadal, V Pelouch, and J Prochazka, 1986, Ontogenetic Differences in Cardiac Sensitivity to Verapamil in Rats, Pediatric Cardiol, 7: 25–29.

49. Snodgrass, WR, 1992, Physiological and Biochemical Differences Between Children and Adults as Determinants of Toxic Response to Environmental Pollutants, Similarities and Differences Between Children and Adults, Implications for Risk Assessment, Ed. PS Guzelian, CJ Henry, and SS Olin, ILSI press, Washington DC, p. 35–42.

50. Stahlmann, R, I Chahoud, R Thiel, S Klug, and C Forster, 1997, The Developmental Toxicity of Three Antimicrobial Agents Observed Only in Nonroutine Animal Studies, Reprod Toxicol, 11: 1–7.

51. The 1998 Pediatric Rule, Regulations Requiring Manufacturers to Assess the Safety and Effectiveness of New Drugs and Biological Products in Pediatric Patients; Final Rule, 1998, Fed Reg, 63 (231): 66632–66672.

52. The List, 1998, List of Approved Drugs for Which Additional Pediatric

Information May Produce Health Benefits in the Pediatric Population, Fed Reg, 63 (97): 27733.

53. Thurlbeck, WM, 1975, Postnatal Growth and Development of the Lung, American Review of Respiratory Disease, 111: 804–804.

54. Towfighi, 1980, Experimental and Clinical Neurotoxicology, Spencer and Scaumburg, Eds., pp.440–455, Williams and Williams, Baltimore.

55. Travis, LB, 1991, The Kidney and Urinary Tract Morphogenic Development and Anatomy, Rudolph's Pediatrics, 19th Ed., Chapter 25, pp. 1223–1236.

56. Tschanz, SA and PH Burri, 1997, Postnatal Lung Development and Its Impairment by Glucocorticoids, Pediat Pulmonol, Supp 16: 247–249.

57. Vorhees, CV, KG Ahrens, KD Acuff–Smith, MA Schilling, and JE Fisher, 1994, Methamphetamine Exposure During Early Postnatal Development in Rats: I. Acoustic Startle Augmentation and Spatial Learning Deficits, Psychopharmacol, 114: 392–401.

58. Walthall, K, GD Cappon, ME Hurtt, and T Zoetis, 2005, Postnatal Development of the Gastrointestinal System: A Species Comparison, Birth Defects Research, (part B) , 74: 132–156.

59. Waxman, DJ, JJ Morrissey, and GA Le Balnc, 1989, Female Predominant Rat Hepatic P450 Forms (IIE1) and 3 (IIA1) Are Under Hormonal Regulatory Controls Distinct from Those of Sex Specific P450 Forms, Endocrinology, 270 (N2): 458–471.

60. Wegerer, V, GH Moll, M Bagli, A Rothenberger, E Ruther, G Huether, 1999, Persistently Increased Density of Serotonin Transporters in the Frontal Cortex of Rats Treated with Fluoxetine During Early Juvenile Life, J Child Adolesc Psychopharmacol, 9: 13–24.

61. Wettrell, G and KE Andersson, 1986, Cardiovascular Drug II: Digioxin, Ther Drug Monitoring, 8: 129–139.

62. Wood, SL, BK Beyer, GD Cappon, 2004, Species Comparison of Postnatal CNS Development: Functional Measures, Birth Defects Research (in press) .

63. Yokoyama, H, K Onodera, T Yagi, and K Iinuma, 1997, Therapeutic Doses of Theophylline Exert Proconvulsant Effects in Developing Mice, Brain Dev, 19: 403–407.

64. Zoetis, T and ME Hurtt, 2003, Species Comparison of Lung Development, Birth Defects Research, (part B) , 68: 121–124.

65. Zoetis, T, MS Tassinari, C Bagi, K Walthall, and ME Hurtt, 2003, Species Comparison of Postnatal Bone Growth and Development, Birth Defects Research, (part B) , 68: 86–110.

66. Zoetis, T and I Walls, 2003, Principles and Practices for Direct Dosing of Pre-Weaning Mammals in Toxicity Testing and Research, ILSI press, Washington DC, p.11 and p.13.

67. Zoetis, T, 2003, Species Comparison of Anatomical and Functional Renal Development, Birth Defects Research, (part B) , 68: 111–120.

注释

1. 本指南由 FDA 药品审评与研究中心下属的新药办公室药理毒理学协调委员会的儿科用药专业委员会起草。它不适用于生物制品审评与研究中心管理的儿科用产品。如需生物制品审评与研究中心管理的产品信息，请联系生物制品审评与研究中心的相关办公室。

2. 我们周期性的更新指南，为确保你获得最新版本的指南，请查看 CDER 的指南网页：http://www.fda.gov/cder/guidance/index.htm。

3. ICH 的行业指南《为了医疗制品再生产的 S5A 毒理检测》。

4. 我们推荐在儿科项目中对非活性成分进行安全性评价以检测潜在的不良反应。检测的类别取决于其信息已经被理解的范围。

附 录

名词术语总表

A

ADUFA: Animal Drug User Fee Act,《兽药使用者付费法案》

AGDUFA: Animal Generic Drug User Fee Act,《动物仿制药使用者付费法案》

AMQP: Animal Model Qualification Program, 动物模型认证项目

ANDA: Abbreviated New Drug Application, 仿制药申请

APEC: Asia-Pacific Economic Cooperation, 亚太经合组织

API: Active Pharmaceutical Ingredient, 药用活性成分, 原料药

B

BARDA: the Biomedical Advanced Research and Development Authority,
生物医学高级研究和发展管理局

BE Test: Biological Equivalence Test, 生物等效性试验

BIMO: Bioresearch Monitoring, 生物研究监测

BLA: Biologics License Applications, 生物制品上市许可申请

BPCA: Best Pharmaceuticals for Children Act,《最佳儿童药品法案》

BPD: Biosimilar Biological Product Development, 生物类似物产品开发

BsUFA: Biosimilar User Fee Act,《生物类似物使用者付费法案》

C

CBER: Center for Biologics Evaluation and Research,
生物制品审评与研究中心

CDC: Centers for Disease Control and Prevention, 疾病控制与预防中心

CDER: Center for Drug Evaluation and Research, 药品审评与研究中心

CDRH: Center for Devices and Radiological Health, 器械与放射卫生中心

CDTL: Cross Discipline Team Leader, 跨学科审查组长

CEO: Chief Executive Officer, 首席执行官

CFDA: China Food and Drug Administration, 国家食品药品监督管理总局

CFR: Code of Federal Regulation, 美国《联邦法规汇编》

CFSAN: Center for Food Safety and Applied Nutrition,
食品安全和应用营养中心

COTR: Contracting Officer's Technical Representative,
合同缔约人员技术代表

CPI: Consumer Price Index, 消费价格指数

CPMS : Chief Project Management Staff, 首席项目管理人员

CR: Complete Response Letter, 完整回复函

CTECS: Counter-Terrorism and Emergency Coordination Staff,
反恐和紧急协调人员

CVM: Center for Veterinary Medicine, 兽药中心

D

DACCM: Division of Advisory Committee and Consultant Management,
咨询委员会和顾问管理部门

DARRTS: Document Archiving, Reporting and Regulatory Tracking System,

文件归档、报告和管理跟踪系统

DCCE: Division of Clinical Compliance Evaluation, 临床依从性评价部

DD: Division Director, 部门主任

DDI: Division of Drug Information, 药品信息部门

DECRS: the Drug Establishment Current Registration Site,
当前药品登记地点

DEPS: Division of Enforcement and Post-marketing Safety,
药品上市后安全与执行部门

DHC: Division of Health Communications, 卫生通讯部门

DMF : Drug Master File, 药品主文件

DMPQ: Division of Manufacturing and Product Quality, 生产及产品质量部

DNP: Division of Neurological Products, 神经类产品部门

DNPDHF: Division of Non-Prescription Drugs and Health Fraud,
非处方药及反卫生欺诈部门

DOC: Division of Online Communications, 在线通讯事业部

DoD: the Department of Defense, 美国国防部

DPD: Division of Prescription Drugs, 处方药部门

DRISK: Division of Risk Management, 风险管理部门

DSB: Drug Safety Oversight Board, 药品安全监督委员会

DSS: Drug Shortage Staff, 药品短缺工作人员

DTL: Discipline Team Leader, 专业组组长

DVA: Department of Veterans Affairs, 退伍军人事务部

E

eCTD: Electronic Common Technical Document, 电子通用技术文件

EDR: Electronic Document Room, 电子文档室

eDRLS: electronic Drug Registration and Listing,

药品电子注册和上市系统

EMA: European Medicines Agency , 欧洲药品管理局

EON IMS: Emergency Operations Network Incident Management System,

紧急行动网络事件管理系统

EOP I Meeting: End-of-Phase I Meeting, I 期临床试验结束后会议

EOP II Meeting: End-of-Phase II Meeting, II 期临床试验结束后会议

EUA: Emergency Use Authorization, 紧急使用授权

F

FDA: Food and Drug Administration, 美国食品药品管理局

FDAA: Food and Drug Administration Act, 《食品药品管理法案》

FDAAA: Food and Drug Administration Amendments,

《食品药品管理法修正案》

FDAMA : Food and Drug Administration Modernization Act,

《食品药品管理现代化法案》

FDASIA: Food and Drug Administration Safety and Innovation Act,

《FDA 安全及创新法案》

FD&C Act: Federal Food, Drug and Cosmetic Act,

《联邦食品药品和化妆品法案》

FDF: Finished Dosage Form, 最终剂型

FSA : Federal Security Agency, 美国联邦安全署

FSMA: Food Safety Modernization Act, 《食品安全现代化法案》

FTE: Full-Time Employee/Full-Time Equivalence, 全职雇员

FY: Fiscal Year, 财政年度, 会计年度

G

GCP: Good Clinical Practice, 药物临床试验质量管理规范

GDUFA: Generic Drug User Fee Act,《仿制药使用者付费法案》

GLP: Good Laboratory Practice, 药物非临床研究质量管理规范

GMP: Good Manufacturing Practice, 药品生产质量管理规范

GO: Office of Global Regulatory Operations and Policy,
全球监管运营及政策司

GRP: Good Review Practice, 药品审评质量管理规范

GSP: Good Supply Practice, 药品经营质量管理规范

H

HEW : Department of Health, Education, and Welfare,
美国卫生、教育和福利部, HHS 前身

HHS: Department of Health & Human Services, 美国卫生及公共服务部

HPUS: Homoeopathic Pharmacopoeia of the United States,
美国顺势疗法药典

HSP: Human Subject Protection, 人体受试者保护

HUDP: the Humanitarian Use Device Program, 人道主义器械使用计划

I

IHGT: Institute of Human Gene Therapy, 人类基因治疗研究所

IND: Investigational New Drug, 新药临床研究, 试验性新药

IRB: Institutional Review Boards, 伦理审查委员会

IRs: Information Requests, 信息请求

M

MAPPs: Manual of Policies and Procedures, 政策及程序指南

MCM: Medical countermeasures, 医疗措施

MDUFMA: Medical Device User Fee and Modernization Act,

《医疗器械使用者付费和现代化法案》

N

NCE: New Chemical Entity, 新化学实体

NCTR: National Center for Toxicological Research, 国家毒理研究中心

NDA: New Drug Application, 新药上市申请

NDC: the National Drug Code, 美国国家药品代码

NF: National Formulary, 美国国家处方集

NIH: National Institutes of Health, 美国国立卫生研究院

NIMS: the National Incident Management System,

美国国家突发事件管理系统

NME: New Molecular Entity, 新分子实体

NLEA: Nutrition Labeling And Education Act,《营养标识和教育法案》

O

OC: Office of Compliance, 合规办公室

OCC: Office of the Chief Counsel, 首席顾问办公室

OCC: Office of Counselor to the Commissioner, 局长顾问办公室

OCET: Office of Counterterrorism and Emerging Threats,

反恐怖和新威胁办公室

OCM: Office of Crisis Management, 危机管理办公室

OCOMM: Office of Communication, 通讯办公室

OCP: Office of Combination Products, 组合产品办公室

OCS: Office of the Chief Scientist, 首席科学家办公室

OD: Office Director, 办公室主任

ODSIR: Office of Drug Security, Integrity, and Response,

药品安全、完整和响应办公室

OEA: Office of External Affairs, 对外事务办公室

OES: Office of Executive Secretariat, 行政秘书处办公室

OFBA: Office of Finance, Budget and Acquisitions,

财政、预算和采购办公室

OFEMSS: Office of Facilities, Engineering and Mission Support Services,

设备、工程和任务支持服务办公室

OFVM: Office of Food and Veterinary Medicine, 食品及兽药监管司

OGCP: Office of Good Clinical Practice, GCP办公室

OGD: Office of Generic Drug, 仿制药办公室

OHR: Office of Human Resources, 人力资源办公室

OIP: Office of International Programs, 国际项目办公室

OMB: Office of Management and Budget, 美国行政管理与预算局

OMH: Office of Minority Health, 少数族裔卫生办公室

OMPQ: Office of Manufacturing and Product Quality,

生产及产品质量办公室

OMPT: Office of Medical Products and Tobacco, 医疗产品及烟草监管司

OMQ: Office of Manufacturing Quality, 生产质量办公室

OO: Office of Operation, 运营司

OOPD: Office of Orphan Products Development, 孤儿药开发办公室

OPDP: Office of Prescription Drug Promotion, 处方药推广办公室

OPPLA: Office of Policy, Planning, Legislation and Analysis,
政策、规划、立法及分析司

OPRO: Office of Program and Regulatory Operations,
计划和监管运营办公室

OPT: Office of Pediatric Therapeutics, 儿科治疗学办公室

ORA: Office of Regulatory Affair, 监管事务办公室

ORSI: Office of Regulatory Science and Innovation,
监管科学和创新办公室

OSE: Office of Surveillance and Epidemiology,
药品监测及流行病学办公室

OSI: Office of Scientific Investigations, 科学调查办公室

OSPD: Office of Scientific Professional Development,
科学专业发展办公室

OSSI: Office of Security and Strategic Information,
安全和战略情报办公室

OUDLC: Office of Unapproved Drugs and Labeling Compliance,
未批准药品和标签合规办公室

OWH: Office of Women's Health, 妇女健康办公室

P

PASE: Professional Affairs and Stakeholder Engagement,
专业事务和利益相关者参与

PASs：Prior Approval Supplements，事先批准补充申请

PC&B：Personal Compensation and Benefits，个人薪酬及福利

PDP：Product Development Protocol，产品开发方案

PDUFA：Prescription Drug User Fee Act，《处方药使用者付费法案》

PMA：Premarket Approval Application，上市前批准申请

PMDA：Pharmaceuticals and Medical Devices Agency，
日本药品及医疗器械综合机构

PMR：Premarket Report，上市前报告

PR：Priority Review，优先审评

PR：Primary Reviewer，主审评员

PRA：the Paperwork Reduction Act，文书削减法案

PREA：Pediatric Research Equity Act，《儿科研究公平法案》

R

REMS：Risk Evaluation and Mitigation Strategies，风险评估及缓解策略

RLD：Reference Listed Drug，参比制剂

RPM：Regulatory Project Manager，法规项目经理

S

SEC：The Securities and Exchange Commission，美国证券交易委员会

SPA：Special Protocol Assessments，特殊方案评估

SR：Standard Review，标准审评

T

TL：Team Leader，审评组长

U

USP：U.S. Pharmacopeia,《美国药典》

V

VP：Vice President，副总裁

W

WTO: World Trade Organization，世界贸易组织